格致方法·社会科学研究方法译丛

多元方法研究、因果机制和案例研究

一种集成式方法

［美］加里·格尔茨／著　　Gary Goertz

朱晨歌　李宏洲／译

Multimethod Research,
Causal Mechanisms,
and Case Studies

An Integrated Approach

格致出版社　　上海人民出版社

致 谢

首先我要感谢我的朋友和同事查尔斯·拉金(Charles Ragin)。没有定性比较分析(qualitative comparative analysis，QCA)方法，完成本书是难以想象的。现下我对他作品的引用还远远比不上他的贡献。他对全书产生的影响是深远的。谢谢查尔斯。

第2、第4、第5章则得益于哈维·斯塔尔(Harvey Starr)关于机会-意愿框架的研究。尽管我采用的术语有些许差别，但机会-意愿框架与本书的内核是相关联的。严肃地思考理论、逻辑和研究设计这类更广泛议题的著作并不多，他的经典之作《探究、逻辑与国际政治》(*Inquiry，Logic and International Politics*，1989)则是其中之一。在我踏上研究道路之初，该书着实对我助益颇多。

我还要感谢定性和多元方法研究所(Institute of Qualitative and Multi-Method Research)，以及参与圣母大学定性方法与研究设计课程的众多学生。从单篇论文逐步扩展成书的这些年来，他们饱受磨砺且贡献良多。

史蒂夫·桑福德(Steve Samford)做了大量工作，他系统地检索与分析了2005—2016年间采用案例分析方法的期刊论文。他的回顾与反思深刻地影响了本书对于研究实践的讨论。

大批优秀学者的研究启迪了本书对因果机制的讨论，这尤其体现于书中的因果机制图示。另外，如果没有这些学者对于他们成果的细致讨论，读者可能就没有机会看到本书的配图了。所以在此感谢安娜·格日马拉-布斯(Anna Grzymala-Busse)、帕特里克·梅洛(Partrick Mello)和丹·斯莱特(Dan Slater)。

特别感谢史蒂夫·哈格德（Steph Haggard）、鲍勃·考夫曼（Bob Kaufmann）和马克·特拉亨伯格（Marc Trachtenberg）。与他们的大量邮件往来从根本上塑造了本书第 7 章与第 8 章。

几位同仁阅读了书稿全文，在此特别鸣谢。他们是：吉姆·马奥尼（Jim Mahoney）、史蒂夫·哈格德、伯努瓦·里豪克斯（Benoît Rihoux）、希勒尔·索费（Hillel Soiffer，他反复阅读书稿两遍，可谓呕心沥血），以及一位来自普林斯顿大学的匿名评阅者。

定性和多元方法研究所于 2015 年 6 月组织了一场作者工作坊，这场会议被证明是极具价值的。如果会上没有达成关于因果机制重要性的一致意见，本书第 2 章或许无法写就。感谢本次会议的所有参与者。

也需要向其他人士和工作坊致谢，包括约根·默勒（Jørgen Møller）、斯文德-埃里克·斯卡宁（Svend-Erik Skaaning）、卡斯滕·施奈德（Carsten Schneider）、戴维·瓦尔德纳（David Waldner），以及密歇根大学的社会运动工作坊。

对于本书的数版文稿，肖恩·布兰夫（Sean Branff）承担了大量审稿工作。倘若没有他的细致检查，本书的错漏之处将比现在要多得多。

感谢普林斯顿大学出版社的埃里克·克拉汉（Eric Crahan）及其同事。这本书在很多方面征询了埃里克的意见，他也是本书标题的最终敲定者。

目　录

1 引 论

单称因果主张（singular causal claims）至关重要。这一论断的正确性在于两点。首先，在我们用以建立一般化因果主张的方法中，单称因果主张是必不可少的。我们通过寻找规律性的方法检验因果律，除非预先得到某些单称因果信息，否则这些方法甚至可能失效。其次，规律性在因果律的建立中发挥着次要作用。它们只是证据（而且只是其中的一类），用来证实一些单称因果事实的确发生过。

——南希·卡特赖特（Nancy Cartwright）

本书通过下述方式探讨几项核心议题：(1)多元方法研究、(2)因果机制分析，以及(3)案例研究。多元方法研究已经非常流行，几乎成了长篇幅研究成果的硬性要求。多元方法研究可以有很多含义，而在此处是指将案例研究与统计学、定性比较分析、实验或博弈论模型融合在一起。案例研究的目的在于探索理论内核的因果机制。我们之所以采用案例研究方法，是因为跨案例方法难以触及因果机制（M_i），即 X 何以产生 Y。对于使用多元方法的研究者，仅仅在案例分析中展示出显著的因果效应是不够的，我们需要提供一项因果机制及其证据。证明存在因果效应仅仅完成了一半任务；另一半则包括辨析因果机制，以及使用实证的方式加以检验，这些通常是基于案例研究实现的。

因果机制、跨案例分析和案例研究构成研究三联体（research triad），见图1.1。本书基于这一主张：致力于多元方法研究，也就是致力于研究三联体。多元方法研究通常被定义为，定性的个案内推断与定量的跨案例推断间的结合。研究三联体则增加了第三个维度:因果机制。由于致力于多元方法研究就是致力于以因果机制路径来解释并进行社会科学研究,所以研究三联体是一种集成式的方法。

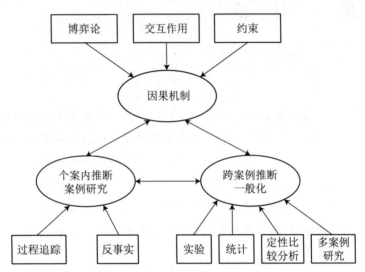

图 1.1　研究三联体:因果机制、跨案例推断与个案内因果推断

想要领会这种融合,可以查看这样一些研究,它们把 90％ 的努力仅用于三联体中的一角。许多实验学家投入大部分精力以确定处理效应(treatment effect),但很少讨论因果机制本身。对他们而言,理论和假说可全部归结为处理效应。至于那些主要关注模型(即因果机制)的学者,博弈论学者可谓其中最有代表性的例证。全篇几乎都是模型的论文就很有可能发表(经济学领域确实如此)。历史学家则往往关注单个事件,整篇文章的重心都是解释某个历史事件。他们对于一般化不感兴趣,或者仅对因果机制表现出模糊的兴趣。

集成路径基于一项核心主张:

　　　　当你不再局限于仅有一角(one-corner-only)的研究,你就进入了研究三联体的领域。

比方说,当博弈论学者不局限于对模型感兴趣时,他就进入了多元方法研究、跨案例分析和个案分析的范畴。研究者只有在探求一般化的时候,才会从单个案例转向更多案例的研究。最后,正如卡特赖特在篇首引语中所力陈的,所有的统计、实验分析和一般化都隐含着个案因果推断。

好的多元方法研究和因果机制研究,意味着要在研究三联体中保持三角平衡。如果将 90％的功夫用在论证显著因果效应和跨案例分析上,那么这就不是一项严格的多元方法研究,或者说没有严格地深入因果机制。如果案例研究仅仅是"阐释"(illustrations),那么它就不能算作多元方法研究。反过来,使用案例研究方法的相关研究[例如常见的成对比较(paired comparison)],在一般化上通常较弱,做五六个案例研究(常见于安全研究)的著作,在跨案例分析和一般化上表现不佳。在三角形的三个端点上相对均衡地发力才是理想状态。

案例研究的推断价值经常遭到质疑。克拉克和普里默就阐述了这种见解,在提到案例研究时,他们几乎总是将其称为"探索性的"(exploratory):"在着眼于解释特定案例的事件时,我们也可以设计探索性的模型。"(Clarke and Primo,2012:92)对"探索性"的相关阐述,强烈暗示了他们认为此类尝试与因果推断并无关联。例如,他们同样将分析性叙述项目(Bates et al.,1998)归结为探索性的研究。他们所说的"实证模型"(empirical models)实际上是统计模型。所以在他们看来,一个关于美国参议院的统计模型或形式化模型不是探索性的研究,而使用分析性叙述对美国内战进行案例分析就成了探索性的研究。与此相反,研究三联体强调案例研究正是关于因果推断的研究。

与几乎所有自然科学一样,人们在日常生活中能够成功地做出基于单个案例的因果推断,例如宇宙的源起、人类的起源、某人为什么死亡、"挑战者"号航天飞机为何爆炸,等等。对于这些问题的成功推断,既非基于对于被试的随机处理,也非通过条件概率而实现。

我们想要解释单个结果,这一核心理念是推动研究的动力。统计分析并不能对此提供解释:"统计模型并不能作为解释本身,这一观点在政治科学中几乎没有得到论证。随着统计模型转变成检验解释的工具,该观念才逐渐显现出来。"(Clarke and Primo,2012:154)

研究三联体假定我们承认因果机制分析的重要性和价值。我们可能会看到,有些统计方法学家否认其可能性或重要性:"政治学者总是高估寻求因果机制的重要性,这导致了比较条件概率的重要性被低估。如果想要知道因果关系是否存在,我们不必对机制有所了解……总之,随着我们逐渐增强对一项议题的理解,研究单个案例的重要性也就越来越低。"(Sekhon,2004:288—289;文章末句)耶林也怀疑因果机制分析的必要性:"要澄清的是,这一论争并不是针对机制,而是针对唯机制论的教条主义诠释。我认为在因果评估的过程中,最好把因果机制分析当作重要但非首要的一环,也就是不将其作为必要条件。"(Gerring,2010:1500)

在本书中,我并未调查或讨论如何进行个案内因果推断。关于这一主题的研究正蓬勃发展,例如贝内特与切克尔(Bennett and Checkel,2014)、比奇与佩德森(Beach and Pedersen,2012;2016)对过程追踪的研究,马奥尼(Mahoney,2012)对环箍检测(hoop test)与冒烟枪检测(smoking gun test)的研究,格尔茨与列维(Goertz and Levy,2007)、列维(Levy,2008)和哈维(Harvey,2011)对反事实的研究。我们也可以用统计方法进行个案内因果推断。我无意对个案内推断的研究方法采取特定立场,也不会讨论如何进行观测性的统计研究、实验研究或定性比较分析。如图1.1所示,这些方法论对研究三联体有所贡献,但此处不再述及。

"定性"与"定量"难以有效地描述或分析多元方法研究。研究三联体并非定量的,也非定性的,而是在个案内因果推断(案例研究)和跨案例因果推断(比较案例研究、统计模型、实验或定性比较分析)之间进行了比较。这在方法论上产生了一些出人意料的组合。在标准应用中,统计方法被归类为定量范畴,集合论路径则被归类为定性研究范畴(如定性比较分析)。实验学者花费了不少功夫,以强调实验法和观测性研究这两种跨案例方法论的差异。比较案例研究同样是跨案例分析。我认为上述方法都是跨案例因果推断的各类变体。相比之下,单案例研究在本质上关心的是在个案内发生了什么,案例研究大多关心的是个案内因果推断,研究三联体则意味着多元方法研究是多称因果推断分析(multicausal inference analysis)。①跨案例因果推断与个案内因果推断的技术、流程和方法论服务于不同的目标,但彼此互补。

研究三联体基于下述基本准则:

> 多元方法研究包括跨案例因果推断与个案内因果推断。

本书中的多元方法是指因果推断方法论之间互相补充。比起如何进行跨案例或个案内推断,因果推断的目的更为重要。②

要把跨案例分析和个案内分析联系起来,就意味着需要一种选择案例的方法论来进行因果机制分析。案例选择的实践问题是贯穿本书的一条关键线索。所有将案例研究与其他方法论联系起来的学者,都面临着决定选择哪些案例的问题。我专门针对案例选择提供了相当详细的指导。这意味着需要一套系统的关于案例选择的指导方针,包括关于最终决定选择哪个案例的标准清单。

麦圭尔(McGuire,2010)阐述了一项典型的多元方法研究,该研究包括统计分析与案例研究。该书的因变量是健康状况。其中第2章是一个大样本的跨国统计分析,继而是八个国家的案例研究。这些案例研究集中解释了这些国家的健康结果,以下文为例:

> 那么我们需要解释的是,为何2005年哥斯达黎加的婴儿死亡

---

① 感谢希勒尔·索费(Hillel Soifer)指出了这一点。

② 多元方法研究也有其他作用。在潜在结果框架中,关于处理、随机化、选择、效应的异质性、非污染(noncontagion)等问题的核心假定,其中很多都可以通过对某些个案进行细致观察得到检测。例如,哈丁和泽费尔特(Harding and Seefeldt,2013)指出,案例研究非常有助于我们理解选择的过程。特别是在田野实验中,"自然"产生了随机化,我们需要通过案例研究,深入探讨这一假定在多大程度上是成立的。例如约翰·斯诺(John Snow)关于霍乱的著名自然实验,就细致分析了从不同的供水公司获得水源的人群。他表明,由于两家公司都向同一社区送水,因此这里没有明显的差异,而且他们的客户之间似乎也没有特别的差异(例如财富)。本书并非否认案例研究实现这些目的的功效。我也没有试图在多元方法探究中,探求案例研究或定性信息所有的可能用途。相反,我专注于使用案例研究探索因果机制。然而在我既有研究(文章和著作)的广泛调查中,几乎没有见过案例研究或定性方法被用来检验统计模型的核心假定(在有着更悠久多元方法传统的社会学中,这种做法或许更为常见)。

率如此之低（为什么达到了某一特定水平），为何这一指标从 1960
年到 2005 年下降如此迅速（为什么实现了某种特定程度的进展），
及其为何在 20 世纪 70 年代下降速度高于阶段内其他时间（为什
么以某种特定的速度发生变化）。本章发现，向穷人提供持续、有
效的公共基本医疗服务，很大程度上有助于解释哥斯达黎加在
1960—2005 年间实现了婴儿死亡率迅速下降（且最终达到了较低
水平）的原因。（McGuire，2010：66）

麦圭尔探讨的是在哥斯达黎加发生了什么及其为何发生，这就是
个案内因果推断。

多元方法研究的标准依据包括通过案例研究来观察因果机制："尽
管在定性方法文献中，有些学者的主张与我们相反，认为案例研究设计
并不是用来发现或证实经验规律性的。然而，如果对生成了政治中经
验规律性的因果机制加以明确和评估，案例研究就可以起到非常有效、
实际上也是非常必要的作用。"（Fearon and Laitin，2008：773）研究三
联体的主张正在于此：跨案例分析用于"经验规律性"，案例研究则用于
因果机制。

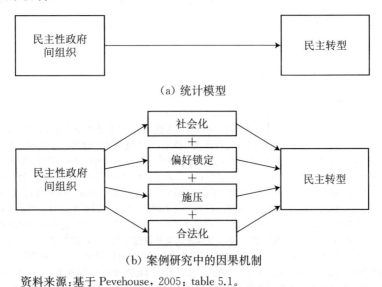

（a）统计模型

（b）案例研究中的因果机制

资料来源：基于 Pevehouse，2005：table 5.1。

图 1.2　因果机制与统计多元方法研究：民主性政府间组织与民主稳定

麦克亚当与布代在其环境社会运动研究中提出了相似的依据:"有别于社会运动研究的方法论传统,我们将本研究项目视作提出一项新选项的尝试。对抗议事件的'单薄'(thin)的大样本研究,以及对于此起彼伏的社会运动,所进行的丰富但非一般化的案例研究,都难以令人满意。在社会运动学术研究的两'极'形态之间,我们找到了一个中间立场。"(McAdam and Boudet,2012:52)

佩弗豪斯(Pevehouse,2005)为学者为何想要进行多元方法研究提供了范例。他主张民主性政府间组织有助于民主政体的建立和巩固,以及推动民主转型。如图1.2(a)所示,民主性政府间组织与各国民主政治之间具有因果关联。他指出政府间组织的民主性(democraticness)与其成员国的民主程度显著相关。之所以多元方法研究发挥了作用,是因为他认为存在解释这一显著相关性的多重的(且非彼此互斥的)因果机制。图1.2(b)增加了产生这种统计效应的因果机制:(1)默许效应(acquiescence effect)、(2)合法化、(3)施压,以及(4)经济援助(Pevehouse,2005:table 5.2,153)。从统计分析到案例研究再到因果机制分析,可以看到佩弗豪斯的研究进入了研究三联体的范畴。

如图1.2所示,许多假说、实验等都提出了将处理和结果联系起来的多重因果机制。例如在欧盟人权法院如何影响国家政策上,赫尔弗和沃腾列举了三种因果机制:(1)抢占未来国际法庭诉讼的先机,(2)说服性权威,以及(3)国家层面的议程设置。与佩弗豪斯相同,他们认为"这三种机制可能单独发挥作用,或可能协同发挥作用"(Helfer and Voeten,2014:82)。因此,案例研究的功能之一,就是探讨其中哪项机制在真正发挥作用。

案例研究的一项核心作用,就是将个案内因果推断与因果机制分析结合起来。这两者实际上是分不开的。例如,进行过程追踪研究就意味着对案例做出因果主张。通常,这意味着这项尚待明确的因果机制可以解释或促成个案的结果。一些学者所做的案例研究像是"说明"(illustrations),这就不够诚恳了。出色的多元方法研究意味着必须严肃对待个案内因果主张,并保证其经得起检验。

到底为什么要使用多元方法研究进行案例研究,答案几乎总是"为了探索因果机制"。这就是研究三联体融为一体、紧密相连的原因。多元方法研究就意味着进行案例研究，也就是探索因果机制。如果你已经踏上多元方法之路，因果机制就是你的必经之途。

根据定义，因果机制意味着因果复杂性（见第 2 章）。致力于多元方法研究和研究三联体，就是致力于对因果复杂性的探索。因果机制涉及因果复杂性。这与那些仅仅关注 X_1 对 Y 的影响的研究者形成了对比。根据第 2 章各种图表所示，因果机制是复杂的实体（entities）。要进行机制的实证探索，很多时候最简单，或许也是唯一可行的方法，就是个案的过程追踪。

相比之下，单变量的单独处理分析在因果上非常简单。经典的例子即通过统计分析或者实验进行实证研究，以提出单变量假说。另一个极端则是博弈论模型，这些模型往往有着许多假定和复杂特征。即便是简单的博弈论模型，也包括对于个体、个体信念与博弈规则等问题的多种假定。

对博弈论学者而言，一种相当受欢迎的转变是：转向研究三联体中的跨案例一角。在美国国家科学基金会（National Science Foundation）的大力资助下，已经有大量研究努力贯通博弈论和统计，从而有了博弈论与统计的跨案例推断的结合。值得关注的是，"理论模型的经验内涵"（Empirical Implications of Theoretical Models）项目（Granato and Scioli，2004）已经举办了多年的暑期工作坊，其核心内容之一就是将统计方法和博弈论模型结合起来。①然而，很少有研究将博弈论模型与定性方法、案例研究相结合（此类方法见 Lorentzen，Fravel and Paine，2016），因此需要将博弈论与和个案内因果推断结合起来。

第 6 章阐明了博弈论与个案内因果推断存在天然联系。除了跨案例分析，我们也可以转向研究个案内推断。在大样本情境中，博弈论模型的大部分（如果不是几乎全部）核心理论实体是难以观察、难以测量的。即便在单个案例中，信念、信息、不确定性与偏好等因素都难以确

---

① 也包括其他的建模技术，如基于行动者的计算机模型，但其核心仍为博弈论与统计学。

定,更不要说数以十计、百计的案例数量了。因此统计检验几乎总是间接的。例如,在关于观众成本(audience costs)的文献与论辩中(第7章有稍微详细的讨论),通常将民主国家作为观众成本的代理人(proxy)。"民主国家"就与费伦(Fearon, 1994)所发展的理论机制相去甚远。相比之下,仍然有望用一项或几项个案来评估模型的核心特征。

案例研究与博弈论具有天然的联系,是因为博弈论模型本身就是一种因果机制。因此,一个博弈论模型需要对个案进行实证分析,以确定因果机制在现实中是否如模型所宣传的那般有效。在实践中,很多形式化博弈的理论文章(以模型为关注点)纳入了历史事例。幸运的是,彼得·洛伦岑(Peter Lorentzen)及其同事调研了国际关系、比较政治领域的形式化模型研究对案例研究的使用情况,这对本书的写作很有助益。

形式化模型学者对用个案验证模型不怎么感兴趣,但近年来他们的批评者却果断地采用了这种研究方法。第7章探讨了对于观众成本理论、阿西莫格鲁与罗宾逊(Acemoglu and Robinson, 2006)等博弈论研究的主要批评。这些例子涉及用案例研究来评估形式逻辑的经验有效性。

因果复杂性可以以其他的形式出现。所谓的"简单复杂性"(simple complexity)包括因果异质性与交互作用的理论与假说。在图1.1中因果机制椭圆的上方,我加入了"博弈论"与"交互作用"的因果机制。本书探索的是因果机制的几种普遍类型。尤其关注同样出现在跨案例分析中的因果机制。交互项在统计分析中并不罕见。定性比较分析就是根据复杂交互项而形成的。想要发展出关于各类交互作用的假说,就要开始从跨案例分析走向因果机制一角。本书的大部分内容即如何将这两个角(跨案例推断与因果机制)与第三个角的案例研究联系起来。

在潜在结果框架内,个体层次的反事实和总体目标之间存在张力,前者允许大量的因果异质性(causal heterogeneity)的存在,后者则是对平均处理效应(average treatment effects, ATE)的评估。平均处理效应可能包含大量异质性。当前很多方法论研究都考虑到了这种因果异质性。一项由美国住房和城市发展部（Department of Housing and Urban Development，USA）资助的研究就是一个例子，这项著名的实验考察的是下述假说：从小居住的社区（贫困或富裕）对于个人的社会流动与教育成就等具有重大影响。住户被平均分配到贫困与富裕的社区（其研究设计显然比这更为复杂）。贫困的住户具有主体上的异质性，其中一个研究发现就是，女孩在更富裕的社区中获益更多，但男孩的处境则可能因此而变得更差。在这一案例中，平均因果效应的意义不大，因为其取决于与社区产生交互作用的性别因素。

在这一关于住房的研究中，通过访谈男孩、女孩与家长（也就是进行多元方法研究），男女差异的原因就更为明确了：

> 在更富裕社区中居住的女孩也可以在学校与工作场合结识朋友，而不限于社区内部，从而可以接触到不同群体的同龄人。而对于男孩则出现了另一种类型的社会进程。搬入更富裕社区使男孩与前社区留下的男性角色模范隔绝开来，他们参与使其面临与警察打交道的更大风险的闲逛、运动等公共休闲活动，而且也丧失了培育"街头智慧"（street smarts）的机会，而这或许是当他们返回贫困社区、在危险街道上穿行时更为需要的东西。（Harding and Seefeldt，2013：98）

这就意味着在处理和性别之间存在交互作用。

交互项或中介变量是复杂性的一种简单类型。定性比较分析路径通常包括两到四个因素，当然也就体现了因果复杂性。跨案例方法可以结合适度的复杂性，但我们需要思考如何联结案例研究与因果机制。例如，当存在交互项或 INUS（Insufficient but Necessary part of an Unnecessary but Sufficient condition，某个充分不必要条件中的必要不充分部分）变量时，我们该如何进行案例选择？

第2章和第4章探讨了约束因果机制。因为只有在有动机打破约束的时候，约束才能产生因果效应，所以约束因果机制本质上是复杂的（这是斯塔尔1978年机会-意愿分析框架的核心观点）。核威慑不能解释美国和加拿大之间的和平。例如,否决者的影响力(Tsebelis,2002)取决于他们之间意识形态分歧的程度。我们必须对案例研究加以选择,这样才能看到约束理论中体现的因果机制,也就是说,不能用美加关系来阐述核威慑机制。

第 5 章在统计交互作用假说或集合论模型的背景下探讨了多元方法。X_1 与 X_2 的交互作用引发了这样一个问题:这两个变量如何在因果机制中共同发挥作用?定性比较分析方法另外主张,X_1 与 X_2 是该路径中的必要条件。这意味着第 4 章的内容非常关键。分析因果机制必须重视 X_1 与 X_2 如何共同产生了 Y。同时我们需要关注 X_1 与 X_2 的缺失如何阻止了 Y 的出现。

我们可以从研究三联体中的个案内案例研究这一角开始。因为因果机制也往往是我们开始进行案例研究的原因,所以这一方法可以轻松地与因果机制视角联系起来。个案内案例研究与一般化椭圆图形的关联更容易出问题。在因果机制一角,我们寻求的是因果机制的范围和一般性。

萨蒙(Salmon,1998)提到了科学哲学中的两种伟大传统。第一种与假说演绎路径有关,第二种则与因果机制有关。假说演绎路径的基础是,以物理学为科学探讨对象的科学哲学。一般化范围与程度的问题在这里尚未凸显。相比之下,在因果机制的哲学研究文献中,范围是一项核心考量内容。生物科学(尤其是生物化学)逐渐成为分析型的科学。在这些科学门类中,因果机制与各种理论的范围往往是开放门户、欢迎讨论的。比起物理学的覆盖律,因果机制的理念更适用于描述生物学家的工作。

因此我们可以重新提出关于因果机制范围的问题,而非局限于检验因果机制的讨论。范围广泛的因果机制可以通过重要性与显著性的检验,而范围有限的因果机制在实证中的重要性则较低。[①]

原则上,理论范围与实证范围是重要的研究问题。然而,它们在应

---

① 然而正如我们所见,这些因果机制可应用于历史上的重要案例,故从这种意义上说它们仍具有实质上的重要性。

用研究中很少被论及，也很少出现在方法与研究设计的教材中。对统计研究而言，数据集的区间隐含地界定了实证范围。对博弈论模型而言，由于学者们很少对范围进行明确，因此它们往往也是不清晰的。

通常来说，人们不会认为传统定性类型的研究能有效地检测理论、假说和因果机制。①第 7 章讨论了不同学者如何开始我称之为"大样本定性检验"(Large-N qualitative testing)的工作。"大样本"在这里多少有些讽刺，因为这种检验使用了很多个案内因果分析的实例，以此来探索一些著名博弈论模型或统计分析的范围和效度。

比方说我们用博弈论模型作为大样本定性检验的第一步。接下来我们扩展到研究三联体中的个案内因果推断，然后是一般化的部分。最后对于博弈论模型的实证效度，我们得出一些一般性结论。

尤其是对于博弈论模型，进行大样本定性检验首先要确定案例研究总体(population)的范围。构建案例研究总体对博弈论模型而言是一项挑战(参见对于观众成本争论的相关讨论)。正如第 7 章讨论的，该方法论的关键之一就是构建总体。

采用大样本定性方法批评统计学研究的学者，几乎从不会就统计分析中的所有案例进行个案内分析，实际上他们所选的案例仅构成了观察值的统计总体中相对较小的子集。与此同时，研究者声称他们已经观察过所有的相关案例。第 7 章较为细致地分析了这一张力。所有这些部分地决定了模型在经验上的一般化程度。

批评者有时会发现博弈论分析的经验范围过窄。在关于统计分析的讨论中，他们意识到大样本分析尽管可能在统计上显著相关，但在进行个案内因果推断时，这一因果机制的支持证据却很少。

第 8 章提出重新思考学者进行多重案例研究的方式(并非比较案例研究)，以及统计分析和个案内因果推断的关联。这直击这一标准问题：

---

① 有时研究者会主张案例研究可以证伪一项确定性假说(如 Gerring, 2012)。这种严格的证伪主义长期以来在科学哲学文献中遭到质疑，且我们在科学实践中很少看到支持这一点的证据。

对一项因果机制所进行的成功的个案内因果推断,其一般化的程度如何?

这意味着,要考虑从图1.1中的案例研究的椭圆框,移动到一般化椭圆框。

在第8章概述的"中等数量范式"(medium-N paradigm)中,为了评估该因果机制的一般化的程度,通常需要设计并实施额外的案例研究。要深入探讨一项因果机制的实证范围,意味着要决定探索多少个案例,以及纳入哪些特定的案例。

总体而言,中等数量范式对于案例研究有着重要影响。例如,它说明像配对比较这类常见的研究设计的解释力不强。同样地,一个理论章节加上五六个均等的案例研究的流行的著作体例,也有着巨大的尚待提升的空间。

因此,第7章和第8章是一对姊妹章。本书为探索研究实践赋予了高度的重要性,与此相一致,第7章关注的是定性学者通过个案内因果推断的累积,对著名理论进行颇具影响力与争议性的检验,包括丘萨科、艾弗森和索斯凯斯(Cusack, Iversen and Soskice, 2007),阿西莫格鲁与罗宾逊(Acemoglu and Robinson, 2006)以及费伦(Fearon, 1994)等。考虑到这些大样本定性检验发表在《美国政治科学评论》(*American Political Science Review*)等主流期刊上,其隐含的方法论已经为编辑和评阅人所信服。

第8章则系统化并提出了中等数量范式的逻辑。例如,第7章提及了许多研究尝试考察所有相关的案例。这样做或许不切实际,可能也会浪费研究资源。

关于中等数量范式的探寻也可以扩展到实验研究。实验和中等数量范式的研究都强调高质量的个案内因果推断。对于第8章中的大部分讨论,我们都可以用"实验"代替"个案内因果推断"。打个比方,如果针对同一因果机制有四个案例研究可供选择,那么你将选择哪几个? 将这个问题中的"案例研究"替换成"实验",你仍将面临同样的基本方法论问题。

詹姆斯·马奥尼和我(Goertz and Mahoney, 2012)论证有两种研究方法的文化，一种基于集合论与数理逻辑，另一种基于统计学。比较案例研究与统计多元方法研究则处于两种文化的交点。长久以来，比较案例研究方法论受到了来自统计学的跨案例比较理念的深刻影响（见附录 A）。以耶林（Gerring, 2006；2007）为代表，案例研究的方法论有很多显然基于统计模型。

写作本书的动力之一，就是整合与跨越上述方法文化的差异。通常，研究三联体的两角之间可以相对简洁、普遍地联系起来，但与第三角之间存在很大鸿沟。这是因为两种文化割裂了研究三联体。例如，"理论模型的经验内涵"在博弈论模型与跨案例分析之间建立了强有力的联系，却完全忽视了对博弈论因果机制的实证探索，这一问题只有在案例研究中才能彻底解决。传统定性研究是案例研究、个案内因果推断和因果机制的因果复杂性之间的共同纽带，但其在处理跨案例分析与一般化上存在挑战。

这种张力体现在统计多元方法的研究文献中，这些文献固守在跨案例统计一角。对统计问题的关注推动案例研究的选择，同时也低估了个案内因果推断与因果机制分析的重要性。

耶林（Gerring, 2006）就案例选择列举了九条准则，我们可以在其中看到这种文化张力。其因果机制类型也就是第（7）条中的路径案例法。这种因果机制隐匿于耶林所列清单的中间部分。尽管他没有明确地认为这一清单是按重要性的顺序排列的，但毫无疑问的是，最为主导与最受关注的因果机制类型是位居首位的（1）典型案例与（2）多变案例。典型案例就是在某些案例总体中接近均值的、有代表性的案例。

在这里我们看到了该观念与实践的矛盾。大多数研究者对多元方法研究感兴趣是出于因果机制的缘故，所以他们很少应用耶林所倾向的案例研究设计。

同样地，近年来大量涌现的文章、论文与专著，都以潜在结果的视角关注案例研究中的案例选择问题（Glynn and Ichino, 2015；Herron and Quinn, 2016；Seawright, 2016；Weller and Barnes, 2014）。由于匹配方法（例如 Nielsen, 2016）几乎总是用来处理混杂因素，所以自然导致研究者对案例采取成对比较的方式。这些潜在结果视角的研究成果，是由定性方法中经典的成对比较-相似系统设计发展而来的。

本书认为,在通过统计模型和统计思维进行研究之时,对案例研究的形态进行清晰且统一的描述,是非常重要的。换言之,如果跨案例统计分析推动了这一切,那么方法论会是什么样的?在集成路径中每一角各有其作用,与此相反,统计路径则以跨案例、统计的一角为主导。附录 A 提供了一种基于统计的案例研究与比较案例研究的方法论。例如,我讨论了作为处理混杂因素标准路径的匹配方法。

附录 A 并非对这一新近研究的总结或概要,而是提出了自己的解释。它在一些重要方面与当前研究有所不同。比如,与耶林(Gerring,2017)相比,它所提供的路径案例选择程序更接近于潜在结果的理念。我选择案例的依据是潜在结果路径中基本的反事实方法,耶林使用的则是比较统计模型。

定性比较分析是强调研究三联体三角的路径的范例。拉金的开创性著作《比较方法》(*The Comparative Method*)提出将布尔代数作为一种案例比较的方法。与此同时,他始终强调定性比较分析是一种基于案例的方法论。案例比较分析的结果与案例是紧密相关的(与统计多元方法研究总体上不同;见附录 A)。好的定性比较分析研究总是可以将跨案例分析的路径与这些路径上的案例联系起来。定性比较分析中各种路径的交互作用本质,向研究者指出了一条潜在的因果机制。

个别学者可以在三联体的各个视角中保持平衡。布鲁诺·德·梅斯奎塔(Bueno de Mesquita)的研究(见第 6 章)就是一个很好的例子。他发展了博弈论模型,进行大样本统计检验,将模型应用于案例,并做出了预测。另一个例子则来自谢里夫等人的罗伯斯山洞实验(1961),这是社会心理学中的一项经典之作。谢里夫和他的同事明确探讨了将各种方法结合起来作为研究优势;唐纳德·坎贝尔(Donald Campbell)在 1988 年撰写的序言中强调了这一研究的多元方法本质:

> 在对定性方法论与情境性方法论的描述中,"深描(thick description)是最具价值的口号之一"(Geertz,1973)。罗伯斯山洞研究就体现了深描这种方法。另外,实验者引入了许多巧妙的子

实验,为定量测量提供了"自然的"机会,进而大大增加了该实验"深"(thickness)的程度,为参与者行动与定性观测创造了本不存在的机会,可供进行定量测量。本研究中,对于定性-定量的辩证实现了恰如其分的融合,胜于我能想到的其他任何研究。(Sherif et al.,1988:xxi)

结合个体访谈的大样本分析常见于社会学与心理学。例如罗思(Roth,2006)关于华尔街性别歧视的著作,阐释了如何进行定性与定量相平衡的研究。她对于大样本抽样策略具有清晰的策略,也进行了问卷调查与回归分析。但该书的大部分内容源自她的访谈,这对她理解华尔街制造明显性别偏见的结构与实践颇有助益。

1.1 约翰·斯诺、霍乱与研究三联体

在同布雷迪与科利尔有关方法的辩论中,尼尔·贝克(Neal Beck)提出了一个关于斯诺-霍乱范例首倡者的问题:"是谁开始提倡约翰·斯诺的?"(Beck,2010:500)

在很多方面,约翰·斯诺都是研究三联体的典范。他实施了一项著名的自然实验,因而牢牢地立足于跨案例的实证研究一角。与此同时,他研究中的大量内容也适用于个案内和因果机制另外两角,他对宽街压水井的分析表明了这一点。

选择斯诺作为范例的好处也在于,医学与药物的例子在社会科学方法论的文献中很常见,尤其是在多元方法的文献中。著名统计学家戴维·弗里德曼(David Freedman)在标题中有"皮鞋"*巧妙比喻的高

---

* "皮鞋"比喻具体指通过逐个走访病例来研究疾病起源的现场调查方法。斯诺调查疟疾起源的过程可看作使用此种方法的经典案例,之后人们用"皮鞋流行病学"(shoe leather epidemiology)指称现场调查的流行病学方法。随着该方法扩展到社会科学,研究者用艰苦的走访磨破了皮鞋来比喻现场调查、逐个走访的研究方法。——译者注

引用章节中,将斯诺-霍乱的例子介绍给了社会科学家。弗里德曼在加州大学伯克利分校研究政治学的同事注意到了这一案例,之后这一例子时常出现在布雷迪-科利尔-邓宁-西赖特的发表成果中,因此其在定性文献以及统计方法的文献中广为人知。斯诺是流行病学史上的一位重要人物,鉴于他用于研究霍乱传播因果机制的多种革新性方法,他有时会被视为"流行病学之父"(Hampel,2007;Vinten-Johansen et al.,2003)。[1]

在研究三联体的情境中联想到医学研究是很有用的。现代药物发展起始于因果机制一角。例如,抗抑郁药物建立在对大脑运作方式的生物化学分析之上。从检验一种药物是否切实有效来看,跨案例分析向下游方向走得更远。医生则位于终点,他们希望该药物能在个体患者身上起效,进而必须决定关于该药物效果的一般化是否适用于患者 X。

传统医药起始于个案的一角。久而久之,人们发现某些植物对某些疾病有效:这是从个案开始的一般化。现代医学是从试图找到"活性成分"(active ingredients)和机制起步的。医学史上充满着药物(如青霉素)生效的例子,但对其因果机制的探索往往要晚得多。因此这里的发展路径就是:从个案到一般化再到因果机制。

斯诺-霍乱这样的例子往往拥有其自身生命力。斯诺进行了怎样的分析来说服他自己(当时他在说服其他人方面可不太顺利)霍乱是通过饮用水传播的?从源头思考这一点是很有用的。

斯诺因其自然实验出名,该实验包括两家公司竞争为同一社区的居民供水。弗里德曼所说的"皮鞋法"指的是斯诺走街串巷的繁杂工作,他要展示该项处理(选择哪一家自来水公司)是一项"似然"(as if)式的随机化处理。这涉及要说明在选择水源时不存在收入、职业、教育等因素的偏见。因此邓宁(Dunning,2012)在关于自然实验的著作中,对这一例子进行广泛讨论也就不奇怪了。

然而,斯诺还实施了另外两项广泛的皮鞋法分析。其中对本书而

---

[1] 当考虑到霍乱案例时,有一点很重要,就是了解斯诺当时无法彻底理解霍乱的因果机制。做到这一点需要病毒理论、巴斯德(Pasteur)以及生物化学的发展。

言最为有趣的是"宽街压水井案例"，该案例表明了后续章节论述的许多特点。①对过程追踪这一方法论的大多数讨论都运用了侦探的比喻。寻找原因就好像夏洛克·福尔摩斯发现凶手一样。科利尔（Collier，2011）发表了一篇对福尔摩斯故事的细致分析的方法论文，自然而然地由此推及结论。宽街压水井的案例亮点颇多，说明了斯诺侦探式工作的成功之处。

1854年，伦敦暴发了一场非常严重的局部性霍乱。数平方公里的区域内集中了数不胜数的霍乱病例。斯诺开始了探查这次疫情暴发起源的侦探之旅。在探查的过程中，他意识到被感染的饮用水才是疾病源头。基于他构想出的因果机制，斯诺尝试将 $Y=1$（霍乱）的案例与 $X=1$（靠近劣质水源）建立联系。最后他注意到了宽街压水井，此处似乎是本次疫情暴发的地理震中。②几乎所有的患者与这一可疑的压水井之间的距离，都比与所有其他公共水源的间距更短。他特别关注了那些住在压水井旁边（$X=1$）却未感染霍乱（$Y=0$）的案例。这些案例可能对他的因果机制提出严峻的挑战，或证否他的机制。他试图尽可能证实自己的预感，即他们的饮用水从别处获得，因此这些其实是 $X=0$ 的案例。斯诺最终成功地说服了当地政府停用该压水井。

在撰写斯诺与霍乱的传记时，亨普尔（Hempel，2007）将关于宽街压水井的章节命名为"证据确凿"（Proof definitive），并将书名定为《宽街压水井奇案：约翰·斯诺与霍乱之谜》（*The Strange Case of the Broad Street Pump: John Snow and the Mystery of Cholera*）。这一章节在她对斯诺分析中的重要性，似乎至少不亚于论证霍乱传播机制的"宏大实验"（Grand experiment）的章节。在很多方面，宽街压水井成了斯诺研究成果的象征。例如，在英国每年一度的"泵柄演说"（Pumphandle Lecture）期间，约翰·斯诺协会的成员会取下并换上新的压水井手柄，以此象征公共医学进步过程中面临着不断的挑战。在位于亚特兰大的美国疾病控制与预防中心，当一个流行病问题需要迅

---

① 第三项特征涉及处理混杂因素或替代解释的重要规则，将会在第3章中论及。

② 基于与最近水源间距绘制地图的理念，演变成了沃罗诺伊图（Voronoi）的绘制，这种图形成为镶嵌（tesselation，即如何用碎片填充空间）数学理论的组成部分之一。

速、直接的解决方案时,据说工作人员会问:"宽街压水井的手柄在哪里?"(Vinten-Johansen et al.,2003:392)

斯诺的自然实验与关于宽街压水井的侦探式研究,都是科学探索中的杰出成果。本书认为,我们能从宽街压水井的例子中学到很多。实际上,大多数多元方法研究都包括与宽街压水井模式相符的案例研究。例如我们可以看到,当对一项因果机制进行个案内因果推断的时候,大多数多元方法的学者都关注我称之为(1,1)的案例。如果你想将一种因果机制 $X=1$ 与结果 $Y=1$ 联系起来,这是一个自然而然的选择。宽街压水井分析的关键在于,其表明在几乎所有霍乱($Y=1$)案例所处的区域中,压水井是最近的公共水源。

简而言之,本书通过探索斯诺调研宽街压水井的方法论,以及他是如何、为何选择案例以探寻一项特定的因果机制,称许了斯诺的贡献。[①]

1.2　研究实践、练习题与文献清单

第 3 章到第 5 章详述的路径,对于理解统计、定性比较分析与博弈论多元方法研究的多元方法实践至关重要。本书的特色在于对研究实践的强烈兴趣。很多统计研究为了合理化而引用方法类论文。而当涉及案例研究时,这一方式则与标准实践相距甚远。对于统计多元方法的论文与专著来说,进行案例选择与案例研究而不参考任何方法论文献很常见。鉴于这些实践出现在主流期刊上——如《美国政治科学评论》《国际组织》(*International Organization*)与《世界政治》(*World Politics*),很明显它们并没引起太多异议。本书的目标之一,就是厘清

---

① 邓宁(Dunning,2012:18)似乎也承认宽街压水井案例的重要性,他用著名的霍乱发生地图作为著作封面。不过他说,"然而,斯诺最有力的一份证据来自他在 1853—1854 年流行病期间的一项自然实验"。邓宁对于压水井案例的主要讨论出现在"定性证据的核心作用"一章,该章是在讨论因果机制的语境中提出的。简言之,邓宁本人将对压水井的分析视为因果机制分析。

其所运用的隐含方法论，并加以批判性考察。所有章节都将可观的篇幅用于研究实践，论据则使用了顶级期刊与顶级大学出版社的发表作品与出版物。

史蒂夫·桑福德与我实施了一项详尽而系统的调查，主题是比较政治（他的领域）与国际关系（我的领域）中的案例研究实践。我们系统地审阅了所有涉及案例研究的论文，包括发表此类研究的顶级期刊上的单案例研究、比较案例研究、博弈论、定性比较分析与统计多元方法论文。期刊来源不包括《美国政治科学评论》《美国政治科学杂志》（*American Journal of Political Science*）与《政治杂志》（*Journal of Politics*），这些期刊很少发表以案例研究为主体内容的论文。为了探讨著作的情况，我调查了三家顶级出版社：剑桥大学出版社、普林斯顿大学出版社与康奈尔大学出版社。由于著作可以选择两三个以上的案例，所以这对第 7 章和第 8 章的论述非常重要。

本书充分描述了大多数统计多元方法的研究实践。在对博弈论多元方法逻辑的概述之后，第 6 章就是其实践部分。附录 A 说明很少有学者真正使用估计统计模型来选择案例，而是遵循第 3 章的逻辑。例如，研究者在多元方法统计研究中很少选择 $X=0$ 且 $Y=0$ 的案例。从统计视角来看，这很令人困惑，但当焦点放在通过个案内因果推断探求因果机制时，就完全可以理解了。

我在自己写的所有方法著作（Goertz, 2005；Goertz and Levy, 2007；Goertz and Mazur, 2008；Goertz and Mahoney, 2012）中都提供了练习题以供教学与个人自学使用。本书也不例外。我将所有著作中的练习题放在同一个文件内，大约每年我都会发送一套更新版练习题的邮件（给 ggoertz@nd.edu 发邮件可被列入收件清单）。练习题根据主题分类，如"反事实"（conterfacutuals），这意味着题目可能涵盖不止一本书。2015 年的版本包括大约 350 道练习题。

一些练习题有答案（用于指导），另一些则用于讨论。练习题经常会包含从本书到相关新领域的扩展。通常这些题目都源于我正在阅读或讲授的现有文献。它们往往蕴含着未来论文或著作的种子。

我发现，这些练习题对于学生在方法课上的论文选题非常有用。

因为它们都建立在已发表研究的基础上,因而有很强的应用色彩。

由于理解研究实践是本书的核心,我草拟了几份参考文献清单。我也会应需提供,或是通过本书在普林斯顿大学出版社的网络页面,更新和发布这些清单。

对研究实践的讨论基于以下几种文献清单:

1. 案例研究论文参考文献。由史蒂文·桑福德建立,包括 2006—2015 年间《世界政治》《国际组织》《比较政治研究》(*Comparative Political Studies*)与《政治观点》(*Perspectives on Politics*)中含有一个及以上案例研究的所有论文。其中包括具有一个及以上案例研究的博弈论多元方法或统计多元方法研究。

2. 博弈论多元方法参考文献。基于由洛伦岑、傅泰林与佩因 (Lorentzen, Fravel and Paine, 2016)所建立的更全面的参考文献,包括形式化模型或博弈论模型以及一个及以上案例研究的论文与专著。此文献清单并不完整,也尚不系统,却起步于洛伦岑、傅泰林与佩因所发起的项目,而且由我随时补充新文献。

3. 包括中等数量样本设计的参考文献。包括具有 10 个及以上案例研究的著作或论文。这些文献或包括或不包括统计分析或博弈论等其他方法。

统计多元方法(即包含案例研究的统计分析)非常普遍,因此建立一份文献清单的需求不大。比方说,大部分统计分析的著作都包含案例研究(基于我对 2006—2015 年间剑桥大学出版社、普林斯顿大学出版社和康奈尔大学出版社在国际关系与比较政治领域出版书目的不完全调查)。

1.3 跳房子

正如有多种因果路径可以通往同一个结果,同样地,也有多种路径贯穿本书。胡利奥·科塔萨尔（Julio Cortazar）出版过一本名为《跳房子》（*Hopscotch*）的著名小说。传统小说的章节结构是线性的，需要按照顺序阅读，而在读《跳房子》时，读者可以跳来跳去，如同跳房子游戏一样阅读各个章节。本书也是一本跳房子式的方法著作。

在本部分中我提供了其他各个章节的总览，后续则是一些跳跃阅读的建议。

第 2 章探讨因果机制的概念，及其与多元方法和案例研究的关联。如 $X \to Y$ 有显著的跨案例证据，而且研究者想要探索 X 产生 Y 的因果机制即 $X \to M \to Y$，这种情况呈现了采用多元方法研究的标准动机。

因果机制的标准式 $X \to M \to Y$ 的视角，明显忽视了许多研究者思考因果机制的方式。第一，通常不仅仅有一个 M，而是多重的 M_i（见图 1.2）。第二，这些多重的 M_i 是同时发生的。第三，这些 M_i 是可替代、可合并的。因此，依照时间顺序从简单因果链的角度思考因果机制，还无法深入把握很多理论和假说。

$X \to M \to Y$ 视角的另一项弱点则在于很多机制包含着交互项，例如"某个充分不必要条件中的必要不充分部分"（INUS）原因和约束因果机制。最简单的形式可表示为 $X_1 * X_2 \to Y$。交互项理论至少是一项简单的因果机制。第 2 章以及第 4 章、第 5 章相当细致地探讨更复杂的包含交互项的因果机制。

所以，尽管标准的形式 $X \to M_1 \to M_2 \to \cdots \to M_n \to Y$ 触及了某些理论与因果机制，但也存在其他常见的结构。一旦我们绘制了代表理论的图表，这一点就变得清晰多了（如 Waldner，2015）。

我使用国际关系和比较政治中的例子，来阐释和讨论因果机制构成要素与跨案例分析、个案内分析之间的联系。它们通常涉及博弈论、统计多元方法与比较案例研究。这些都是出色的研究，已经界定所在领域的争论。

研究实例在探索因果机制的一些基本变体上非常有用。它们尤其有助于说明约束因果机制，此种因果机制注重解释结果为何没有发生。约束因果机制几乎总是隐含着一个动机与约束之间相交互的因果机制，即动机没有被约束的时候，约束也就没有因果效应。

第3章论证案例研究的核心目标是分析因果机制。理论家的因果机制是否在个案中起作用？因果机制是如何产生结果的？本章探索当我们想要研究一项因果机制如何以及是否产生结果时案例选择的基本逻辑。

定性研究领域内关于案例选择的大量成果（例如 King, Keohane and Verba, 1994）都强调自变量和因变量产生变化的重要性。相反，我关注这两个变量之间的各种组合，如($X=1$, $Y=1$)或(1, 0)。有些组合居于因果机制分析的核心，如(1, 1)，但诸如(0, 1)的其他组合则不太相关。因此，这并非如通常所言的一个 X 或 Y 分别变动的问题，而是 X 与 Y 的组合在多元方法的开拓中扮演各种角色的问题。

通过探讨混杂变量（或控制变量）与替代性解释，该章后半部分的复杂性有所增加。因果分析总是强调混杂因素的重要性，我们如何将这些关注纳入个案的选择与分析之中呢？

第4章讨论约束因果机制。此处的因果机制并不是 X 如何产生 Y，而是 X 如何阻止 Y 的产生，或者 X 如何约束 Y。在很多因果机制图示中，需要对"→"进行解释。箭头表示"产生 Y"与箭头表示"阻止 Y"时是不一样的：它们是不同的因果机制，具有不同的方法论属性。

约束因果机制与必要条件具有紧密的联系。结果要能够发生，则必须满足一项强有力的约束（是必要条件）。必要条件在解释结果为什么没有发生的时候最有用。与此同时，必要条件构成解释事件为何发生的一部分，也就是充分条件因果机制的一部分。

第5章以统计交互项或集合论"且"（AND）的形式，关注简单因果复杂性。本章自然承袭关于约束机制的第4章。要使约束产生因果效应，就必须有突破该约束的动力。除非女性想在职业阶梯上攀登，否则玻璃天花板就不会起作用了。这意味着约束因果机制必须包括交互项在内。本章还将交互项分析与简单叠加模型或成因模型进行对比。其对应的是一种相对常见的情形，即存在两个及以上因果变量的跨案例分析。

除了几篇定性比较分析的论文（Rohlfing and Schneider, 2013；Schneider and Rohlfing, 2013）之外，就几乎没有关于更加复杂假说的

多元方法研究了。因此，第5章将在最简单的复杂定性比较分析模型 X_1 且 $X_2 \rightarrow Y$ 中讨论这些问题。另外，本章重点研究与定性比较分析相关的各种议题，包括模糊逻辑变量与模糊逻辑证伪案例背景下的多元方法研究等。

第6章将第3章中发展的方法论应用于"博弈论多元方法"研究，我们将其界定为形式化模型与案例研究的结合。博弈论模型提供了一种因果机制，可以经由案例研究或跨案例分析对其进行实证探索。"理论模型的经验内涵"项目关注博弈论-统计的联系；第6章关注博弈论-案例研究的联系。博弈论-统计多元方法研究研讨的是一般化的问题，却无法解决这一问题：在个案中，我们能在多大程度上发现这种模型的因果机制？正因如此，博弈论-统计关注的是研究三联体中的两角，唯独没有对因果机制一角的实证分析。在实践方面，第3章中的方法论完美描述了当博弈论学者在著作和论文中涉及案例研究时，他们是如何处理的。

第7章和第8章颠覆这一思维方式，这两章假定我们一开始就在案例研究中做出了成功的因果推断，进而担忧这一因果机制的一般性。这两章讨论学者已经开始贯彻的多案例研究方法论的核心部分。包括这么几项核心理念：(1)我们有没有在个案中找到其所提出的因果机制？(2)我们有多频繁或在多大的范围内，找到该类因果机制？这些都是关于一般化的问题。例如，科普兰（Copeland，2015）自己探索了1790—1991年间的所有大国危机与战争，以检验他的贸易预期理论（trade expectation theory）的一般化程度。

第7章考察一些使用案例研究和个案内因果推断的重要论文，以此检验一些著名理论，或重新审查理论的统计检验。这些论文发表在顶级期刊上，并引发了大范围的讨论[例如，参见《安全研究》（*Security Studies*）专门讨论国际冲突中观众成本理论的特刊（2012）]。这些批判根本上基于一系列个案内因果分析，这类分析往往与跨案例统计分析截然不同，也经常挑战博弈论模型的经验相关性。

第8章关注的是，当我们开始细致的因果机制分析后，转而选择和分析更多案例时将会怎样。在一两个案例中进行一项可信的因果机制分析,可能是我们起步的地方。我们应该如何将此项分析扩展到其他案例?进行统计分析是一个经典的回答。但是做更多案例研究会怎么样呢?选择案例如何才能促使我们对因果机制的一般性做出强有力的论证?

就像跳房子一样,既然你正在读下面这些步骤,你就已经在第1章的1号方块开始游戏了。

你可以继续阅读第3章,这一章概述本书的核心论点。

读者随时都能阅读关于因果机制的章节(第2章)。

对于那些对因果复杂性特别感兴趣的读者,推荐阅读关于因果机制的章节(第2章),接下来是第4章、第5章。

对两种方法论文化的争论感兴趣的读者,请阅读第3章和附录A。

阅读完第3章后,随时可以跳到关于博弈论多元方法的第6章。

想要了解本书新提出的中等数量范式,读者可以跳到第7章、第8章这对姊妹章。

对定性比较分析感兴趣的读者可跳至第4章、第5章,我在这两章讨论必要条件、模糊逻辑和交互项。

如同跳房子游戏和同名小说,有多种路径可以贯穿本书。如果对某些章节不感兴趣的话,读者可以轻松跳过,阅读顺序也因人而异。除了需要尽早阅读第3章,顺序都是可以变化的。尽管我不是科塔萨尔那样娴熟的作家,我仍然试图让本书像跳房子一样,有多种多样的阅读方式。

2 因果机制

2.1 导言

本书主张,多元方法研究意味着一种致力于探求社会和政治研究中的因果机制路径,同时也致力于将案例研究作为探求因果机制的方法论。如果我们对因果机制路径表示怀疑,那么多元方法研究与案例研究的价值也就相对有限了。

金、基欧汉和维巴(King, Keohane and Verba, 1994)在他们的知名著作中,将统计学视角应用于定性研究。所以他们对于因果机制的质疑也就不足为奇。他们用了一个小节(3.2.1)讨论"因果机制"(这里的着重引号是他们自己加的)。尽管他们看到了这一理念有些用处,却仍然强调这一概念是多么次要,以及在实践中是多么问题重重:

> 在3.1节中,为了描绘具有内在一致性的因果机制,对于因果事件链条每个环节中的因果性,我们提供了更为基本的定义……另外在社会科学中,因果机制任意两个环节间总会有无数的因果步骤……这一路径也就导致了无休无止的回归分析。(King, Keohane and Verba, 1994:86)

然而,很多定量研究者都强烈支持因果机制分析:

数十年来,社会科学家都已经意识到,对于原因如何产生效应这一问题,对其最好的解释必须以可实证检验的方式,具体说明原因与结果之间的因果路径。这一对于因果解释深度的评价也适用于反事实的传统。相应地,人们基于特定研究领域的主流标准而广泛认识到,就 D 对 Y 因果效应的反事实界定所做的一致估计(consistent estimate),未必是一个对 D 如何作用于 Y 的足够深入的因果机制。(Morgan and Winship,2015:325)

重视因果机制,自然就会强调案例研究与个案内因果推断的重要性:"任何跨国的经验规律或因果效应,如果经不起基于国别研究的有效检验,就应该怀疑其真实性。"(Rodrik,2003:10)坚定致力于多元方法研究,就意味着仅仅使用统计分析与实验分析是不完整的,而且如果其规律性难以通过案例研究发现的话,也就值得怀疑了。

因果机制、案例研究与跨案例推断共同构成了研究三联体。将这种因果机制路径应用到研究设计与因果关系中,就意味着拒绝单一方法的路径(例如仅使用统计分析或实验法)。因果机制关乎规律性,因而也就关乎一般化。对因果机制的探寻是通过个案内的过程追踪和反事实分析进行的。因此研究三联体的三角之间具有紧密的方法论关联。

2.2 什么是因果机制?

关于"因果机制"概念与界定的文献种类繁多,其中最主要的当属哲学和社会学领域。本节无意调查这些文献。马奥尼发现,早在2001年之前,研究者们就对因果机制的概念有了几十种界定。本节的目的其实是探索与多元方法研究实践直接相关的议题,同时在关于因果关系和解释的更广泛的方法论探讨中,了解这些因果机制文献在其中的定位。

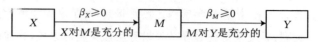

图 2.1　因果机制的概念化

那些重视因果机制的学者（往往处于哲学或社会学领域），始终强调因果关系和科学的机制视角与下述方法之间的对比：(1)以亨佩尔(Hempel)为例的覆盖律路径；(2)统计的、概然性的或休谟式的因果视角。运用了覆盖律或统计路径的分析，可以为 X 到 Y 的联系提供可信的证据，却无法解释 X 如何产生或导致 Y。正如德默勒纳尔所述：

> 引入机制的概念，起初是为了给归纳式的规律性命题提供替代选项(Little, 1991)。它也被视为是对休谟为因果性下的定义，以及亨佩尔的覆盖律解释理论的抨击。这两种理论截然不同，而且覆盖律路径对"因果性"概念持批评态度，所以也很难说是一种因果关系理论。但是，对于因果是什么、因果在社会科学中代表了什么的问题，机制理论被认为提供了上述两种路径的替代性路径。(Demeulenaere, 2011:12—13)

有很多重要的科学研究不提供因果机制的例子。许多物理定律描述了 X 与 Y 之间的关系，却并没有给出机制。例如，波义耳的气体定律(Boyel's law of gases)$PV=k$，即压强乘以体积等于一个常数，就给出了体积与压强之间的关系。该定律并没有说明这一关系为何成立。吸烟导致肺癌，青霉素对细菌感染有显著影响，这些事实都是经典的医学案例。这些相关关系、实验或自然法则并没有告诉我们 X 通过什么机制产生了 Y。

以因果机制的视角来看，观察性研究（如吸烟与肺癌）与实验研究几乎没有区别。我们在这两类情况中都没有提出因果机制。这些方法的作用在于确定在 X 和 Y 之间是否存在着因果关系，而不是 X 如何产生了 Y。

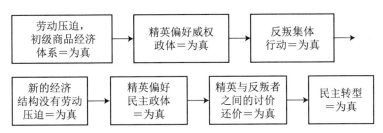

资料来源:基于 Waldner,2015。

图 2.2 作为因果链条的因果机制:伍德对萨尔瓦多民主转型的分析

图 2.1 展示了用于概念化因果机制的标准图解,并附上了一些注解。$X \rightarrow M \rightarrow Y$ 图是迄今最为流行的将因果机制抽象概念化的方式(如 Hedstrom and Swedberg,1998:9;Waldner,2015)。解释变量 X 通过某种机制 M 产生了结果 Y。从图中看,"因果链"的比喻就非常自然了。然而,作者并未过多解释箭头的含义。

有一种方式是将箭头解释为两个独立的覆盖律:"因果机制环节的数量是有限的。每一环节都必须由一条一般性定律来描述,从这个意义上说,我们对'黑箱'的内部齿轮和轮组仍不清楚。"(Elster,1989:6)金、基欧汉和维巴(1994:23)的观点与此相同,他们认为我们应把 X 与 Y 间因果关系的基本理念应用于因果链条中的每个环节。这种路径的机制分析没有任何特别之处,就是把覆盖律模型应用于更细微的范畴中。

瓦尔德纳(Waldner,2015)使用图 2.2 中伍德对萨尔瓦多民主转型的解释,说明了 $X \rightarrow M \rightarrow Y$ 的因果理念。伍德(Wood,2000)认为,基于初级商品的经济体系与广泛的不平等以及劳动压迫,导致了对威权政体的偏好。压迫产生了反叛行为,最终导致了内战。新的经济利益集团崛起带来对民主的偏好,这些团体进而与反叛者讨价还价,以在长达数十年的内战之后实现民主转型。

一般性的 $X \rightarrow M \rightarrow Y$ 因果链隐含着时间序列。然而在许多因果机制中,各种因素是同时发生的。如图 2.2 所示,劳动压迫和初级商品的经济体系无法在时间上根本地区分开来,但它确实是精英偏好的一种原因。在因果机制的中间,经济体系转变后,劳动压迫消失,这意味着在这一变化之前是有劳工压迫的。所以，尽管这些箭头可能表示因果关系，但它们往往不能很好地代表多种因素之间的时间关系。

因果机制分析的核心是绘制说明因果关系与非因果关系的图示。因果机制图很难从理论讨论中轻易得出。图 2.3 与图 2.4 展示了格日马拉-布斯(Grzymala-Busse，2007)的因果机制图。我们靠着咖啡因提振精神，就绘图问题进行了多次讨论，每当我提议一张图，她就提出修改建议，前前后后变动颇多。例如，我提出如图 2.2 所示的因果链时，她认为这暗示着一种不正确的时间序列而表示反对。同样地，我与丹·斯莱特(Dan Slater)就图 2.8 也进行了深入的邮件讨论。简而言之，绘制因果机制图是一项很重要的训练(我对此强力推荐)。

图 2.1 的另一种解释方式与因果机制的界定有关：

> 机制是组织起来的实体与行动，以使它们从开始或确立阶段到结束或终止条件期间产生规律性变化。(Machamer et al.，2000：3；强调为我所加 *)

> 机制通常被理解为：由在某些特定的起点与终点之间生成(generate)因果规律性的交互作用的部分组成。(Steel，2008：40；强调为我所加)

> 产生某种效应或达成某一目标的路径或过程。[1](Gerring，2008：17；强调为我所加)

> (因果机制是)一个复杂系统，通过多个部分的交互产生结果。(Glennan，1996：52，同见 Glennan，2002，强调为我所加)

上述引文强调了因果机制产生或生成结果的核心理念。[2]就是说因果机制是结果的充分条件，或者在统计学解释中就是 β 为正且显著(见图 2.1)。

---

* 原书用斜体表示强调，这里用楷体指代强调内容，以下不再说明。——译者注

① 此即耶林在对案例研究的分类中，使用了"路径"(pathway)这个术语来分析因果机制案例研究的原因。

② 另一类讨论则是这些概念化之间的差异。

有时因果机制则会阻止结果发生。我们在图 2.1 中引入了负系数。这呈现了另外一类因果机制，也就是下文所讨论的约束因果机制。在集合论中，这些通常是必要条件，而且几乎总是涉及交互作用的因果机制。我们通常将因果机制默认为生成式的机制，本章图示大多说明的是这种机制。用充分条件来解释图 2.1 是下一章节的核心。

研究者对于方法论的基本立场往往决定了他对于 $X \to M \to Y$ 图示的解释。一种对于 M 的简单解释即"干预变量"（intervening variable）。而对于"$\to$"的一种解释，则是显著的参数估计或显著的平均处理效应，表示为 $\beta_X \geqslant 0$ 或者 $\beta_M \geqslant 0$。这种以统计方式解释的因果机制，除了串联起两种统计分析，并没有什么新颖之处。耶林很好地说明了这一立场，韦勒和巴纳斯也是如此：

> 这意味着，往往与协变（covariation）（一个变量是否能以可预测的模式与另一个变量共同变化）相联系的实证分析工具，原则上同样适用于对干预变量的探究（Gerring，2008：172）。

> （因果）机制。在因果链中处于解释变量与结果之间观察不到的因素。它们类似于至少在理论上可操纵的中介变量或干预变量（Weller and Barnes，2014：150 in Glossary）。

同时估计 β_X 和 β_M 非常重要。正如伊梅等人（Imai et al.，2011）所表明的，进行这类分析需要一些强假定和对于大样本反事实的置信估计（confidence estimations）。他们论文的标题是"打开因果性的黑箱"，体现了将因果机制视为干预变量 M 的统计学视角。对因果机制的处理完全是在统计和跨案例的层面上进行的。这意味着无须多元方法研究。

如果实验学者也使用因果机制理念的话，他们也通常运用图 2.1。调查发现，如德鲁克曼等人（Druckmand et al.，2001）关于实验的方法论研究几乎没有明确地使用因果机制的术语（Dunning，2012 则是一个例外）。不过，有一些关于中介变量或干预变量的讨论。这自然与图 2.1 中的 M 相契合。实验学者的典型回应可能如同耶林或伊梅等：

将统计定律或覆盖律重新应用于因果链中的每个环节。理想情况下，M 应作为实验中的处理。

> 分析表明，即便有可能性，仅进行随机分配……也很难将众多干预变量发挥中介作用的路径分离开来。要阐明这些效应，研究者需要设计出数个实验，各自有不同类型的处理……实际上，在研究者可以就因果路径提出可信的因果主张之前，应该要求他们实施一系列广泛的实验。(Druckman et al.，2011:20)

在引言中，我借用了佩弗豪斯关于民主政府间组织对国内民主影响的研究(见图 1.2)，来介绍多元方法研究中的因果机制。这种具有叠加 M_i 的因果机制模型非常普遍，统计多元方法研究中尤其常见。X 以多重机制影响 Y 的情况很常见。它们往往能同时发挥作用，并产生累积的(例如，叠加)效应。简而言之，干预(变量)M 往往是 M_i 的一个集合。研究三联体意味着在案例研究中探求 M_i。例如某些 M_i 可能较其他更具影响，或更为常见。

在佩弗豪斯的例子中，我在图 1.2 中将 M_i 以叠加的方式联结起来。在我的经验中，这是迄今最常见的思考多重机制交互作用的方式。要这样做并没什么特定原因。例如韦勒和巴纳斯(Weller and Barnes，2014)使用的是排他性的"或"(OR)。在图 2.6 中，各项 M_i 是由"且"(AND)连接起来的。

佩弗豪斯的图示也说明，因果机制图通常不能只通过"→"来连接各部分。对于共同作用产生 Y 的两个机制，该图使用"＋"进行连接。因果机制中各种因果的、本体论的(概念)与非因果的时间关系的多样性，要求更丰富的标记符号。这也是 $X{\rightarrow}M{\rightarrow}Y$ 被证明不足以描述现实生活中的因果机制的另一个原因。

本节关注的是单一因果机制，但一些最为出色的研究往往涉及多重因果机制。例如，我在第 3 章讨论的温斯坦(Weinstein，2006)和兰格(Lange，2009)的研究就具备多重因果机制。斯莱特(Slater，2010)也论证了存在多条通往同样结果的路径(见图 2.8)。

尽管 $X→M→Y$ 模型在方法论文献中如此流行,但其仍无法较好地适应多元方法研究的实践。在因果链中很少只有一个 M。如上所述,经常会有至少两个环节。在佩弗豪斯的例子中,同时产生作用的 M_i 是一个很常见的模型。如果在统计上估计简单的 $X→M→Y$ 模型都很困难,那么就实践而言,对于任何更复杂的模型进行统计估计就几无可能了(实验也是如此)。案例研究因此成了唯一的可行方案。

简而言之,多元方法研究实践中的因果机制几乎总是比 $X→M→Y$ 的简单模型复杂得多。那种仅仅将因果机制作为干预变量或中介变量的观点,并没有公正看待许多已经被证明有影响力的因果机制和理论。[①]因为案例研究是探索这些复杂因果机制的唯一方式,所以研究三联体也就应运而生。

· · ·

实例可以为前述讨论奠定基础,也可以将方法论议题与具体研究联系起来。实例也使对因果机制概念进行持续的分析成为可能。

第1章使用了一个国际关系的研究实例:佩弗豪斯对于民主性政府间组织对民主化、民主转型影响的分析。所以这里用一个比较政治的实例更为合适。格日马拉-布斯(Grzymala-Busse,2007)就提供了一个范例,这不但是一项高质量的研究,也具备适用于本章及之后章节的特点。

学者往往通过因果链来对因果机制加以概念化。图 2.3 呈现了格日马拉-布斯的部分因果机制。她从社会主义国家 1989 年爆发的危机导致一些国家的执政党放弃权力并发生制度转型的初始条件出发。其中一些国家的共产党"彻底自我重塑"为一个新的政党,并成为立场明确的"强劲反对"(robust opposition)党。当这种情况发生时,就会导致政党对国家的"非剥削"(nonexploitation)。

格日马拉-布斯的因果链提出了一个核心的方法论-理论问题:因

---

① 参见格尔茨和马奥尼(Goertz and Mahoney,2005)为斯考切波《国家与社会革命》绘制的因果机制图,比起简单的干预变量或交互项,该图要复杂得多。同见瓦尔德纳(Waldner,2015)的诸多因果机制图。

果机制应该在何时开始？她的研究初始条件是共产主义的受挫，以及一些社会主义国家向西式民主政体的转型，进而形成了她分析因果机制的背景与范围。图2.3的顶部起到了范围条件与初始条件的作用。

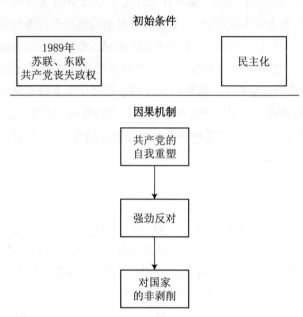

资料来源：基于 Grzymala-Busse，2007：figure 1.1；与作者的交谈。

图 2.3　导致对国家非剥削的因果机制

　　该因果机制始自共产党的彻底自我重塑并成为选举中的主要竞争者，这就是"强劲竞争"环节。当这种情况发生时，就能导致政党对国家的"非剥削"。从她著作导论的前两张表格就能看出这些是核心环节：表1.1是国家剥削的因变量，表1.2表现了在这些国家中，共产主义政党在多大程度上是强力竞争者。

　　对因果机制进行概念化的关键问题是 X 的性质，X 通常被称为"初始条件"或"起因"（trigger）。感觉像是 X 在特定的时间发生，并启动了因果机制。这在实验者对因果机制的看法中是最为清楚的。实验中的处理（也就是 X）启动了因果机制。图2.3的上半部分给出了格日马拉-布斯的初始条件。

在许多应用研究中，X 并不是一项起因或一个事件，而是一种相对恒定的状态（state）。这样因果链隐含的时间性元素就具有误导性了。在佩弗豪斯的例子中，民主性政府间组织并非起因或事件，而是政府间组织的一种性质，通常是长期稳定或缓慢变化的。重要的不是政府间国际组织的民主化过程，而是其当前的民主状态。同样，格日马拉-布斯在她的国家集合中，将强劲竞争处理为时间跨度上的高度恒定。阿西莫格鲁与罗宾逊在他们的民主化理论中采用了类似的路径（见第 7 章），他们的因果机制始于经济不平等，而这充其量是一个变化非常缓慢的变量。

简而言之，多元方法研究中的许多 X 变量都涉及恒定或缓慢变化的因素［例如在内战文献中的山区地形或族群分化（ethnic fractionalization）］。在选择案例与过程追踪时，会有可能被视为触发因果机制，以及指导案例选择和限定多元方法研究的其他因素。

因果机制图中的 M 框往往被称为"黑箱"。这是因为因果机制尚属未知。在 X 和 Y 之间的因果关系也许有可信的证据，但对其如何发挥作用可能还不怎么清楚。因此对研究者个人或共同体而言，假定有多重因果机制来解释关系并不罕见。

在耶林（Gerring, 2010）对因果机制的讨论中，所有例子都有同一特征。(1)经济发展与民主，(2)民主与战争，(3)资源诅咒（resource curse）与内战，(4)地理和经济增长。每个例子都有一长串的统计研究发现其中两个变量间的显著相关，但学者们提供了各种因果机制来解释这些统计联系。

在大多数自然科学和医学的例子中，物理定律或药物的因果效应并没有终结这一讨论。学者们总是想要了解机制。在波义耳气体定律背后的机制是什么？牛顿定律所描述的重力是怎么实际发挥作用的？青霉素降低感染的机制是什么？正如政治科学的实例一样，人们通常会提出许多竞争性的机制。

在实际研究中，$X \rightarrow M \rightarrow Y$ 式的因果机制视角往往存在误导性或问题重重：(1)通常不清楚因果链应该或实际从哪里开始；(2)因果链中的一些早期环节作为范围条件发挥作用；(3)M 往往是一系列的 M_i，

进而产生了这些 M_i 之间关系的问题［例如，是叠加式的，逻辑上的"且"(logically AND)］；(4)因果链中所隐含的时间序列经常以各种方式被违反：一些因素也许在同时发生，一些因素可能是状态变量(state variables)，随着时间的推移变化很小或者根本不变。所有这些都意味着，将 M 解释为干预变量是有问题的。在大多数实质性研究中，我们不能将因果机制分解为简单的机制，比如 $X{\rightarrow}M$ 和 $M{\rightarrow}Y$ 这种，然后将标准的统计方法或实验方法分别应用到每个因果环节。因此，案例研究是唯一实际的研究选项，也因而成为研究三联体的一部分。

2.3 因果机制的规律程度如何？

因果机制经常被描述为"规律性"(regularity)或包含"规律性"：

> 机制是*规律的*，因为它们总是，或是在大多数情况下，在共同的条件下以相同的方式发挥作用。*规律性*体现在机制自始至终发挥作用的典型方式；正是各阶段之间高度的持续性(productive continuity)使机制具有了*规律*。(Machamer et al.，2000：3；强调为我所加)

> 机制以*规律的*，但也并非没有例外的方式运行。洗衣机可能坏掉；眼睛可能变盲；地质变化可能让老忠实间歇泉*不那么"忠实"。机制的行为可以由克雷弗(Craver，2007)所称的"机制上脆弱的*一般化*"(mechanistically fragile *generalization*)来描述。这些是稳健的、非随机的一般化，但它们之所以成立，正是由于它们描述了机制的行为。(Glennan，2010：257；强调为我所加)

> 因此，解释一个社会事件意味着描述连接所有参与……建构

---

* 老忠实间歇泉位于美国黄石国家公园，沃什伯恩探险队(Washburn-Langford-Doane)于 1870 年发现此喷泉并将其命名为"老忠实泉"。由于每间隔一段时间喷发并循环不息，这种规律性喷发的喷泉被称为"间歇泉"。——译者注

一项社会事实的要素的各种因果链。这同样意味着要确认存在因果关系的相关要素并确定它们的本质。从这一视角来看,机制就是有规律地从最初的社会状态导向随后的社会状态的一组元素及其因果联系。(Demeulenaere,2011:12;强调为我所加)

瓦尔德纳(Waldner,2012)将因果机制描述为"恒量"(invariant),这表示当具有初始条件的时候,机制就会几无例外地导致结果。正如上述引文所阐释的,通常认为因果机制涉及较高程度的规律性。格日马拉-布斯的例子就表明了一个具有高度规律性的因果机制。在她的所有案例中,只要国内有强劲竞争,就不存在国家剥削。

图 2.1 提出了对于因果机制链的一种可能的解释,即具有统计上的显著效应。对高度规律性的强调通常很难与因果机制的统计解释相匹配。例如在实验情境中,一项处理可能对 20% 的少量被试有很强效应,但对其他 80% 被试则没有效应,而这就导致了显著的平均处理效应。但我们很少认为这一处理规律性地产生了效应。

统计多元方法研究在很多情况下都难以体现出高度的规律性。佩弗豪斯的例子就体现了这一常见情况。民主性政府间组织有时采取行动保护民主,但是它们这种行为的规律程度有待讨论。统计参数估计往往不能直接解决规律性的问题。平均处理效应,或者说统计模型中估计的 β 值,与规律性并不直接相关,而是关于平均因果效应的。程度较高且统计上显著的效应意味着存在规律性,但不是对规律性的直接估计。

图 2.1 给出了关于充分条件因果机制的集合论解释[见马奥尼、金博尔和科伊武(Mahoney,Kimball and Koivu,2009)对充分条件因果链条的分析]。这更加符合规律性的要求。上述引用或多或少明确了:规律性意味着观察因果机制何时被触发,以及结果发生的频率如何。触发因果机制意味着要观察 $X=1$ 的案例。所以有人就会问:"如果 $X=1$,$Y=1$ 的频率是多少?"这很容易被解释为一个关于充分条件的问题。定性比较分析实践的典型标准要求,必须至少在 70%—80% 的时间内发现规律性才能被视作显著。对于什么构成可接受的规律性水平,定性比较分析已经奠定了传统。这并非瓦尔德纳所称的"恒量",但

通常比"统计上显著"程度更高。

在过程追踪文献中,学者通常以充分条件的方式思考因果机制。例如,瓦尔德纳(Waldner,2015:128)称:"过程追踪在因果和解释上的充分性体现在(1)过程追踪建立在因果关系图示之上,图中的各个节点共同作为结果的充分条件而彼此连接。"比奇和彼得森称:"以案例为中心的过程追踪案例研究,让我们得以充分地解释特定历史案例。"(Beach and Pedersen,2016:400)

在研究实践中,何者可称为规律取决于"显著相关关系"的通行标准。许多统计显著的案例并不符合哲学或方法论文献中对于强规律性的要求。由于集合论与定性比较分析也具有强规律性的表述,所以它们的标准更加接近。

这对于案例选择具有重要意义。如果我们从一项统计分析中随机选择 $X=1$ 的案例,看到因果机制运行的概率也许会较低。在上述的实验示例中,概率可能仅为 1/5。在比较历史研究这类多案例研究设计中,或许由于样本很小,所以对规律性的要求就更高。在这种背景下,学者们努力得出几无例外的一般化(参见 Goertz and Mahoney,2012)。

如图 1.1 所示,研究三联体将一般化纳入其中并作为其中一角(与跨案例分析一起)。多元方法研究意味着细致地观察个别案例,以探索因果机制。同时,许多社会科学家想获得可推广的理论,他们想要能解释诸多案例的因果机制。关于因果机制的方法论文献与哲学文献几乎总是要求机制是一般性的。具备规律性就潜在地意味着机制在某种范围内成立,而这一范围往往是不明确的。就这一方面而言,因果机制与想要发现一般性因果效应的实验并无二致。

2.4 约束因果机制

一些读者或许早就不赞成图 2.1,因为图中的连接线被描述为

$B_x \geqslant 0$：为什么没有包括负向因果效应？对于因果机制的讨论，充斥于对于因果机制产生结果的描绘，这意味着关系是正向的。其他通用术语包括：机制"触发"(triggers)或者"导致"(brings about)了社会结果。上文中麦查默(Machamer)等人、斯蒂尔(Steel)与耶林给出的定义也都包含诸如产生(produce)或生成(generate)这样的术语。

然而，社会科学中的许多机制并未涉及生成或产生一项结果，它们实际上关乎阻止某事发生。我将其称为约束因果机制。第4章专门讨论约束机制，这与必要条件密切相关。强约束也就是必要条件，例如否决者模型。我最初对必要条件产生兴趣，就是因为必要条件有助于解释某事为什么并未发生(Goertz, 1994；见"barrier models"节)。比方说，天花板或障碍这样的比喻(如女性在劳动力市场中的玻璃天花板)就常用于约束因素。

解释未发生之事，触及了一些有趣而棘手的理论、方法论与哲学问题。由于约束C的存在，所以尽管驱使变化的动机(X)存在，变化却并未发生，这是一种常见的情形。这意味着Y的值从其初始条件起没有发生变化。在统计学术语中，没有变化也就是Y没有产生变动(variation)，这显然会带来问题(例如在双重差分设计之中)。

通常，对应$Y=1$事件的案例在概念上得到了较好的界定，此类案例同时也是一种相对连贯的状态或事件，但$Y=0$则是一个具有异质性的集合(heterogeneous set)。在冲突研究中，$Y=1$通常是军事争端。例如在解释"和平"的背景下，如果我们想要对没有出现军事争端做出解释，要面对的现实就是，"无军事争端"包含着各种可能具有不同解释的案例：(1)激烈敌对的对手之间没有争端的年份，例如美国与苏联；(2)具有高度和平关系国家之间没有争端的年份，例如美国与加拿大；(3)完全没有关系的一对国家，例如喀麦隆与智利。

图2.4阐述了一种对于该问题的通用思考方式。格日马拉-布斯再度为我们提供了范例与实质内容。她认为高度的民主承诺与稀缺的组织资源产生了政党剥削国家的动机。在图2.4中，在缺少任何约束的情况下，这两个因素共同生成、产生了国家剥削，并成为其充分条件。因此在因果箭头上方使用的是"+"。

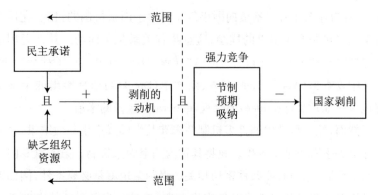

资料来源：基于格日马拉-布斯的研究(Crzymala-Busse，2007)及与她的讨论。

图 2.4　约束因果机制

然而，苏联东欧重塑后出现的强力竞争，成为实施国家剥削的约束或阻碍。因此在图 2.4 中，强力竞争与国家剥削之间因果箭头上方是一个"一"。

格日马拉-布斯的核心机制就是强力竞争。强力竞争基于以下三种机制，导致了国家不被剥削：

> 强力竞争通过三种约束机制对国家剥削发挥作用，这三种机制可以总结为节制(moderation)、预期(anticipation)和吸纳(co-optation)。第一，批评导致执政党行为的节制——至少会采取更多的托词。正如我们所见，这种非正式机制在遏制国家机关与管理机构的扩张问题上极具作用。由于担心曝光和随后在议会和选举中受到惩罚，执政党抑制了自身对于国家资源的机会主义汲取。

> 第二，当执政党担心其继任者会使用现有的裁量权对付它们的时候，正式约束的动机就渐趋强烈。因此，强力竞争既限制了执政党剥削国家的能力，也产生了创建正式国家制度的动机，这些制度在剥削发生之前就可以实现对裁量权的限制。

> 第三，强力竞争促使执政党分享权力，并尽可能地吸纳其批评者。随着议会内非正式规则的发展，反对派获得了进一步的权力，包括在重要立法委员会和政党融资法律(这些法律对所有政党都

有利,而不仅仅使执政党获益)中的代表权和领导权。强力竞争也通过引导潜在的赞助者捐助多个政党而为自己"投保"(insure),从而阻止了政府对资源的垄断。(Gryzymala-Busse,2007:16—17)

　　这些机制构成了强力竞争。它们并非原因,而是强力竞争本身。要剖析强力竞争机制,就意味着细致地观察节制、吸纳与预期。

　　格日马拉-布斯将图 2.4 左侧的三个因素解释为范围条件(这一点出自与她的私下交流)。她强调,在她分析的所有案例中,该图左侧的这三个变量都是存在的(其值为 1)。范围变量通常正是这样发挥作用的。在她的分析中,发生变动的是强力竞争的程度。

　　在提出约束因果机制的时候,需要强调动机(motivation)的作用;如果没有动机,约束因果机制也就没有意义。如果女性没有在机构、公司和政府中获得高级职位的需求,那么玻璃天花板也就没有因果效应。在冲突文献中,威慑理论恰恰具有这一特征。威慑机制假定存在某种攻击或使用军事力量的动机,它无法解释像美国与加拿大这类缺少冲突的案例。

　　在很多例子中,必要条件与范围条件的区分是模糊的(见 Mahoney and Goertz,2004)。然而,一名女性的范围条件就是另一名男性的因果变量。在约束因果机制中,具备所有左侧因素是很重要的。例如在图 2.4 中,如果没有剥削的动机,那么强力竞争也就没有因果效应。许多博弈论模型与定性比较分析模型就是如此,因为在它们的因果构型(causal configuration)中,存在动机变量却缺乏约束变量。在国际关系领域中颇具影响力的机会和意愿框架(见 Cioffi-Revilla and Starr,2003 的讨论与形式化模型)正是这种结构。机会是约束因素,而意愿则是动机。巴拉(Bara,2014)使用定性比较分析方法,将机会与意愿框架应用于内战,阐述了动机与约束之间的关联。

　　在图 2.4 中,约束因果机制包括了剥削动机与强力竞争约束之间的交互作用。第 5 章所解决的正是核心因果机制包含交互项的问题。所以约束因果机制也是第 4 章与第 5 章的主题。

2.5 动机与制度约束的整合

由上文中格日马拉-布斯的研究可见,约束因果机制不但对动机做出假定,还可以将利益、偏好与动机整合进模型。这将是第 4 章与第 5 章的核心问题。本节的讨论是对下文更详尽论述的简介。

也许在经验与理论上最重要的动机是由意识形态构成的。意识形态多元性是否决者模型中的核心问题(Tsebelis,2002;见第 4 章的讨论)。意识形态与制度约束就是一个自然的交互项。约束要发挥作用,就必须存在违反约束的动力。意识形态就提供了这类原因。

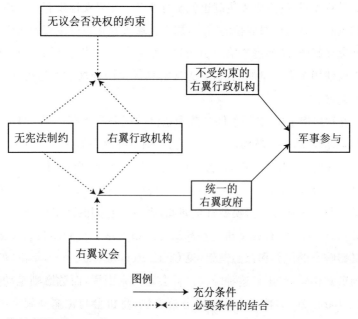

资料来源:基于 Mello,2012。

图 2.5 制度约束与意识形态:2003 年伊拉克战争的参战决定

为了使讨论更具实质性,我引用了梅洛(Mello,2012;2014)关于西方民主国家决定是否参与 2003 年伊拉克战争的出色研究。梅洛使用定性比较分析方法,以探讨制度约束和意识形态间的交互作用。定性比较分析用在这里就恰如其分,因为它关注交互项,也避免了统计中乘积交互项(multiplicative interaction)带来的重要方法论问题。

图 2.5 再现了梅洛关于参与伊拉克战争的主要因果机制。它相当复杂。基本没有可能对这一模型进行统计估计。看上去,定性比较分析确实是唯一合理的跨案例方法论选项。①

该因果机制之所以较为复杂,基于以下几项原因。首先,具有对于领导人的多重制度约束。这些约束包括宪法对于参战的制约。德国宪法或许是其中最为知名的。宪法第 24(2)条禁止在"一种国际条约机制足够密集的政治与组织框架"之外的军事行动。第二项限定则是议会在多大程度上拥有参战的重大权力,例如否决权。

意识形态在行政部门与议会中都发挥了作用。右翼行政部门支持参与伊拉克战争,而左翼则反对参战。所以就有左-右翼与行政-议会的四类意识形态组合。

将制度约束与行政和议会的意识形态同时纳入,意味着因果机制会相当复杂。尽管如此,其基本逻辑还是非常简明的。它涉及约束和动机的不同组合:(1)不受制约的右翼行政机构将国家导向战争。(2)如果行政机构是左翼的,那么因为政府一开始就不想参战,所以制度约束就无关紧要了。(3)宪法约束强大到足以阻止参战。(4)在议会否决制度中,右翼行政机构也需要一个右翼的议会。

这个例子说明,在一些情境中我们必须囊括动力因素和约束因素。仅仅关注议会和制度的否决权(即仅关注约束),从根本上就是一种不完整的分析。格日马拉-布斯在研究中将动机假定为高水平,这是一种合理的方式,但这项研究不同,在伊拉克战争中动机的变化非常重要。

探讨图 2.5 中的因果机制需要进行大量案例研究。例如,我们需要对右翼行政机构的宪法约束来探讨约束因素。日本就能作为这一部分机制的案例研究。为了探讨议会约束,我们需要一个议会左翼、行政机构右翼的案例。理想状态下,最好对图 2.5 中动机-制度约束的所有因果组合进行案例研究。

---

① 基于行动者的模型可以探讨模型的理论逻辑,但无法用于实证数据分析。

在这些动机-约束分析中，案例研究与个案内因果推断发挥了作用。梅洛使用定性比较分析方法对他的因果机制进行了跨案例分析。之所以涉及研究三联体，是因为这两种方法（跨案例分析与个案内分析）共同地做出个案内因果主张。梅洛暗示道，他的理论解释了与定性比较分析结果相一致的所有个案。他并没有进行案例研究，但为了完成研究三联体，他需要细致地探究这些案例。阅览这些案例相关的文献，他的模型是否解释了德国为什么没有参战，而澳大利亚却参战了？

即使研究者确实只对约束感兴趣，在选择案例时也必须囊括动机。尽管方法论著作并未将这一点作为一项明确的原则，但案例研究学者数十年来已经认同并实践着这一点。

第5章讨论了复杂的、交互作用的因果机制往往需要多重案例分析。令人遗憾的是，多元方法的"在线""离线"这类比喻是不充分的，因为比起估计的统计曲线，理论与因果机制包括的内容要多得多。

2.6 因果机制与个案内因果推断

在多元方法研究中，案例研究的作用是利用过程追踪、反事实等方法做出个案内因果推断。过程追踪的核心目标就是发现、证实或证否关于因果机制的假说。

图 2.6 提供了一项范例，该例证将在本书各处反复出现，尤其是第 7 章。哈格德与考夫曼（Haggard and Kaufman，2016）使用多元方法研究来探索一系列重要的理论，主要包括阿西莫格鲁与罗宾逊，以及布瓦（Boix）的研究，这些理论认为经济不平等驱动了导致民主转型的因果机制。图 2.6(a) 给出了将不平等与民主联系起来的标准统计分析；图 2.6(b) 给出了因果机制的标准 $X \to M \to Y$ 观点；图 2.6(c) 展示了一个更为详尽的版本，即哈格德与考夫曼关于民主的"分配性冲突"（distributional conflict）路径分析，也就是他们对于阿西莫格鲁与罗宾逊（Acemoglu and Robinson，2006）的解释。

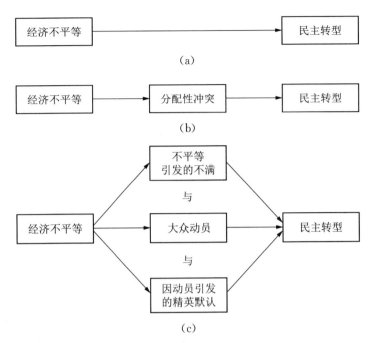

资料来源：基于 Haggard and Kaufman，2006。

图 2.6 不平等与民主转型：分配性冲突的因果机制

这一因果机制的几项特征，使其与佩弗豪斯的例子有着明显差异。值得注意的是，M_i 同"且"联系在一起。所以与 M_i 之间关系为"或"的案例不同，这里的因果机制是不可替代的。

图 2.6(a)中的跨案例统计分析可以证实不平等与民主之间的关联。但这无法保证我们在做图 2.6(c)的个案内因果分析时，能够在案例中发现因果机制。反过来说，也有可能在图 2.6(a)的分析中不存在统计相关，但个案内分析却揭示了分配性冲突导致民主的一些情况。

我们可以从统计的视角来解读此图，将分配性冲突看作机制或干预变量。图 2.6(c)可以说明分配性冲突变量是如何被编码的。就案例选择而言，我们可以基于 M_i 来选择，因为这样就会有关于机制的系统化数据。M_i 就成了自变量，民主就成了因变量。特别是"自变量"和"编码"等术语的使用，使其看起来像是一种合理的解释，但实际上并非如此。因果机制分析关乎个案内因果推断：这种情况下的因果推断已

呈现在因果机制 M_i 之内，也就是内嵌于 M。为了强调这一点，我在图 2.6(c)中着重标出了一个关键的因果推断。这一关键因果推断是用"因为"(because of)来表示的。所以将 M_i 解释为"因变量"是不正确的，因为"编码"涉及关于 Y 的因果推断。

在佩弗豪斯的研究示例中，可以说 X 与 M_i 之间的环节并不是因果性的，这与上文的因果链有着显著差异。佩弗豪斯的因果机制是民主政府间组织用以增加民主转型可能性的手段。它们是因果机制的组成部分，但在 X 与 M_i 之间并不存在因果关系。尽管"→"通常被理解为具有因果含义，但在某些理论与因果机制中，这种连接却不是因果关系。

很难保证图 2.6(a)到图 2.6(c)中的所有箭头都有着一致的因果推断证据。例如，可能存在分配性冲突导致民主的案例，但鲜有证据证明不平等加剧了分配性冲突。此外，除了分配途径之外，还存在其他通往民主的途径。在哈格德与考夫曼探讨的一项因果机制中，国际行为体起到了核心作用，而在其探讨的另一项机制中，民主转型则是由精英议价推动的。所以图 2.6(a)中的统计分析可能会将不平等与民主化联系起来，但个案内分析可能会发现这一案例是由精英议价所推动的[即无因果关系的相关(correlation without causation)]。

这个例子说明，图中所有的因果推断都是待定的。首先我们要证实→在提出的机制中表示因果关系。在同一张图内，可能有证实其中一个因果箭头的证据，而无法证实另一个箭头的因果含义。跨案例证据可能证实 $X{\rightarrow}Y$，却无法证实理论所提出的因果机制。观众成本的因果机制是民主国家→观众成本→危机行为，第 7 章讨论了关于这一理论的相关争论。确实有跨案例证据支持民主国家→危机行为，但是有些跨案例证据则否认观众成本因果机制产生了因果效应。

2.7 等效性与因果机制

包括多案例研究与多元方法研究在内，等效性是所有方法论的一项重要特征。在统计学中,我们并不讨论等效性,而是代之以混杂因素。在因果机制的背景下,这意味着存在可能会产生同样结果的潜在多重因果机制。另外,等效性也体现在因果机制本身。正如佩弗豪斯的例子所表明的那样,在因果机制 M 内存在多重路径通往结果 Y。作为一般原则,统计学者与定性学者都将等效性视为无所不在的。不仅存在多重的 X 可以导致 Y,而且每一项机制中也存在多重的 M。

图 2.7 说明了等效性能够以多重的形式存在。图中有两种因果机制,每种机制内部都存在多重路径 M_i,另外,每一种因果机制内都包括 M_3。考虑到因果机制之间重叠的可能性非常重要,对于这样做的原因后续将会阐明。

有时候并不清楚某种因果机制究竟是独立的(即具有一个不同的 X_i),还是更大因果机制中的一部分,即 M_i 内的一个因素。例如,西蒙斯与埃尔金斯(Simmons and Elkins,2004)在一篇被广泛引用的文章中讨论了政策"扩散"(diffusion)的不同机制。①他们对比了国家为何采取自由经济政策的三种理论。第一种是通过市场竞争,如果竞争国正在采取自由政策,那么国家会采取新政策以在市场中竞争。第二种机制是关于经济政策的国际规范。第三种机制是向网络(networks)、成功国家或文化上相似的国家学习。在他们的统计模型中,自变量就代表着这些机制。那么这些自变量是否应该被视作独立的机制?对应上述例子就是,是独立的自变量 X_i,还是更大的扩散理论机制内部的 M_i?

就在这一案例中,他们提出了彼此独立的机制。确定这一点的一种方式就是观察每个变量的机制。当它们隶属不同的理论传统时,那么几乎可以确定它们是彼此独立的机制。如果一种机制主要是市场竞争,而另一种是遵守全球规范,那么我们讨论的就是不同的机制。他们在这篇文章的摘要中将其称为"机制的广泛类型"。

---

① 我使用了着重引号,因为并不确定它们是否都是扩散机制,而不是市场竞争等其他类型的机制。

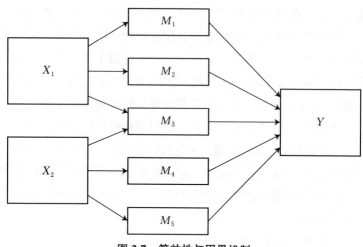

图 2.7 等效性与因果机制

西蒙斯与埃尔金斯阐明了一种存在多重机制相互竞争的常见情形。这些机制在理论上是竞争对手。规范扩散的社会建构主义机制与市场竞争模型相竞争。这些机制也与现实主义的权力政治机制和霸权机制相竞争。

当然，在任何一个特定国家，多重机制都可以发挥作用。经济政策可能是多种机制同时运行的结果（即共线性）。所以，尽管各种机制在理论层面彼此竞争，但在实践中可能会相辅相成。

简而言之，在许多情况下，我们必须确定学者是否正在探索替代机制 X_i，或者其是否是单一机制内的因素 M_i。

鉴于 M 通常是黑箱，所以混杂因素或替代因果机制的重合程度或重合与否并不清楚。在集合论模型中，重合往往很明显，不同的路径可能包含相同的变量。比如，路径 ABc（因素 A 与因素 B 存在，因素 C 不存在）与路径 BDC（因素 B、D 与 C 均存在）可能都是 Y 的充分条件，B 在这两项因果机制中重合。由于因果路径中的变量重合，像是图 2.7 中这样的等效性，在定性比较分析中非常常见。

如果重合之处足够多，那么 M_i 就变成了必要条件。根据定义，所有导致 Y 的因果机制中都要包含必要条件。必要条件在所有因果机制中都是重合的。

斯莱特(Slater，2010)的研究是一项典范，他认为存在四种通往反革命国家"分化"(fragmentation)的路径。如图 2.8 所示，每种路径都是独特的，因为包括其他路径上并不存在的因素。与埃尔金斯和西蒙斯的情况不同，这些路径实际上并不是竞争性理论。

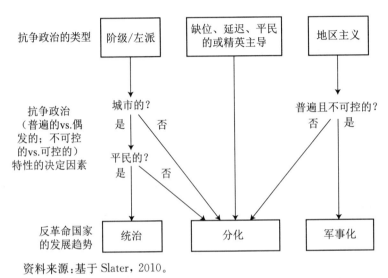

资料来源：基于 Slater，2010。

图 2.8　因果机制与等效性：反革命国家分化的几种路径

当然，定性比较分析生成了因果机制间的重合。正如斯莱特所指出的，在比较历史研究中，我怀疑学者所花的大多数时间都用于努力避免因果路径间的重合。这显然是一个理论问题，然而尚不明显的是，互斥机制是否就是好的想法，或者是否真实地反映了世界运行的真相。①

在下一章，替代性因果机制与等效性是多元方法研究方法论的重要维度。案例选择取决于对替代性因果机制的了解。因为可能还存在其他因果机制，所以缺少一种因果机制并不必然意味着 Y 不会发生。

---

①　这与类型学下属范畴应当互斥的观点有关。有关概念范畴重合的论证，参见 Mahoney and Goertz，2012。

2.8 结论

基于本书的目的，我对因果机制持一种宽容的态度。它们可以是统计分析中作为假说而提出的机制，可以是博弈论模型，可以是对实验所发现的因果效应的解释，也可以是定性比较分析中的构型路径。

如本章中的各种图所示，因果机制具有多种形式。其中一种在实践中很少见，即干预变量的模型：$X \rightarrow M_i \rightarrow Y$。因此，在研究三联体时，首要的步骤就是绘制因果机制图。

通过借用格日马拉-布斯、哈格德与考夫曼、梅洛、佩弗豪斯、斯莱特以及伍德的研究作为例证，我提出了与研究实践具有密切联系的方法论问题。这些例子很好地说明了多元方法研究、因果机制与案例研究之间的关联。接下来我会视情况重新讨论这些例子。

本章中各种因果机制图与有向无环图（DAGs）在某些方面很像。在关于因果的研究文献中，有向无环图的使用一直极具影响力（Pearl，2009；Pearl et al.，2016；Morgan and Winship，2015）。瓦尔德纳就以有向无环图的方式解释了伍德的因果机制（图 2.2）。有向无环图是给出了因果解释的条件依赖（conditional dependence）的概率模型。当学者提供描述他们理论的图示时，他们可能并没有想到以有向无环图的方式（应用研究使用有向无环图的情况很少）。不过，思考一下给定的图形是否起到了有向无环图的作用，或是怎样才能让它成为有向无环图，总会是有益的训练。有向无环图与因果机制图之间的关系远远超出了本章的范畴，也仍然是因果机制研究的一项重要课题。

本章无意妄称涵盖哲学、方法论因果机制文献的所有议题。例如，在社会学文献中，很大一部分讨论涉及致力于因果机制研究是否意味着某种方法论上的个体主义。争论往往被框定在宏观-微观之争内：X 与 Y 作为宏观因素，M 作为微观机制。对于机制是否可观察的，一些研究者也将此作为争辩的议题。我认为一些机制是可观察的，另外一些则不可观察。

　　同时,围绕着关于实证多元方法研究的因果机制哲学及方法论,本章就一些核心议题展开了探索。鉴于案例研究的作用正是探索因果机制,致力于多元方法研究,往往也意味着隐含地致力于因果机制视角的解释。因果机制与个案内因果推断的联系非常紧密。

3 基本逻辑

3.1 导言

本章的目标在于呈现多元方法研究中案例研究的逻辑,其中包括统计、博弈论和定性比较分析等多种方法。如果人们正考虑在多元方法的背景下进行案例研究(比如说 1—10 个案例),那么就面临着选择哪些案例的问题。案例选择必须遵照某种逻辑或依据,而且这种依据必须与探索因果机制的目标相关联。本章展现这种逻辑。

采用统计方法的研究者通常具有完善的案例选择程序可供遵循,比如通过随机抽样进行调查研究,使用所有发达工业社会等传统样本总体,或者分析战争相关性(COW)这种由他人收集的数据集。相较之下,多元方法研究者面临的问题是,由于要把大量资源投入案例,因此选择正确的案例很重要。问题在于,可能有几十个(甚至数千个)案例可供选择。例如,在统计多元方法的背景下,麦圭尔(McGuire,2010)在关于大样本跨国研究的一章中,研究了婴儿死亡率等各类健康状况。在案例研究中,他提出了一个关于如何解释哥斯达黎加健康状况表现的问题。在数据统计的章节中,有几十个国家可供选择,为何要聚焦于哥斯达黎加?

多元方法研究兴起的主要原因在于,需要将跨案例大样本研究的优势与案例内因果分析的优势结合起来。"X 对 Y 有影响"这种形式的假说在因果机制的细节上往往过于模糊。研究者提出几种因果机制

来解释 X 的影响,这种情况并不罕见。例如,既有多种试图解释民主对战争的强效应的机制,也存在多种解释人均国内生产总值和民主间关系的机制。

表 3.1 X—Y 构型

	$X=0$	$X=1$
$Y=1$	(0, 1)	(1, 1)
$Y=0$	(0, 0)	(1, 0)

在研究三联体中,案例研究和因果机制密切相关:

> 案例研究的核心目标是调查因果机制,并进行个案内因果推断。

这一目标是绝大多数多元方法研究的基础,也启发了与案例研究方法论相关的诸多讨论。该核心目标必须被置于案例研究方法论分析的前沿和中心。

表 3.1 囊括了大量与此相关的讨论。表格中的每个单元格都对应在多元方法研究中进行案例研究的特定作用(或不起作用)。很多案例研究都会提及 X 或 Y 的变动,在这里,重要的是 X 和 Y 的具体构型。

此外,我们必须考虑附加变量的作用,主要包括范围、混杂因素、控制变量与替代性因果机制,本章将其统称为 Z 变量。在跨案例研究中,研究者通常能清楚地意识到混杂因素在因果推断中引发的问题。在将案例研究联系起来分析因果机制时,我们必须考虑这一点。

本章阐述了案例选择的基本逻辑,以服务这一目标。在大多数时候,本章都假定在跨案例分析中存在一个 X 变量,这是为了便于选择案例来探明因果机制。第二部分增加了混杂因素(即 Z 变量),以了解其如何影响案例的选择。其余部分基于本章提出的核心方法论原则展开。所以,如果你选择跳房子式阅读法,本章是读完第 1 章之后应尽快阅读的部分。

3.2　界定范围和总体

统计分析通常依赖于现有的数据集，这些数据集隐含地界定了范围。定性比较分析数据集则更多是研究者主动选择的结果。实验涉及的范围通常较窄，如同一班级、同一大学或同一城镇的学生。通常，观察值的跨案例集合初始地界定了分析范围。

然而，正如拉金所强调的（Ragin，2000；2008），必须构建并确保数据的总体和分析范围。当然其也可随着案例分析结果的改变而改变。在多案例研究和博弈论研究者中，缺乏预先存在的数据集，因而往往无法精确地限定研究范围。沃尔兹（Waltz，1979）的结构现实主义理论的范围就不清晰，比方说，无政府状态是他的理论必需项吗？形式模型理论可能具有一个由理论假定所限定的范围。比如在战争的讨价还价模型中，人们可能会问：只有当国家以及领导人是理性的时候，该模型才起作用吗？例如，费伦指出，"为此，我认为，当我们仔细研究解释战争如何在真正理性的、单一制国家之间发生这一问题时，会发现只有两种方法可以做到这一点"（Fearon，1995：382；强调为我所加）。①

范围是研究三联体的核心。三联体的各个角都影响和关联着范围的确定。理想情况下，三联体的每一角都对范围的最终形成做出贡献。案例研究在这种"四方对话"（four-way dialogue）中可以发挥尤为重要的作用。

因此，选择案例研究的第一步是界定因果机制的潜在范围：

> 我们必须提供一份清单，列出所有可能的案例研究，或形成该清单的标准。

---

① 这是一个实际存在的问题，莱克（Lake，2010）将讨价还价模型应用于 2003 年伊拉克战争也体现了这一点。

这应该是任何多元方法研究项目的必备要素。在统计或定性比较分析多元方法项目中,跨案例数据集是一个自然的起点。如果没有这样的数据集,那么理论或因果机制可以提供一个起点。

研究生经常宣称他们正在进行比较研究,比如比较委内瑞拉与哥伦比亚。然而对于既定因果机制来说,这些案例是否是最佳案例,则并非显而易见。我发现,要求学生提供一份全部可能案例的研究清单,几乎总是会触及理论上和方法论上的许多议题,并对整个项目计划产生有益的讨论。

随着案例研究分析的推进,理论或因果机制的范围可以并可能应该随之改变。但从完整的(即使是临时的)清单开始几乎总是一个好主意。这份清单可以轻松地列出几十个国家,或国家-时间段的几千种组合。在所有类型的多方法研究中,要想体现出良好的方法论,制作这样一份清单应被视为不可或缺的部分。

3.3　无因果机制的案例选择

当学者们将定性和统计研究相结合时,他们经常使用斯诺对霍乱传染的调查作为经典案例。自弗里德曼(Freedman,1991)首次将该案例引入方法论文献后,该案例时常出现在统计学教科书和方法论出版物中。

此类多元方法文献几乎只关注斯诺证明霍乱通过水传播的完美自然实验(例如,见 Dunning,2012)。本书则聚焦于斯诺实证调查的最后一步,他在该阶段前就已确信霍乱是通过饮用水传播的。

探讨斯诺在更早阶段的研究是有益的,需要探讨他在就饮用水的作用产生清晰有效的假说之前,是如何逐渐形成理论的。斯诺只有在产生明确假说之后,才会进行自然实验。那么,当研究者尚无真实清晰的因果机制,只有预感、猜测和直觉时,该如何进行研究,又如何选择案例呢?

在研究的早期阶段，斯诺做了所有医学科学家在面对新疾病（如艾滋病）时都会做的事情，他们违背了金、基欧汉和维巴的建议，并基于因变量进行选择。在研究的早期阶段，人们通常长时间地将注意力集中在患有这种疾病的人身上，即 $Y=1$ 的案例。

这在很大程度上是一种描述性和概念性的调查。什么是霍乱？对疾病的研究通常始于一系列似乎是疾病特征的症状。霍乱的症状是腹泻和呕吐，这可能导致脱水，且在极端情况下导致皮肤变成蓝灰色。未经治疗的霍乱患者每天可能会产生 10—20 升的排泄物，通常呈独特的"稀粥"状。

就像 21 世纪的许多疾病一样，一个 19 世纪的人是否患有霍乱并不总是显而易见的。比方说，导致腹泻的疾病有很多种，且几乎都会产生脱水现象。大多数此类疾病并不会导致死亡，然而这却是霍乱的特征之一，从而使该疾病成为一个更严重的健康问题。

回顾斯诺早期的大部分研究，我们就会发现，他系统地采集了关于 Y 的数据：谁、何时以及在何处患病？这种对 Y 的系统性了解几乎立即生成了关于霍乱的起因或传播的假说。例如，霍乱似乎集中在城市的贫困地区。宽街压水井调查显示了霍乱产生的焦点。因此，第一步是掌握 $Y=1$ 发生的情况。

这和 125 年后对于艾滋病的研究没有太大区别。最初的流行病学研究主要集中在患者的类别上。这些数据引起了很大的争议，因为男同性恋显然比其他人群患艾滋病的风险高得多。在早期阶段，人们并不清楚为什么男同性恋处于高风险状态，但将这一问题严重政治化。这就是典型的缺少因果机制的相关性。

著名的民主和平实证结果体现了同样的模式。当辛格和斯莫尔发现民主和平论（Singer and Small, 1974）时，他们只有一份战争清单。通过系统地查看这份清单，他们发现民主国家之间没有发生战争。

几乎所有这些战争案例都是明确的战争。但如果之后的大样本研究用"军事化冲突"作为因变量，其中一些案例则并不完美符合战争或严重军事冲突的标准。比如，几乎所有的大样本研究都使用美国和加拿大在 20 世纪 70 年代关于渔业的军事化冲突这一案例，以检验民主和平论。尽管这类案例是否应当被视为检验战争理论的案例仍有争议,然而,这并不是人们最初想要探讨的案例。事实上,许多反例(对此的精彩讨论见 Ray,1993)要么不是明确的战争,如捕鱼争端;要么并非明确的民主国家,如美西战争中的西班牙。在提出因果机制之时,观察这些案例很重要,但这些案例对于生成最初的因果机制并没有多大帮助。

总之,当以这种探索性的方式(也可以是系统性地)进行案例研究时,关键在于现象 Y 和对 $Y=1$ 的高质量案例的检验。

3.4　探索因果机制的案例选择逻辑

表 3.1 提供了一个思考案例研究和多元方法研究的框架。在研究方法的文献及其实践中,通常关注的是 X 或 Y 各自的变化,但本书聚焦于 X 和 Y 的各种组合。在本章结束时,我们将清楚地看到,X 或 Y 本身的变化是无关紧要的。表 3.1 中的每个单元格在案例研究和多元方法研究中发挥着独特作用。事实上,我根据每个单元格的作用对其进行了标示。

接下来的小节探讨了表 3.1 中每个单元格的作用。它们不仅作用不同,而且在多元方法研究中的重要性也有显著差异。

3.4.1　因果机制单元格(1,1)

如果案例研究的核心目标是对一种因果机制的探索,那么人们应该观察该因果机制起作用的范例。这意味着,根据跨案例分析,要关注那些因果机制应该呈现(即 $X=1$)并产生结果(即 $Y=1$)的案例。因此,表 3.1 中的单元格(1,1)承载的因果机制标签为:

强调因果机制,因而从单元格(1,1)中选择案例。

跨案例分析和个案内分析之间的联系，就在于验证：当跨案例的观察值落入单元格(1，1)时，个案内分析用来证实该因果机制确实对本观察值生效。

定性研究者经常因为根据因变量选择案例而受到指责，但这种指责往往有些不合时宜。格迪斯(Geddes，2003)在关于经济高速增长原因的定性文献中讨论了选择偏差问题。该文的因果机制是关于劳动压迫在经济高速增长中的关键作用，人们自然会观察单元格(1，1)对应的案例，如韩国、新加坡这样的高经济增长-强劳动压迫的国家。如果关注点在于因果机制 X 及其如何产生 Y，那么这正是我们应采用的研究方法。

格迪斯的评论具有横截面(cross-sectional)的特性，我们可以跨案例进行因果推断。然而在研究三联体中，个案内分析至关重要：作者是否提出了一个令人信服的案例，说明劳动压迫对这些国家的高增长至关重要？这是一个个案内的因果推断问题。

用图 3.1 的连续式模拟来思考，有助于我们理解表 3.1。该表的四个单元格可以映射到图中的相应空间，这意味着因果机制单元格位于图 3.1 的右上角。

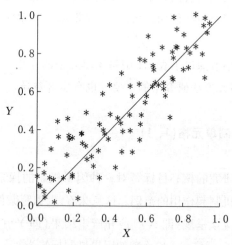

资料来源：经出版商泰勒·弗朗西斯有限公司许可转载(Taylor & Francis Ltd，http：www.informaworld.com)。

图 3.1　案例研究选择：连续的 X 和 Y

有了连续变量,我们可以更精确地说明,人们应该关注因果机制对应的高质量案例。案例质量高,其本质就是距图中(1,1)一角的距离更近。从概念出发,这一点很容易理解。当其趋近于 1.0 时,观察值将成为 X 或 Y 实际概念的更佳实例。例如,高质量的民主国家是在接近 $X=1$ 极值的那些国家。特别是,如果仅进行一两个案例的研究,我们需要选择在 X 和 Y 上都取值高的案例。

为了说明和讨论,我在图 3.1 中画了一条普通最小二乘法(COLS)线。我们经常在多元方法文献中读到关于"在线上"和"在线外"的案例。因果机制单元格在一些情况中并未获得细致的考量:右上角有一些在线外的点,可能是很好的因果机制案例;单元格(0,0)附近有一些在线上的案例,则根本不是因果机制案例。

齐布拉特(Ziblatt,2009)提供了一个统计多元方法的范例。他进行了一个个案研究,在统计分析中,主要 X 变量是经济不平等,因变量是选举舞弊,时间地点具体限定于 19 世纪末的德国。齐布拉特随后选择了普鲁士的一个地区进行个案研究:"在这个地区,封建制度的历史比德国任何地方都悠久(持续到 19 世纪),土地所有权不平等比德国任何地方都严重,舞弊破坏选举的高发生率比德国任何地方都严重。"(Ziblatt,2009,15)显然,就 X("土地所有权不平等比德国任何地方都严重")和 Y("选举舞弊的高发生率比任何地方都严重")而言,齐布拉特选择的是一个(1,1)案例,也是一个极端案例。因此,他选择的是图 3.1 中最右上角的案例。

在多案例研究中,为了了解假说的机制是否真实存在,罗斯(Ross,2004)选择了 13 个"最可能"的案例,他将这些案例界定为已经发生的内战,且通过对二手资料的阅读表明,原材料出口影响了这些冲突的爆发。显然,他从单元格(1,1)中选择了案例。

观察值很可能落在图 3.1 的右上角,但在进行案例研究时,案例内因果推断会显示,因果机制并未如理论所说的那样起效。这种可能性将是第 7 章的核心部分。如果多元方法分析完美生效,也就是把跨案例分析与案例内分析相结合,那么也可以通过案例内因果分析,来确认接近(1,1)一角的案例。毕竟,这是多元方法研究的基本观念:结合不同的因果推断策略，可以独立地支持因果机制。不同的方法论无须总是保持一致，否则多元方法研究就没有意义了。

在表3.1的四个单元格中，多元方法研究者对单元格(1，1)有非常明显的偏好。如果主要目标是探索因果机制是如何起作用的，那么我们可以选择因果机制生效的案例。这些案例处于单元格(1，1)中。

3.4.2 证伪-范围单元格(1，0)

表3.1中的其他单元格是什么样的？它们之间有没有优先级？"在线外"的单元格(1，0)和(0，1)呢？两者都是证明假说不成立的案例吗(请参阅附录A)？实际上，单元格(1，0)和(0，1)的价值有所不同，它们为不同的经验和理论目的服务。

单元格(1，0)格外重要，对应着证否或证伪案例。因果机制假说表明，当X存在时，则该机制会产生Y。单元格(1，0)对应的案例意味着该机制无效，它们提供了反对因果机制假说的潜在证据。因此，该单元格内包括案例的话，则会备受关注。基于显而易见的原因，大多数研究者倾向于规避会证伪理论的案例研究，而他们的反对者显然会关注这一单元格。

李普塞特、特罗和科尔曼(Lipset，Trow and Coleman，1956)的经典分析是一个证伪案例研究的实例。该研究分析了一个以高水平民主程序为特征的工会组织。作者强调了工会的组织政治如何导致其偏离米歇尔斯铁律(Michels's iron law)的预测。

理想情况下，单元格(1，0)的观察值很少。定性比较分析方法尤其关注这个单元格，其目标是将这个单元格的案例清零。通常，除非该单元格在X=1列中有20%—25%或更少的案例，否则就不会继续进行定性比较分析。值得强调的是，关键的比重不是基于观察值的总数，而是基于因果机制应该起作用的案例集，即X=1这一列。

我们应该直面这些证伪案例。在高质量的比较研究中，学者非常认真地对待证否案例。例如，埃特曼(Ertman，1997)在研究中纳入了几个其理论未生效的案例，他花在讨论这些案例上的时间，比讨论用于证实的案例所花的时间要更多。

回应单元格(1，0)所对应的案例是为了完善理论。拉金和施耐德 (Ragin and Schneider，2012)描述了很多减少该单元格中观察值总数 的技巧，其中之一是调整因果机制的范围。正基于此，单元格(1，0)有 一个非常重要的正面用途：找到因果机制的范围边界。实际上，因果机 制并不是在所有时期都有效，也不是在政治、经济或文化高度差异的情 境下都有效。积极运用证伪案例是为了构建因果机制的范围。

格尔茨和马奥尼(Goertz and Mahoney，2012：chapter 16)说明了 该单元格的适用范围。在经典的人均国内生产总值和民主之间关系的 散点图中，在第四象限有一些观察值，即富裕的非民主国家。研究者自 然会较为细致地查看这些案例。事实证明，这些几乎都是严重依赖石 油的国家(例如石油君主国)。如果我们限制人均国内生产总值和民 主假说的范围，排除依赖石油的国家，那么(1，0)单元格就只对应新 加坡这一个案例。证伪单元格中几乎没有案例的益处，值得我们缩 小研究范围。

如果我们只能研究少数几个案例，那么自然应该从因果机制单元 格(1，1)对应的案例中进行选择。案例研究的下一个议程是来自单元 格(1，0)的观察值。这些案例研究可能更肤浅，取决于单元格中案例 的性质和数量。如果它们都有一个共同的特征(例如依赖石油的国 家)，那么范围限制就相对容易实现。然而，一个或两个深入的案例研 究通常有助于探索为什么因果机制不起作用，进而可以详细地阐明因 果机制本身及其运作原理。

因此，单元格(1，0)对应的案例起到了两种互补的作用：在证否因 果机制的同时，有助于限定因果机制的范围。

3.4.3　等效性单元格(0，1)

如果单元格(1，0)对应的案例起着证伪和限定范围的作用，那么 单元格(0，1)中的其他"线外"案例起到什么作用呢？ 这些是因果机制 未生效却产生结果的案例，它们在方法论上的作用是什么？

因果机制的形式通常为"当 X 发生时，则通过因果机制产生 Y"。如果 X 不存在，那么我们没有理由或不应该看到 Y。可能有其他因果机制产生 Y，即存在产生 Y 的替代性路径。这一概念被称为等效性，因此单元格(0，1)是等效性单元格。

大样本中 $X=0$ 对应的案例会产生概率假说。如果缺少其中一种因果机制，那么我们会认为 Y 更不可能发生。这些概率假说是研究三联体中跨案例分析的主题。因此在进行大样本跨案例分析时，$X=0$ 对应的案例起着重要的作用，但在通过案例研究进行的因果机制分析中，$X=0$ 案例的用处就不是很大。

李普哈特(Lijphardt，1969)对多元主义的分析是单元格(0，1)的经典实例。李普哈特的核心洞见是，除了经典的盎格鲁-美利坚模式，还有其他通向政治稳定的路径。因此，他的分析并没有否定多元主义和政治稳定之间的关系，而是表明有其他方法也可以实现政治稳定。

统计方法使用者的概念词汇表中，等效性是不存在的。通过检索巴比(Babbie，2001)等学者的研究设计教科书索引、安格里斯特和皮斯克(Angrist and Pischke，2015)等流行的统计方法书籍中的讨论，以及计量经济学教科书，可以发现统计方法课程并没有向学生教授等效性问题。相反，等效性却是定性方法的核心。例如，乔治和贝内特(George and Bennett，2005)讨论了这一概念。这对于定性比较分析方法来说是绝对重要的，在这种方法中，通过软件进行定性比较分析的主要目标是确定通向结果的多种路径。那么，为什么统计方法和定性方法存在这样的差异？

对这一问题的部分答案是，等效性深深地植根于统计和实验模型，以至于不值得将它作为一个明确的概念而提出。几十年来，混杂因素的问题已经引发了诸多统计上的思考。根据定义，混杂因素是产生 Y 的另一个因素。[1]几乎所有的统计方法和统计讨论，都假定混杂因素的问题非常严重。应用研究中使用的大多数统计模型，比如普通最小二乘法和 logit，都是连接函数(link function)的叠加模型。叠加意味着自

---

[1]　第 4 章讨论了约束因果机制(阻止 Y 发生的因素)。

变量有多种组合可以产生结果，即等效性。比如，在药物研究中，通过实验来探查处理对结果的影响时，其隐含的观念是其他处理对结果也有积极影响。简而言之，包括实验、潜在结果、匹配、一般线性模型，等等，几乎所有的统计方法都假定存在等效性。

那么定性学者为什么会特别强调等效性呢？要回答这个问题，需要观察混杂因素、替代性解释和控制变量在多元方法和案例研究中的作用。我将在下面以叠加的 Z 变量、混杂因素或因果机制的形式对此进行详细讨论。

单元格(1, 0)可以证伪因果机制，因而处于绝对的核心位置。等效性则不同，因为它不一定对学者所提出的理论构成严重威胁。研究替代性因果机制当然可以成为研究议程的一部分，但不这样做也是可以的。因此，是否从单元格(0, 1)中选择观察值完全是自由选择的。

例如，富尔曼观察了不符合其因果机制的核合作案例。他通过检验来自单元格(0，1)的案例，试图发现是否有另一种因果机制在起作用：

> 本章的主要目的之一是确定是否存在一个变量，该变量对于解释我在最初的统计分析中忽略的核合作很重要。对异常值(outliers)的检验揭示了对核援助的一种新解释。在本章分析的三个案例中(巴西-伊拉克、法国-伊拉克和意大利-伊拉克)，供应国提供了核援助以确保从受援国获得稳定的石油供应。这些例子提出了核合作的另一种假说：与非产油国相比，产油国更有可能获得和平核援助。(Fuhrmann, 2012：128)

3.4.4 (0, 0)单元格

那么(0, 0)单元格是什么情况呢？该单元格中没有因果机制，结果也不会发生。对于调查因果机制而言，单元格(0, 0)中的案例几乎没有作用。如果因果机制不存在，我们也无须对结果未曾发生感到格外惊讶。

约翰·斯诺、霍乱和宽街压水井说明了为什么单元格(0，0)在案例研究中用处不大。在宽街压水井的情境中，对应(0，0)的案例是那些远离压水井且没有感染霍乱的人。观察住在远离压水井的地方且没有感染霍乱的人能得到什么结论：我们会期望他们感染霍乱吗？显然，压水井附近的霍乱病例是(1，1)对应的案例。离压水井很近但没有霍乱的个案是证伪案例。宽街压水井说明，案例研究的核心是 $X=1$ 对应的案例，即居住在压水井附近的人。

在大样本的情境中，人们可以从(0，0)单元格中了解到一些东西，但是它通常不指向多元方法和因果机制分析。虽然知道年老的异性恋白人女性不太可能感染艾滋病多少有些用处，但知道年轻的同性恋男性很可能感染艾滋病就有用得多了。一般来说，可能有很多群体感染艾滋病的可能性很低。艾滋病的案例表明，这往往是 $Y=1$ 和 $Y=0$ 之间的非对称函数，这两组集合中的案例数量完全不同，对应 $Y=1$ 的案例比对应 $Y=0$ 的案例更少见。

$Y=0$ 或 $X=0$ 对应的案例在概念上往往存在问题(Mahoney and Goertz，2004)。例如，我们对社会革命的发生有相对清晰的认识，然而有成千上万个社会革命没有发生的案例。如果我们必须从中选择一两个，那可能会很困难。单元格(0，0)对应的案例只会使问题复杂化。

简而言之，没有令人信服的理由从 $X=0$ 一列中选择案例。在特定情况下，它们可能非常有用(见第 4 章，其中该单元格在约束因果机制和必要条件中发挥作用)，但一般来说，不存在从(0，0)单元格中选择案例的有力理由。

3.4.5　总结

简而言之，如表 3.2 所示的因果机制研究的方法论逻辑，在各个单元格之间进行了清晰的重要性排序。单元格(1，1)显然是最重要的，因为我们可以在其中观察到因果机制生效。由于这是多元方法研究中案例研究的核心目标，这个单元格是最重要的。

(1，0)这个证伪范围单元格的重要性排在第二位。显然，这些案例对提出的因果机制构成了潜在威胁。我们既可以解释这些潜在的证否案例(如出于测量误差),也可以通过范围条件来处理。

表 3.2 案例研究选择:X—Y 构型的依据和作用

	$X=0$	$X=1$
$Y=1$	等效性重要性=3	因果机制重要性=1
$Y=0$	反事实重要性=4	证伪-范围重要性=2

乔恩·佩弗豪斯阐述了 $X=1$ 列的核心重要性。在他的案例研究中,他着眼于民主程度高的区域性政府间国际组织的地区——美洲和欧洲。尽管他的统计分析包括来自所有地区的区域性政府间国际组织,其中包含民主程度较低的区域性政府间国际组织,但案例研究自然侧重于欧洲或美洲这些因果机制有效的地方,而不是中东或非洲:

> 最后这一点对我的论证很重要。如果民主程度较高的区域组织是因果机制发挥作用的必要条件,那么那些民主国家较少、民主程度较高的国际组织较少的区域,将无法较好地检验我的理论。毫不奇怪,这些区域组织在非洲、中东或亚洲助力民主化的案例几乎没有,而这与该理论所暗示的恰恰相符。(Pevehouse,2005:115)

等效性单元格(0,1)表明存在其他因果机制,这是一个重要程度明显更低的问题。这个单元格对应的案例引出了关于各种因果机制相对重要性的问题。由此导致的关于替代性因果机制、混杂因素、控制变量(我称之为 Z 因素)的问题将在下文进行讨论。

最后,(0,0)单元格是最不重要的。通常很难从这个单元中找到好的案例。如下文所述,可以通过案例内反事实分析得到(0,0)单元格。在许多情况下,这将是一个比有问题的跨案例选择更有吸引力的选择。

总之,关键问题是,如果因果机制是关于 X 如何产生 Y 的,那么 $X=0$ 对应的案例所起的作用就大大削弱了。重点还是要看 $X=1$ 这一列。

3.5 两种相互抵消的因果机制

学者有时面临两种明确的因果机制。$X=0$ 的情况并非表示"非X"(not-X)或不存在 X，而表示另外一种因果机制。换言之，存在一种名义上的因果机制的二分类型学。通常，这两种因果机制对因变量有相抵或相反的效应。

马修·兰格(Matthew Lange)出色的多元方法著作表明了这种情况。在分析"直接"或"间接"统治对前殖民地的影响时，他描述了两种特征大不相同的统治类型：

> 在其庞大的海外帝国中，直接统治和间接统治是英国使用的两种完全不同的控制系统。直接统治依赖于经过整合的国家机器，类似于西欧在过去 5 个世纪中发展起来的国家统治形式。它要求废除原有的政治制度，建立由殖民地官员控制的集权化的、全域的和官僚的法律-行政制度。因此，直接统治既是变革性的，也是强化性的。
>
> 另一方面，间接统治则通过与控制区域性的政治机构的土著中间人合作，以实现殖民统治。它创立了基于两种不同组织原则而分化的殖民国家……世袭统治者和官僚官员彼此依赖、相互合作，以维持一个分权并分裂的殖民统治体系。(Lange，2009：4)

毫不奇怪，兰格为每种类型都专门写了案例研究章节。正如术语中所隐含的，这些都只是可能性而已。每一种都是具体而明确的特定政府形式。他的著作探讨了这两类政府对前英国殖民地的后殖民历程的影响。所以将其中一个编码为 $X=1$ 完全是任意的。

就国际关系多元方法研究而言，一个范例是温斯坦(Weinstein，2006)关于叛乱群体及其暴力运用的著作。他在概要图(2006：12)中概述了两种组织策略。第一种是经济禀赋所导致的机会主义策略，在这种策略中,叛乱分子通过强制手段开采资源。第二种是社会禀赋所导致的激进主义策略,即叛乱分子通过与平民达成协议来获得资源。

在二分式的因果机制类型学中,单元格(0,0)也是因果机制单元格。温斯坦对每种策略都给予了同等的关注,并分别进行了深入的案例研究。编码为1和0是任意的。

考虑到在统计分析中有两种因果机制,温斯坦轻松地得到了两个不同的自变量。然而在统计分析中,他使用了一种强制策略(掠夺资源财富)的变量。假定当这一策略的比例较低时,则使用另一种策略。理想情况下,每种机制都应该有自己的连续变量,因为这两种机制可能是相关的,或者可能在每种纯粹类型上存在具有某些特性的混合案例。

$X=0$ 与 $X=1$ 的案例数量对比,可以表明只有一种因果机制,而不是两种。当 $X=0$ 对应的案例数量巨大(即没有发生社会革命),且 $X=1$ 对应的案例数量相对较小时,几乎总是意味着 $X=0$ 并不代表着因果机制。第二种相关表现是 $X=0$ 对应的案例具有显著异质性的时候,这通常发生在 $X=0$ 对应案例数量巨大的时候。

当将 $X=0$ 对应的案例明确地概念化和编码为非 X 时,以上情况更加显而易见。比如,几乎所有关于冲突的统计研究中,"和平"都被定义为非战争;亚当·普沃斯基(Adam Przeworski)和他的团队将"威权主义"定义为缺乏民主(Cheibub, Gandhi and Vreeland, 2010)。

简而言之,一部分学者探索了两种相似或者相异的因果机制。在这种情况下,X 的0—1编码可能具有误导性。因此,本书假定 X 代表一种因果机制,而不是两种。

3.6 反事实与纵向分析

研究三联体意味着要进行案例内因果推断。虽然讨论如何做超出了本书的范围,但它几乎必然涉及某种反事实分析。人们可能会笼统地问,表3.2中的每个单元格对应了什么样的反事实。我们可以找到实例来举例说明，如何按照时间顺序进行反事实案例的探索，也就是进行纵向分析。纵向案例研究涉及随着时间的推移追踪案例，通常追踪的是案例在 X 上的变化，并评估该变化对 Y 的影响。

案例研究的个案内因果推断路径与统计路径之间的核心差异之一，就在于个案内因果推断的相关理念。潜在结果路径的基础在于，学者所无法观察到的"不可能"的反事实，对同一单元同时加以处理和控制：

> 因果推断的基本问题。在同一单元上不可能观察到 $Y_t(i)$ 和 $Y_c(i)$ 的值，也就不可能观察到 t 对 i 的效应。(Holland, 1986: 947)

基础的反事实是，如果被试 i 接受了控制而不是接受处理，本可能会发生什么情况。由于这一因果推断问题，我们必须使用跨案例证据，理想的情况是进行实验，将处理组与对照组进行比较。这意味着在案例研究的统计方法中（见附录 A），人们经常选择 $X=0$ 对应的案例与 $X=1$ 对应的案例进行比较。

几乎所有的自然科学家都相信个案内因果推断是可能的：将其理论用于解释个别事件。一个人如果不相信关于病例的因果推断，他就不能成为一名医生。当政治学家和经济学家转行去华盛顿做政策研究和咨询工作时，他们就必须相信个案内因果推断。如果一位经济学家提出政策建议，那他就必须要相信这些建议会在特定的背景下发挥作用。当政治学家向政客提供建议时，他们必须相信他们的实验适用于具体的选举情形。研究三联体明确了跨案例分析和具体案例之间的这种联系。

表 3.3　案例研究选择：反事实分析

	$X=0$	$X=1$
$Y=1$	无用的等效性	重要的因果机制
$Y=0$	重要的反事实	无用的证伪-范围

当然，个案内因果推断并非没有问题，但包括实验在内的所有因果

推断方法都有自己的一系列问题。如果人们认为进行个案内因果推断是可能的,那么他们也会相信案例内的反事实具有可行性与研究价值。

这里有一个关键的方法论问题:

> 人们可以对 2×2 表中单元格对应的案例进行反事实分析,这会产生其他单元格中的观察值,如表 3.3。[1]

因果机制单元格(1, 1)是显而易见的起点。人们都会提出的反事实问题是,如果缺少因果机制 X,那么 Y 会发生什么?如果在 2×2 表中进行个案内的反事实研究,通常会从单元格(1, 1)出发,我们要问:当 X 在反事实意义上不存在时,会发生什么?如果个案内反事实支持因果机制论点的话,那么我们就可以移至单元格(0, 0)。

因此,有两种方式可以获得单元格(0, 0)对应的案例。第一种是案例研究的统计路径:选择一个不同的案例,该案例满足 $X=0$ 和 $Y=0$。第二种选择是通过个案内因果推断,从对于单元格(1, 1)案例的反事实分析中,产生单元格(0, 0)对应的案例。简而言之,我们不必选择专门的(0, 0)案例,因为反事实分析可以从单元格(1, 1)中生成这些案例。对于案例研究方法论来说,单元格(0, 0)很重要,但并非因为单单作为跨案例研究而重要,而是因为它对单元格(1, 1)对应案例做出了反事实分析。

我们可以思考表格中所有单元格的反事实。我把注意力集中在因果机制单元格(1, 1)上。但可以从另一个方向进行反事实分析:从单元格(0, 0)中选取一个案例,并使 $X=1$,此时的反事实分析会引向单元格(1, 1)吗?

在表 3.3 中,我将其列为高质量的反事实分析单元格。这是单元格(1, 1)过度决定这一问题的直接后果。由于结果没有发生(即 $Y=0$),因

---

[1]　应该指出的是,以阿巴迪等人(Abadie et al., 2015)为例,当前的许多统计研究涉及构建反事实观察值,或是其他类似的方式。这些"反事实观察值"的水平,并不逊于用来产生它们的因果模型和数据。例如,这意味着考量 R^2 已经在方法论上复活了,因为要构建好的反事实,其核心不是因果效应,而是模型拟合。

此进行反事实(即 $X=1$)的过度决定风险并不太大。

单元格(0，0)的缺点在于，它可能在许多情况下不适于反事实分析。尤其是当没有很好地界定 $X=0$ 时，即当它被或明确或隐含地定义为非 X 时(如将和平定义为非战争)，从单元格(0，0)进行案例选择可能是有问题的。

从证伪-范围单元格(1，0)进行反事实怎么样？因为我们没有理由认为 Y 总会发生，所以从 $X=1$ 向 $X=0$ 转变的意义似乎有所下降。因此从反事实的角度来看，这个单元格似乎没什么用处。

等效性单元格(0，1)呢？这是看起来有点奇怪的反事实，因为如果存在另一种路径，我们仍然期望 $Y=1$，那么反事实就导致了过度决定。这个单元格的反事实似乎没有什么价值。

简而言之，反事实分析对于单元格(0，0)和(1，1)对应的案例很有用，而对于非对角线上的单元格几乎没有相关性。因此，在表 3.3 中，我将对角线单元格列为重要单元格，同时指出非对角线单元格没有用处。

纵向分析提供了一条通往另一种方向的道路。反事实分析从(1，1)开始，以(0，0)结束。纵向因果分析选取对应单元格(1，1)的案例，并在时间上追溯到这些案例处于(0，0)单元格的情况。案例内因果推断涉及，探讨何时 X 变为 1 以及为什么这会对 Y 产生影响。在第 5 章，我讨论了由阿克蒂尔克(Aktürk，2011)提供的一个优秀案例，他在其中追踪了三个 X 变量随时间变化的情况。

有时候这类案例不太好找。民主和平论的文献几乎完全依赖于跨案例分析。战争是罕见事件，国家也很少改变其制度类型。因为民主和平的二联体(dyad)特性，所以可以找到从不民主(即一个或两个国家都不民主)到民主的各种案例。存在几十个这样的案例，亨塞尔、格尔茨和迪尔(Hensel，Goertz and Diehl，2000)发现，几乎在所有这些案例中，双方共同实现民主之后，军事争端的数量急剧减少。这样的案例自然会成为民主和平多元方法研究的一部分，并与常见的跨案例统计分析相结合。

一般来说，多元方法研究者应该知道，这种从单元格(0，0)纵向过渡到(1, 1)的案例是否存在于跨案例数据集中(或其他地方)。这些案例反映并补充了从单元格(1, 1)过渡到(0, 0)的反事实。

3.7 避免过度决定的方针

由于等效性问题,单元格(1, 1)的反事实可能缺少具体含义。单元格(0, 0)的反事实结论意味着,缺少其他可能产生 Y 的因果机制。如果单元格(1, 1)的反事实分析失败了,那么就会出现(0, 1)的情况,即 Y 将在没有 X 的情况下发生。正如我们所看到的,这就是等效性,我称之为 Z 变量。X 和 Z 都是产生 Y 的机制。因此,该反事实的关键是存在从 Z 到 Y 的替代路径。

反事实分析明确提出了过度决定的问题。在定性比较分析中,同一案例处在多种路径上是很常见的。在统计学中,变量之间的共线性也有类似的问题。这导致了选择案例的一个重要指导方针:

> 避免过度决定的指导方针:避免包含多重因果机制的案例研究。[①]

一开始,我们可能还不知道这一点,但如果预先进行了统计分析或定性比较分析,那么就可以根据这些结果来识别需要避免的案例。

强调某项特定的因果机制,自然而然地引出了这一指导方针。至少在一开始,我们希望所选案例能够明确体现因果机制。如果有多种因果机制的话,那么过度决定的案例研究就变成了浑水摸鱼(muddied waters)。这时单元格(1, 1)对应案例的反事实就会出现问题,过度决

---

① 施耐德和罗尔芬在定性比较分析中给出了相同的原则:"案例选择必须在对非必要但充分条件的不充分但必要部分(INUS)条件的反事实推理的背景下,遵循被创造的唯一隶属值原则,从而实现控制。"(Schneider and Rohlfing, 2013:563)"顾名思义,唯一隶属值原则要求只对一个充分项选择典型案例。"(Schneider and Rohlfing, 2016:537)

定的问题可能会很严重。由于高度的相关性或有限的多样性，因果机制之间可能存在相当多的重叠，这一事实进一步加剧了过度决定问题。

当我们将 Z 视为存在或不存在的替代性因果机制时，案例选择的指导方针是明确的，那就是选择 $Z=0$ 的案例。$X=1$ 且 $Z=1$ 的案例是过度决定的。如果案例分析的目标是探明因果机制 X，那么我们显然希望避免过度决定的因果机制。指导方针就是不选择 $Z=1$ 的案例。

斯诺就霍乱暴发进行了三次全面的分析[社会科学的文献对此很少讨论，例如，邓宁（Dunning，2012）就没有涉及；相关历史请参阅亨佩尔的研究（Hempel，2007）]，第一次分析就阐明了避免过度决定的指导方针。所有人都注意到，霍乱疫情经常发生在贫困社区。这自然引发了对霍乱与贫困的因果关系的猜测。斯诺被一次局部暴发的霍乱所吸引，因为这次霍乱发生在一个富裕的社区。由于斯诺的因果机制是饮用水而非贫穷导致霍乱，因此他可以在缺少主要的混杂因素时，观察这一特殊区域的疫情暴发情况。

克罗克（Krook，2010）出色地阐释了过度决定问题。通过定性比较分析，她得出了以下两种实现女性高水平代表权的路径。[1]第一种路径（可以被认为是斯堪的纳维亚路线）是女性地位，作为高水平代表权的充分条件。选举制度可能是一个很强的混杂因素，因为许多证据表明，女性在比例代表制中的代表性更高。过度决定的问题在于斯堪的纳维亚国家也是比例代表制国家。事实上，所有女性地位较高的国家也都是比例代表制国家。那么关键的反事实是，女性即使在多数代表制中也会有很高的代表性。

在定性方法文献中的常见例子是，坦嫩瓦尔德对于在实践中避免过度决定指导方针的阐述。她解释了为什么美国在 1945 年之后没有使用核武器。作为一名社会建构主义者，她的主要替代性解释（Z）是相互核威慑。选择这一混杂因素，是因为社会建构主义与现实主义的基本理论可以并存：

---

① 我排除了由卢森堡这一复杂个案生成的路径。

最重要的是,在所有这些案例(1945 年的日本、1950—1953 年的韩国、1961—1973 年的越南、1991 年的海湾战争)中,相互核威慑都没有发挥作用,或者只是起到了微弱的作用。如果美国领导人愿意的话,他们本可以使用核武器,而不会过度担心核报复(在其中一个案例中,他们的确这样做了)。我在此关注非威慑案例,是基于这样一个假设:如果我们能够以相互确保摧毁(MAD)为基础来解释(核武器的)不使用,那么我们就无须在意核禁忌。(Tannenwald,2005:17)

她使用避免过度决定指导方针的逻辑,规避了出现主要混杂因素的案例。[①]

假如说在顺利进行案例研究之前,我们尚不知道替代性的因果机制 Z,也就是说,我们实际上已经选择了 $X=1$ 和 $Z=1$ 的情况。个案内因果分析必须直面这种情况。在现实中,对于任何既定案例而言,几乎都存在关于其结果的替代性解释。这些替代性解释在功能上与机制 Z 相同。布拉特和赫韦兰(Blatter and Haverland,2012)非常强调评估案例中的各种替代性解释。此外,这也是有关过程追踪的方法论文献中的一个核心问题。因此,案例研究学者实际上有两种选项:如果替代性因果机制已知,则选择 $Z=0$ 的案例;如果替代机制不明确、不清楚或未知,则必须进行个案内因果分析,以对比这两种机制。

3.8　范围变量与一般化

Z 在上文中是一种替代性因果机制。然而,附加变量可以作为范

[①]　另一个运用避免过度决定指导方针的例子是蔡莉莉(Lily Tsai)对中国村一级治理的调查。她对几个乡村进行了深入的案例研究。被证明为社会团结程度很高但从替代因果机制来说不太可能发展出良好治理的村庄,就是好的案例,例如那些贫穷、偏远、缺乏民主制度或上级问责机制的村庄。

围变量的函数 S。如果在比较案例研究中考虑最相似系统设计的标准用法，那么许多变量通常在本质上起到了范围变量的作用。范围变量与一般化相关：

> 范围变量 S 作为因果机制 X 一般化的界限。

把地区作为附加因素很常见，这里以非洲为例。所有选择的案例在非洲变量上都被编码为 1。因此如果被追问的话，研究者可以声称对非洲的情况相当有信心，但会犹豫是否将其推广到拉丁美洲。

考虑将附加变量作为范围条件，非常适用于案例研究的因果机制视角，因为该视角鼓励研究者评估因果机制可能在何时何地生效或无效。如果要进行更具探索性的案例研究，那么研究者可能会选择范围 S 作为实例，此时因果机制容易被观察到或更可能产生预期效应。

如果研究者非常确信因果机制的有效性，就可能会让 S 的范围尽可能大。这就解释了在案例选择理由中，经常出现"关键"或"最困难"案例的观点。其要点在于，如果案例研究适用于 S 接近于 0 的情况（假设 S 目前从 0 过渡到 1），那么它肯定适用于 S 接近于 1 的情况：

> 在过去和当下起作用的附加变量是范围变量，而不是控制变量、混杂变量或替代性因果机制。

更广泛地说，当考虑选择多个案例进行分析时，"一般化"经常是也应该是主要关注的问题。一般化就是扩大范围以包含更广泛的案例。这就得出了以下关于研究设计的结论：

> 多案例研究和多元方法研究设计应该包含一个最大差异系统的逻辑。

例如，正是出于这一原因，阿克蒂尔克明确使用了最大差异系统分析："这三个国家（土耳其、苏联/俄罗斯、德国）针对种族多样性的政策有很大差异。因此,观察到这些国家出现了类似的政策转变过程,可以有力地证实我的观点,即对于政策转变而言,三个要素分别是必要条件,三者共同出现是充分条件。"(Aktürk, 2011: 117;另参见 table 1)

在多元方法研究中,因果机制分析是案例研究的中心目标。我们在统计分析中通常预设,只要出现正确的符号,X 就是显著的(例如,Weller and Barnes, 2014)。案例研究则通过观察个案来验证因果机制。

始于案例研究的因果机制分析,反过来也是生效的。最初的案例研究探索了因果机制。随后的案例研究探讨了因果机制的界限:它有多普适?简而言之,案例研究优先的方法是反向而行的。统计模型从一般化的证据开始,然后转向机制。案例研究优先的方法最初侧重于机制,然后转向一般化。

探索范围界限绝对是所有多元方法研究的核心。拉金(Ragin, 2000)经常强调总体是被构建出来的。因此,案例研究工作的核心是构建总体,因果机制是在总体中生效或被观察到的。由于构建范围不是(虽然可以是,但并不是)统计研究实践的标准部分,所以范围的核心作用被忽视也就不足为奇了。范围和一般化问题构成了第 8 章提出的中等数量范式的核心部分。

因果机制的范围条件通常不明确,这也是其特征之一。在几乎所有关于因果机制的方法论和哲学讨论中,与之形成对比的都是覆盖律。哲学文献中的许多例子都来自自然生物学或微观生物学,其中因果机制的范围是未知的。理想情况下,范围应该作为研究三联体对应的议题而出现:它应该是跨案例分析的理论化与实施的一部分,也应该是案例研究的一部分。

3.9 在单元格内选择

上面讨论的标准只完成了一部分工作。虽然我们可以清楚地知道哪些案例最适合进行案例研究,但仍必须在这些标准范围内进行选择。

一个单元格内可能有几十个、数百个甚至数千个案例。

鉴于我们的目标是探明因果机制，所以我们希望找到好的案例来实现这一目的。仔细地观察因果机制，包括找到关于 X 和 Y 的好例子，它们通常是 X 和 Y 的"极值"（extremes）。如果因果机制是关于民主的，那么我们只能在那些明显具有民主特性的案例中选择，混合或竞争性威权政权就不是一个好的选择。简而言之，我们会选择那些在概念上或测量上问题较少的案例。

这同样适用于在证伪单元格（1，0）中选择案例。如果可能，我们会选择那些明显证伪因果机制假说的案例。

数据可用性是一个重要的关注点，在既定单元格中进行选择时，数据可用性通常在限定选择中起着核心作用。这自然是源于对案例内因果推论和因果机制研究的关注。将人们需要的信息缺失或不足的案例包括在内，则意义不大。

另一个相关的问题是政策适用性。如果可以在发生于 1800 年、1900 年和 2000 年的案例中进行选择，那么我们可能会决定选择 2000年的案例，以此来观察所提出的因果机制在后冷战时代的世界中是否奏效，而非 1800 年。

这些都是在特定单元格中排除或纳入案例的合法理由。特别是，我认为信息的质量至关重要。信息质量本身可以将很大一部分可能的案例排除在外。如果目标是探明因果机制并进行个案内因果推断的话，虽然这一点是实际操作问题，但也是至关重要的。

3.10　研究实践

在多元方法和案例研究的情境中，观察研究实践是非常有用的，这也是本书各章的一个关键特征。与统计方法不同，多元方法或多案例研究的研究者通常根本不引用任何方法论文献。例如，诺斯等人（North et al.，2013）和罗德里克（Rodrick，2003）的案例研究编著，完全没有呈现选择案例的正当理由。这在统计分析中是闻所未闻的,统计分析实践几乎总是通过引用方法教科书和文章来证明合理性。特别是在统计和博弈论多方法的背景下,研究人员很可能从未选修过定性方法课程或任何涉及案例研究方法论的课程。因此,就案例研究而言,检视人们在案例研究实践中所做的事情是有意义的。

史蒂夫·桑福德和我系统地研究了 2006—2015 年间发表在《比较政治研究》《国际组织》《政治观点》和《世界政治》上的所有文章。这些都是国际关系、比较政治学或发表多元方法研究或案例研究的主流期刊。而调查像《美国政治科学评论》或《美国政治科学杂志》等期刊则没有意义,因为这些期刊几乎没有发表使用案例研究的研究成果。被收录的文章必须包括一个或多个案例研究,可以是多个案例研究或案例研究加上一些其他方法(通常是统计分析)的文章。[①]可以通过我(ggoertz@nd.edu)或通过出版本书的普林斯顿大学出版社的网页获得符合这些标准的所有文章的参考书目。

我也在专著中寻找多元方法和多案例研究,情形则截然不同。一个主要的区别是,专著为案例研究提供了空间,而期刊越来越不可能提供这些空间。其次,专著往往在寻找更广泛的受众,包括案例研究的话则会对读者更具吸引力。我为剑桥大学出版社、康奈尔大学出版社和普林斯顿大学出版社 2006—2015 年间出版的所有国际关系和比较政治的著作(不包括选集)创建了阅读书目。读完所有这些书超出了我的能力范围,然而正如我在此处和后续章节中讨论的那样,其实并没有必要全部阅读。这些著作有着明确的常用模式,因而阅读更多书籍的效益递减很快就会显现。

本书涵盖案例研究各个层面,与四种不同的研究设计存在交叉:(1)统计多元方法,即统计分析加案例研究;(2)博弈论多元方法,即形式模型加案例研究;(3)定性比较分析多元方法,一种包含特定案例研究的定性比较分析;(4)多案例研究。核心问题在于,上面提到的方法论是否可以在这四种研究设计的实践中找到? 在多大程度上可以被找到?

---

① 不包括特定国家的统计案例研究,例如对意大利全国调查的分析。

看看这些统计多元方法实践的文章和著作,此处提供的方法论很好地描述了实践。在我调查过的文章和著作中皆无一例外,进行统计分析(例如,logit,OLS)并辅以一定案例研究的学者,通常从单元格(1,1)中选择案例。理由与这里给出的完全相同:统计检验仅仅是间接的,因此他们想要探索个案的因果机制。

在单元格(1,1)中,研究者通常遵循上述分析并选择好的案例。他们几乎总是选择图3.1右上角的案例。虽然这种选择有时候会沿用"在线上"的比喻,但实际上案例研究很可能并不在估测线上(这在附录A中有相当详细的讨论)。

同样,统计学多元方法学者几乎从不在单元格(0,0)中选取案例。他们几乎总是含蓄地遵循一项观念,即这些案例没有很好地说明因果机制。

在统计多元方法背景下,案例研究的目的是支持或说明因果机制或假说,因此学者们很少探讨证伪型案例。不出所料,他们选择了能很好地说明假说中因果机制的案例,而忽略了不太适合的案例。

那些批评一种既定的假说或因果机制的学者则是例外。第7章的大部分内容,将是列举关于作者使用案例研究来检验一些知名的实证发现或博弈论模型的例子。

当人们将 Z 变量作为替代性因果机制和避免过度决定的指导方针时,我的讨论几乎没有在实践中得到反映。相对于替代性因果机制,案例是否被过度决定并不是研究者要问的问题。

在统计多元方法背景下,这很可能是因为等效性问题并不是方法论总体项目的一部分。通常,混杂因素不是替代性因果机制,而是如人口、地区等一般性变量。一般而言,几乎没有关于避免被过度决定的案例研究的讨论(关于这一问题的一些讨论,请参见附录A)。

总体而言,上述讨论很好地描述了统计多元方法实践,与本书主要的不同之处在于缺乏对过度决定指导方针的关注。受其提醒,本章概述的方法论很好地描述了大多数统计多元方法研究者的隐含方法论。

我在第6章中详细介绍了博弈论多元方法研究。在这里只需要指出,从单元格(1,1)中选择案例的逻辑在这里也是非常有效的。

定性比较多元方法研究相当一致地遵循了这里展现的逻辑。与统计多元方法不同,定性比较方法始终将案例与因果机制和路径相关联。软件标明了位于多种路径上的案例,而方法论由此将过度决定问题呈现给了研究人员。

定性比较多元方法研究是目前文献中比较少见的。在进行案例研究的同时进行定性比较分析并不常见。这可能是因为定性比较软件会生成多种路径,因此需要对每种路径进行案例研究。[①]只有在著作中才能探索定性比较多元方法实践。

因为定性比较分析关注的是单元格(1, 0),所以证伪型案例经常受到关注。这得益于这样一个事实,即这类案例通常不是太多,所以探究起来并不太难。

总之,本书提出的方法论非常符合定性比较分析的实践。

作为一种跨案例方法论,比较案例研究更有问题。正如附录 A 中所讨论的,这些数据通常模仿统计数据。常见的设计是配对比较——单元格(0, 0)和单元格(1, 1)对应的案例——结合关于 Z 变量的最相似系统设计。我们可以找到许多这种研究设计的例子。然而,这种设计的应用方式通常相当松散,且不是非常系统化的。作者通常会提供一个变量列表——通常是 5—10 个——与案例相匹配。通常,这些并不是真正的替代因果机制,例如区域或语言变量。

人们可以找到应用案例研究来探索因果机制的例子。迪耶(Diez, 2013)为这种路径提供了一个例子,他认为在单元格(1, 1)对应的两个案例(墨西哥城和布宜诺斯艾利斯)中,同一性别协会是"组织良好的积极分子(即非国家行为体)在稀缺的政治机遇中展现高效的政策框定能力的结果,这为政策的采纳提供了理想的条件"(Diez, 2013:213)。他指出,在墨西哥和阿根廷,这两个首都城市的因果机制是相同的。

奥恩斯顿(Ornston, 2013)则是另一个例子,他提供了一个包含三个案例的研究,每个案例都位于单元格(1, 1)中。第一个案例(芬兰)

---

① 也可能是文章花了大量篇幅来解释定性比较方法,进而限制了可用于案例研究的篇幅。

旨在将发展中的"创造性社团主义"作为一种新的因果机制，另外两个类似但发展不充分的案例研究(瑞典和丹麦)，旨在评估这种社团主义作为高科技产业发展的主要因果因素所起的作用。

总之，这里概述的方法论很好地解释了统计多元方法、博弈论多元方法和定性比较多元方法背景下的实践。在考虑替代性因果机制时，通常不使用避免过度决定的指导方针。在成对比较的案例研究中，所选择的案例是为了模仿统计学的跨案例分析，因而定性研究的统计方法(见附录 A)可以很好地解释实践。

3.11　结论

本章的分析所基于的假定是，跨案例分析中，潜在的 X 是产生 Y 的因果机制。2×2 表中的不同单元格基本上遵循充分条件逻辑。这符合大多数学者对因果机制和案例研究的隐含思考方式。

然而，在某些情况下，因果机制与必要条件的关系较之充分条件更为密切，或者更普遍地说，当因果机制涉及约束条件时，这会带来对 2×2 表中的单元格的相对重要性和逻辑判断的调整。这是下一章的核心话题。

多元方法研究力求在跨案例检验和个案内因果分析之间取得平衡。多元方法学者想要正确处理个别案例，同时也对可推广的、具有广泛相关性的因果机制感兴趣。我们已经看到，在选择案例时，构建总体和范围至关重要。

案例研究的因果机制逻辑有一个核心问题，即因果机制的一般性。这与统计学逻辑的代表性(representativeness)标准有关，但仍有明显不同(见附录 A)。试图了解既定案例中的 $X—Y$ 关系是否代表总体中具有这种关系，不同于了解因果机制有多普遍。讨论一般性意味着要问，因果机制 X 的规律性如何？有多少证伪案例？与其他因果路径相比，这一路径有多重要？范围有多大？这些问题与代表性无关。

在因果机制和多元方法研究的逻辑中,一切都始于单元格(1，1)。这是人们检验因果机制并进行案例内因果推断的地方。其他单元格通常充当着范围的作用:潜在的证伪案例是确定范围限制的方法;其他因果路径是另一种范围条件,体现了替代性因果机制。案例研究并不在于模仿跨案例的因果推断,而是在详细考察个案因果机制的基础上,提供另一种因果推断。

4 约束机制和必要条件：解释未发生之事

4.1 导言

第 2 章介绍了分析约束因果机制的基本框架。约束因果机制在理论和方法上都与必要条件密切相关。约束因果机制和必要条件都从根本上解释了为什么 Y 未发生或某一过程失败。

必要条件的基本因果逻辑基于这一核心观念：X 不存在是 Y 不存在的原因。这种情况经常出现在单案例的反事实中：如果非 X_i (not-X_i)，那么就非 Y_i (not-Y_i)。因此，因果机制必须包括解释为什么 X 不存在就会导致 Y 不存在。强约束就意味着结果不会在其存在的情况下发生：没有约束是产生 Y 的必要条件。

古德温(Goodwin, 2001)关于洪都拉斯为什么没有产生革命运动的讨论，为我们提供了一个很好的例子。他的总体框架强调了高度排他性的独裁政权对于发生革命运动的必要程度："我在这一章中认为，革命运动只有在军事化但基础设施仍很薄弱的国家才会强化，这些国家在整个 20 世纪 60 年代和 70 年代一直是排他的、反改革的以及或多或少地任意镇压他们的政治对手(温和派、改革派和革命派)。"(Goodwin, 2001：143；强调为我所加)

解释洪都拉斯没有发生革命运动的一种方式是，说明其缺少必要条件：

即使是不完美且尚未巩固的民主国家也倾向于疏散革命压力……20 世纪 80 年代，暴力冲突在邻国肆虐，但洪都拉斯却保持了相对的平静。尽管社会问题和不平等程度与邻国不相上下，但是洪都拉斯政府却没有受到重大革命运动的挑战……工会和农民组织仍被容忍，偶尔还能通过激进的抗议活动赢得政府让步。持不同政见的知识分子和人权活跃分子公开反对政府。而且，也许最重要的是，洪都拉斯的武装部队从来没有像萨尔瓦多或危地马拉那样，随意地袭击农民的村庄或民间组织。因此，洪都拉斯人从未感觉有必要加入或支持革命者，以保卫自己或改善自己的福利。所以，尽管洪都拉斯的准民主制(quasi-democracy)表现并不优异，但它在防止发生大众革命运动方面却非常有效。(Goodwin, 2001：303)

古德温对洪都拉斯的分析也说明了本章的一个关键主题。人们可能会出于各种原因而预期产生革命运动，洪都拉斯就是一个很好的案例。这些类型的原因就是 Z 变量，当我们将避免过度决定的指导方针应用于必要条件时，这些原因对于选择好的案例至关重要。

就像约束因素一样，不同必要条件的强度可能会有所不同。无论约束因素还是必要条件，学者经常诉诸天花板之类的隐喻。玻璃天花板会限制女性在劳动力市场的流动性。制度和规范通常被认为是对行为的约束因素。

在必要条件和约束因素之间来回切换时，会产生一个变化方向和描述语言的问题。我将运用以下原则：

当必要条件 X 的值减小——即趋向于 0——的时候，X 的约束效应就会增加。

当我们讲到本章后半部分的模糊逻辑图时，就能够相当清楚地观察到这一点。天花板隐喻说明了这一基本直觉：天花板变低——X 减小，天花板的约束增大。

约束理论和必要条件理论本身是复杂和多变的。要使一项约束具有因果影响，就必须存在违反约束的动机。因此，本章和下一章（讨论交互因果机制）是密切联系的。本章重点论述了必要条件或约束因果机制。但在案例选择这样的关键环节中，就必须将动机变量纳入分析。

本章认为，定性比较分析和数理逻辑总体上为思考约束因果机制的方法论提供了一个框架。这意味着，对于可能无法用集合论或数理逻辑术语来明确表述的约束理论，可以借鉴研究必要条件的多元方法逻辑。因此，本章承担着双重职责：阐明使用多元方法研究必要条件的集合论逻辑，并展示如何更普遍地将其应用于约束因果机制。

这一点至关重要，因为使用统计多元方法（统计模型加上案例研究）的研究者隐含地接受了上一章描述的充分条件逻辑。当学者们仅将约束因素视为统计模型中的负系数时，上一章的逻辑似乎也适用于此。本着同样的精神，有人可能会提出，必要条件方法论只是充分条件逻辑的一种镜像。在 2×2 表中，必要条件单元格就是充分条件单元格的镜像。因此，人们可能会认为，必要条件案例研究的方法论无须补充新的方法论内容。这两种立场都是不正确的。必要条件方法论不是充分条件方法论的镜像。负统计系数涉及与正统计系数不同的多元方法程序。在这里，因果箭头"→"同样是模棱两可的，它隐含地认为必要和充分条件之间或正负系数之间没有区别。

从学者使用的隐喻和符号中，我们可以认识到必要条件因果机制为什么会不同于充分条件因果机制。可以使用因果机制讨论中典型的箭头表示充分原因：$X \to M \to Y$。则必要条件通常写为 $Y \to X$（例如，Schneider and Wagemann，2012）。然而，这并非表示因果的箭头，而是具有形式含义的箭头。[①]因此一个必要条件链条看起来类似于 $Y \to M \to X$。这看起来可能非常怪异，因为人们通常将认为箭头具备因果关系含义，而在这里它是表示数据含义的，即 Y 是 M 的子集，而 M 是 X 的子集（对必要或充分条件箭头链的广泛讨论，请参见 Mahoney，Kimball and Koivu，2009）。

在讨论了约束因果机制与必要条件之间的关系后，本章引入了模

---

① 此箭头还说明了为什么对必要条件而言，基于因变量来选择是有效的。

糊逻辑。就许多方面而言,必要条件的逻辑在 2×2 表中表现得更清晰,但一般来说,重要的是要看其在模糊逻辑(连续变量)中如何生效,以及 2×2 表的二分逻辑是如何转换成模糊逻辑的。模糊逻辑方法更直观地与约束因果机制联系在一起。约束因素通常是连续的,并且模糊逻辑的图表使得约束因素得以可视化。

总之,本章延续了第 2 章对于约束因果机制的分析,明确将约束因果机制与必要条件因果机制联系起来。在这样的框架下,我们可以利用定性比较分析的研究资源(布尔逻辑和模糊逻辑)来发展一种案例研究和多元方法研究的方法论。

4.2 界定并使用必要条件

尽管本章将证明必要条件可能比人们想象的要棘手得多,但必要条件的基本概念是明确的。必要条件指一旦缺失则结果不会发生的条件。用逻辑的语言来讲,如果非 X,则非 Y。在集合论中,Y 是 X 的子集,没有 X 则不会产生 Y。这一箭头也阐述了为何基于因变量选择对于必要条件是有效的。

表 4.1　必要条件:非民主是国家间战争的必要条件

	民主二联体	非民主二联体
战争	0	36
非战争	169	1 045

资料来源:基于 Russett,1995:174。由哈佛学院与麻省理工学院校董会于 1995 年出版。经许可转载。

表 4.1 提供了民主和平命题中的一些跨案例数据,这些数据可以很容易地给出必要条件的解释。表格中的数据支持了"非民主政体对战争是必要的"这一说法。左上角的单元格(在定性比较分析中通常被称为必要条件单元格)意味着所有的战争都发生在非民主国家之间,或

者战争二联体是非民主二联体的子集。

虽然学者通常以二元变量假说的方式讨论必要条件，但必要条件也涉及额外的变量 Z_i：

> 如果 X 对于 Y 是必要的，那么当 X 不存在时，无论其他自变量 Z_i 的值是多少，Y 都不会存在。

例如，无论其他条件多么有利，如果否决者说不，那么就不会发生任何改变。

对于必要条件的案例研究和多元方法分析而言，必要条件的这一特性至关重要。例如，选择案例时会用到 Z_i 的值。换言之，我们在探索必要条件因果机制时，不能用二元变量假说的方式来处理 X 和 Y，在探索约束因果机制时亦是如此。

表 4.1 还说明了对于必要条件跨案例分析的典型处理方式。我们通过所有国家间战争的集合观察民主国家之间是否存在战争。这是一个必要条件的 $Y \rightarrow X$ 版本。事实上，这就是辛格与斯莫尔（Singer and Small，1974）发现民主和平的方式。他们有一个战争数据集，以此观察是否存在任何民主二联体。

虽然大多数学者对二分法的必要条件有直觉式的理解，这也是基础的亚里士多德式逻辑的一部分，但他们通常对连续性（continuous）必要条件的表现形式知之甚少。模糊逻辑提供了从双值数学逻辑到无限值（通常是 $[0，1]$ 区间中的所有实数）逻辑的扩展。[1]连续性的必要条件与约束理论完美地相结合，通常来说，约束理论本身会以连续的方式，构建关于约束强度的模型。

必要条件假说和因果机制在政治学和社会学中相当普遍。我（Goertz，2003）曾于十多年前提供了一份清单，列举了整个政治学领域的 150 种必要条件假说，这些年来这一数字并没有减少。必要条件

---

[1] 这里引入与希腊古典逻辑的一些重要区别。例如，排中律（the excluded middle）不再成立：某件事可以是半真半假的。

假说存在于政治学和社会学的所有重要领域之中，也覆盖了所有的理论视角。例如，它们在博弈论和形式研究中相当常见。请参阅第 6 章以进行更深入的讨论。

发现和分析必要条件，是布尔逻辑和模糊逻辑方法论的核心。必要条件通常都是在数据分析中通过归纳发现的。定性比较分析的第一步是探索是否存在必要条件。这必须在研究者进行因果路径的充分性分析之前完成（关于"好的处理"的论述，参见 Schneider and Wagemann，2012）。

总之，必要条件假说较为常见，经验数据通常支持这样的假说（参见 Goertz，2012，其中有诸多数据示例）。

4.3 约束因果机制和必要条件

必要条件和约束之所以彼此关联，是因为它们都能解释事情为何未发生，或者过程为何失败。例如，"受约束的最大化"作为应用微积分的基础部分，也作为所有经济学家训练的一部分，指的就是一种强力约束。所有的解都必须满足约束。必要条件是一种强有力的约束，因为通向结果的所有路径都必须包括它。例如，委托人（principals）作为对代理人（agents）的约束：

> 授权方（委托人）和代表他们的代理人之间几乎总是存在一些利益冲突。代理人的行为是机会主义的，其对自身利益的追求仅受到他们与委托人关系的限制。产生代理损失的机会主义是人类经验的一个普遍特征。（Kiewiet and McCubbins，1991：5；强调为我所加）

约束因素是思考必要条件的一种方式。不能违反强约束，例如，在大多数否决者模型中，否决者的同意是必须满足的强约束：

> 强约束是必要条件。

许多人将规范和制度视为对行为的约束。国际机制禁止某一特定行为,如各种机制和条约禁止拥有或使用某些类型武器(例如核武器、化学武器与地雷)。许多经济学家和理性选择学者将制度视为对行为的约束。社会建构主义者与理性选择学者都将制度和规范看作对行为的约束:

> 制度……是人类发明的塑造人际互动的约束因素。(North,1990:3)

> 我通常对遵守规范言之甚少,因为在这一理论中,遵约或不遵约仅仅是在不同约束条件下应用效用最大化原则的结果。(Coleman,1990:286)

> 我们将国际制度定义为国际行为体之间协商形成的明确约定,它规定、禁止和/或批准行为。(Koremenos,Lipson and Snidal,2001:762;强调为我所加)

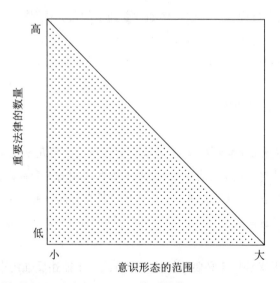

资料来源:基于 Tsebelis,1999。经许可转载。

图 4.1　约束因果机制、必要条件和否决者:预期数据散点图

　　我将规范称为对行为的共同期望、一种对错的标准。规范是
对行为的规定或**禁令**（prescriptions）。（Tannenwald，1999：436；
强调为我所加）

　　否决者理论（例如，Tsebelis，2002）是观察如何结合约束因果机制
和必要条件的良好路径。否决者约束的力度取决于否决者在意识形态
上的差距有多大：

　　在一个维度上，政策的稳定性取决于否决者之间的最大意识
形态距离，而不是他们的数量。（Tsebelis，1999：595）

　　如果否决者都同意，那么就没有什么约束了。当他们出现严重
分歧时（就像过去 20 年的美国政治一样），那么约束就会真正发挥
作用。

　　图 4.1 说明了由约束因果机制（在本例中即否决者）生成的数据应
该是什么样子。定性比较分析学者熟悉这种"三角形"散点图，因为这
是模糊必要条件所产生的。对角线形象地表明了约束：当否决者在狭
窄的意识形态范围内达成一致时，重要法律得以通过的数量几乎没有
限制。但随着他们在意识形态上的分歧越来越大，约束因素也越来
越多。

　　泽比利斯否决者模型是一个理论框架生成的三角形散点图的预测
模型。通常，这些散点图出现在数据的描述性分析中，人们由此可能会
推断 X 是 Y 的必要条件。这与所有点都恰好位于一条线上，然后学者
将线性函数拟合到数据中的散点图，并无根本不同。在这两种情况下，
数据都与模型一致，但总有可以产生相同的散点图的其他模型（即科学
哲学中的蒯因-迪昂原则）。

　　总之，约束因果机制与必要条件因果机制在很大程度上是重叠的。
从社会建构主义到博弈论模型，这些因果机制可以从广泛的理论性和
实质性的角度中生成。

4.4 因果机制单元格 (0, 0)

必要条件和约束因果机制对于解释 Y 未发生(即 $Y=0$)的情况特别有用。根据定义,缺少必要条件($X=0$)意味着结果不会发生。与此相反,必要条件的存在与 $Y=0$ 和 $Y=1$ 的情况都是相符的。因此,对于必要条件,进行因果机制分析的关键单元格是(0, 0),参见表 4.2。

问题是,从单元格(0, 0)中挑选案例通常很有挑战性。几乎可以肯定,有许多案例不会被选作案例进行研究(有关讨论,请参阅 Mahoney and Goertz, 2004)。然而,仅仅因为找到案例更难并不意味着人们不应该从这个单元格中进行选择。

表 4.2 案例研究选择: X—Y 构型

	$X=0$	$X=1$
$Y=1$	(0, 1)	(1, 1)
$Y=1$	(0, 0)	(1, 0)

注: $X=1$ 表示存在必要条件。

这里有一个关键的方法论要点：

单元格(0, 0)是必要条件和约束因果机制的因果机制单元格。[1]

在进行必要条件的跨案例分析时,寻找 $Y=1$ 的案例是完全可以

---

[1] 这是我的方法不同于施耐德和罗尔芬的方法之处。他们非常不看重(0, 0)单元格(或模糊逻辑中的等价区域)所对应案例的价值:"相比之下,区域 4 中的案例[基本上是(0, 0)单元格]可以在比较过程追踪中发挥作用。这就是为什么我们把它们贴上个别无关(individually irrelevant, IIR)案例的标签。它们在形式上符合必然性模式,但实质上与解释 Y 的存在为何需要 X 的存在无关,因为它们既不是 X 的组成部分,也不是 Y 的组成部分。"(Rohlfing and Schneider, 2013: 225)我们一致同意,在从单元格(0, 0)中进行选择的问题上,即使不是大多数,也有诸多案例不合适。

接受的,因此,必须将其与因果机制、必要条件的案例内分析区分开来。必要条件的核心作用是解释为什么结果没有发生。它的因果效力是约束和预防的作用,而非充分和产生的作用。

单元格(0,0)的一个主要议题是,对于其对应的案例有两种可能的解释:(1)缺少一个必要条件,或(2)缺少所有充分条件。这是运用上一章过度决定问题的思路来处理必要条件。充分条件的过度决定是当 $Z=1$ 的时候。必要条件的过度决定则是在(1)当附加的必要条件 Z_i 为 0 时,或者(2)当所有充分条件路径都不存在时(见下文的延伸讨论)。

必要条件的因果机制单元格是充分条件因果机制单元格的镜像,即充分条件的因果机制单元格是(1,1),必要条件的因果机制单元格是(0,0)。这与充分条件的选择逻辑形成镜像:对充分条件而言,这应该是我们最清楚地看到因果机制生效的单元格。

对于充分条件因果机制,好案例的概念则相对简单:选择单元格(1,1)一角的案例。对于必要条件和约束因果机制,类似的规则是选择单元格(0,0)附近的案例。然而,仅凭这一点并不足以决定好的案例。由于(0,0)案例的模糊性,我们必须让额外的 Z 变量发挥作用。

4.5 单元格 (1, 1)：反事实和微弱性

如果镜像假说是正确的,那么在检验约束因果机制和必要条件时,单元格(1,1)的重要性较低,因为对于充分条件而言,单元格(0,0)是最不重要的。然而,事实绝非如此:要探索必要条件因果机制,应该从单元格(1,1)中选择案例。

施耐德和罗尔芬强调了单元格(1,1)对应案例的作用:

> 在关于必要性的定性比较分析中,过程跟踪的目标是调查为什么结果的出现需要必要条件的出现。这一焦点为比较过程追踪的案例选择提供了第一个洞见:每次比较必须至少涉及一个作为

可以组成结果的案例。(Rohlfing and Schneider，2013：225)

我们同意必须对单元格(1，1)进行反事实分析：

> 因此,过程跟踪的焦点应该放在支持这一主张的案例内证据上。在单个典型案例的分析中,这只能是反事实的,因为我们只选择 X 和 Y 都存在的案例。(Rohlfing and Schneider，2013：223)

正如施耐德和罗尔芬强调的那样,从单元格(1，1)中选择的一个原因来自案例内因果推断的重要性。如果 X 对于 Y 是必要的,那么案例内因果分析应该支持反事实,即没有 X 就会导致没有 Y。因此,单元格(1，1)是通过案例内反事实分析来检验必要条件假说的好方法。

然而,重要的是存在真实的案例,即单元格(0，0)对应的案例,其中 X 的缺失避免了 Y 的发生。要观察生效的因果机制,就需要从(0，0)单元格中选择案例。单元格(1，1)的反事实分析是有益的补充,而不是代替。

回顾一下,由于等效性的缘故,充分条件下的单元格(1，1)的反事实存在严重的问题。第 3 章的前提假定是存在多种产生 Y 的因果机制。现在 X 是一个必要条件因果机制,这一事实意味着其必须包括在任何充分条件因果机制分析中(下一章的重要主题之一)。

理想的真实案例是对反事实案例的摹仿。案例研究的一大优势是能够跟踪事件随时间的发展情况。反事实将 X 变为 0,然后产生 $Y=0$。有时候,像这样的真实案例是有可能找到的。过程追踪探讨了为什么 X 的缺失会导致 Y 的失效。我们将在下一章中看到一个示例。

单元格(1，1)在评估必要条件因果机制的微弱性方面也起着关键作用。以最简单的单一路径(one-path)集合论模型 X_1 且 $X_2 \rightarrow Y$ 为例,必要条件 X_1 和 X_2 共同构成了组合的充分性。必要条件还是有"充分效应"(Goertz，2003)。一个必要条件越接近充分,它就越重要且越不微弱。

涉及必要条件的案例研究方法论的一个关键不同之处在于,人们经常提出的、关于必要条件微弱性的问题。其方法论原则涉及必要条件在产生结果中起到的作用：

> 评估必要条件的微弱性涉及探索其在产生结果中的充分效应。这是从单元格(1, 1)中选择一个案例进行深入案例分析的原因。

所有这些考虑产生了以下指导方针：

> 在探索必要条件或约束因果机制时需要纳入单元格(1, 1)对应的案例研究。

因此，必要条件的方法论与上一章的充分条件的方法论之间存在很大的不对称性。必要条件的方法论并不是充分条件的方法论的镜像。尽管对于充分条件因果机制而言，单元格(0, 0)对应的案例并不重要，但对于必要条件分析而言，与之相类似的单元格(1, 1)所对应的案例至关重要。

4.6 证伪-可替代性单元格 (0, 1)

必要条件有一个证伪单元格(0, 1)，这些情况是在缺少 X 时发生的情况。

可替代性问题需要成为分析的中心，因此表 4.3 将(0, 1)标记为证伪-可替代性单元格。在案例研究中需要探究的关键问题是，一些新的因素 X_2 是否取代了所提出的必要条件 X_1。

这些可替代性分析通常极具功能主义性质(详细讨论参见 Goertz，2004)。新因素 X_2 在因果机制中的作用与 X_1 相同。因为基础机制仍可保持完整，所以这种发现可能对因果机制分析构成的威胁并不大。

施耐德和罗尔芬(2013)对此进行了长期研究,并提供了一个实证范例。

西达·斯考切波(Skocpol，1979)的研究一如既往地为涉及的问题提供了一个良好示例。她的一个主要假说是,国家崩溃对于社会革命是必要的。许多人注意到了其中的因果机制:国际压力→国家崩溃→社会革命。

格迪斯(B. Geddes，2003)通过统计分析探讨了国际压力与社会革命之间的关系。她发现两者之间只有弱相关性。她没有考虑到的是,国家崩溃可能会通过其他机制发生。斯考切波的实际模型是(优势阶级影响力或农业落后或国际压力)→国家崩溃(参见 Goertz and Mahoney，2005；Goertz，2005：chapter 9)。因此,可替代性可以将证伪案例转化为证实案例。

在某些方面,证伪-可替代性单元格实际上是一个等效性单元格。等效性发生在较低的分析层次上。这就产生了马奥尼(Mahoney，2008)所说的"某个非充分但必要条件的非必要但充分部分"(SUIN)的原因,和我(Goertz，2005)所说的双层理论。马奥尼的文章详细描述了在分析单元格(0，1)对应的案例时必须考虑的可替代性逻辑。最简单的例子是(X_1 或 X_2)且 $Z→Y$;"X_1 且 X_2"是 Y 的某个非充分但必要条件的非必要但充分部分。两者本身都不是必要条件,但其中之一是必要条件。如果有文献将 X 处理成必要条件,而它实际上是非充分但必要条件的非必要但充分部分的原因,那么这一分析就可能具有重大意义。

在更广泛的背景下,证伪单元格中的非充分但必要条件的非必要但充分部分的原因,是一种被遗漏的变量偏差形式,但与常规的线性统计模型中的类型不同。我们不仅发现了一个关键的遗漏变量,同时也在创造一个新的概念。(X_1 或 X_2)变量通常是一些较高层次的理论概念(因此是称其为双层理论的原因)。

那么,研究人员的目标就是重新规划这一理论,这样,这些证伪案例就会消失(精彩讨论参见 Ragin and Schneider，2012)。这意味着会有重要的概念和理论创新。

4.7　无关性单元格（1, 0）

那么单元格(1, 0)呢？此单元格中的案例并不证否必要条件分析。Y 可能不会在 X 存在的情况下出现，因为 X 仅仅是必要的，而非充分的。单元格(1, 0)对应的案例与分析必要条件因果机制无关。

表 4.3　案例研究逻辑：必要条件

	$X=0$	$X=1$
$Y=1$	证伪-可替代性重要性＝3	反事实重要性＝2
$Y=0$	因果机制重要性＝1	无重要性＝4

注：$X=1$ 表示存在必要条件约束。

在大样本跨案例分析中，该单元格中的案例数量提供了关于 X 的细微性效应或充分性效应的信息(Braumoeller and Goertz, 2000；Ragin, 2008；Goertz, 2006)。然而，对于因果机制分析而言，还不清楚通过观察这个单元格对应的案例能得到什么。

相比之下，充分条件分析的镜像单元格有真正的潜在回报，因为人们可能会发现一条通往 Y 的新途径。因此，该单元格在充分性情境中的重要性排名上位于第三[单元格(0, 0)排名最后]。然而，对于必要条件和约束因果机制而言，单元格(1, 0)没有用处。

4.8　总结

对于必要条件因果机制，单元格的重要性排序是：(0, 0)处在第一位，然后是(1, 1)，接下来是证伪-可替代性单元格(0, 1)，单元格(1, 0)在更远的第四位，参见表 4.3。

虽然在案例选择方面可能有些棘手，但关于必要条件的关键事实是，它们更适合于解释失败而不是成功，因此需要将焦点转向 $X=0$ 的案例（如果因果机制是正确的，这些案例也会满足 $Y=0$）。

单元格 $(1,1)$ 对于检验关于 X 是微弱必要条件的潜在批评很有用。这是通过展示 X 对 Y 具有重要的充分性效应来实现的。此外，单元格 $(1,1)$ 对应案例的案例内反事实分析可以提供关于 X 必要性的证据。

表 4.3 给出了这四个单元格所扮演的方法论角色。可以将其与表 4.4 中给出的针对充分条件生成的类似表格中的单元格的排序进行对比。

表 4.4　事例研究的充分条件逻辑

	$X=0$	$X=1$
$Y=1$	等效性重要性＝3	因果机制重要性＝1
$Y=0$	反事实重要性＝4	证伪-范围重要性＝2

本章探讨的问题是，对于必要条件的多元方法研究和案例选择的逻辑是否反映了充分条件的研究逻辑。比较表 4.3 和表 4.4 可知，两者的因果机制单元格是镜像关系，其他单元格扮演了不同的角色。这两种逻辑之间有许多显著的差异：

1. 在充分条件逻辑中，单元格 $(0,0)$ 并不重要，但必要条件因果机制的镜像单元格 $(1,1)$ 很重要。

2. 充分条件的证伪单元格还可作为范围的函数，而对于必要条件因果机制，证伪单元格具有可替代性。

3. 对充分条件而言，重要程度最低的单元格是 $(0,0)$，而对必要条件而言，重要程度最低的单元格是 $(1,0)$。

总之，必要条件和约束因果机制与充分因果机制有重要区别。其中一个不是另一个的镜像或反面。一般来说，我们需要从 $(0,0)$ 和 $(1,1)$ 两个单元格中进行案例研究，以了解必要条件和约束因果机制，而这些案例并不是关于充分性的案例。

4.9 必要条件和约束因果机制的避免过度决定指导方针

上一章讨论了充分条件的过度决定问题。充分条件背景下的过度决定是指存在替代性因果机制（例如，$Z_i = 1$）。那么，当 Z 是必要条件或约束因素时，过度决定又会如何呢？

考量这一点的一种方式是，通过机器运行（即充分性）必要部件的隐喻来思考。如果我们对作为必要部分的特定部件的作用感兴趣，那么可以看看失去哪种功能的机器（即 $Y = 0$）会是好的选项。我们不会选择完全损坏的机器：理想情况下，人们应该选择一台所有其他部件都正常工作的损坏机器，即所有的 $Z_i = 1$。在这种情况下，我们就可以真正理解为什么 X 对 Y 是必要的。

例如，在布雷迪（Brady，2004）对佛罗里达州 2000 年选举的著名分析中，存在多个必要条件，亦称"环箍测试"。如果要对个体选民进行案例研究，那么选择那些在第一次环箍测试中失败的人（例如，生活在错误时区的人）是没有意义的。研究者只会选择那些通过之前环箍测试的人，即 $Z_i = 1$ 的案例。

索费（Soifer，2015）提供了一个阐释如何在因果链分析中对必要条件排序的范例。他着眼于 19 世纪拉丁美洲各国中央政府能力的创建。因果链条中的第一个环节是建立中央国家能力的广泛、持久的共识。一些国家（他的主要案例是哥伦比亚）并非如此，而是决定授权给地方政府和机构。哥伦比亚缺乏中央政府的能力，并不是因为地方政府和机构未能成功地建立一个中央政府，而是因为它们决定不去尝试。因果链条中的第二个环节（将地方精英排除在国家行政机构的普通成员之外），决定了上述尝试的成功。要对时序链条中的任何给定环节进行案例内分析，需要案例已经通过之前的所有环箍测试。

我们可以将其概括为这样一个原则：要探索时序因果链中 Z_n 环节的因果机制，就需要在所有 $i < n$（即所有之前的环节）的情况中，都

选择 $Z_i=1$ 的案例。通常，容许性条件(permissive conditions)出现在第一个环节，而生成性条件(productive conditions)出现在第二个环节。比较历史政治学的一些经典著作都存在这种因果结构(结合实例的详细讨论，参见 Soifer，2012；另见下一章"交互作用因果机制")。

在集合论的背景下，对于必要条件的混杂因素有两种：必要条件混杂因素和充分条件混杂因素。机制失效的充分条件混杂因素更加不明显。Y 失效可能是因为 Y 的所有充分条件都不存在。多重充分条件的最简单形式是 Z_1 或 Z_2 或 $Z_3 \rightarrow Y$。因此，由于 Z_1、Z_2、Z_3 都不存在，单元格(0，0)对应的案例可能会出现。

给简单的充分性模型中增加一个必要条件，就会产生 X 且(Z_1 或 Z_2)$\rightarrow Y$。如果 X 对 Y 必要但不充分，那么 X 就会与其他因素相互作用，从而达到充分性的门槛。因此，$Y=0$ 的过度决定可能发生：(1)因为 X 不存在(即必要条件)，或(2)因为(Z_1 或 Z_2)不存在。

这就引出了必要条件因果机制和约束因果机制的避免过度决定指导方针：

避免过度决定指导方针：单元格(0，0)对应的高质量案例满足 $Z_i=1$。

对于我们基于 $Z=0$ 选择的充分条件，要避免的混杂因素是 $Z=1$ 对应的案例。对于必要条件因果机制，我们基于 $Z=1$ 进行选择，要避免的混杂因素是 $Z=0$ 对应的案例。

更广泛地说，逻辑在于，一个高质量的案例是所有其他因素都表明 Y 应该发生但实际上没有发生的案例。这就引出了为什么 X 是必要的。相反，如果所有因素 Z_i 都指向失败，那么 X 的作用就更难发挥出来。

斯考切波的《国家与社会革命》很好地说明了这一点。她的基本模型是 X_1 且 $X_2 \rightarrow Y$。她有六个 $Y=0$ 没有发生社会革命的案例。如果她隐含地遵循避免过度决定的指导方针来满足必要条件，那么这些都将是($X_1=1$ 且 $X_2=0$)或($X_1=0$ 且 $X_2=1$)对应的案例。事实上，她就是这样做的。

在具体的情境中，似乎很明显的是，满足 X_1 和 X_2 都为 0 的案例对案例研究没有什么用处。缺少这两个变量的案例数以千计。其中大多数对探讨她的必要条件假说可能没有什么价值。斯考切波的逻辑是，当存在一个变量的时候，社会革命可能就已经发生了（马奥尼和格尔茨将其作为可能性原理进行的分析，参见 Mahoney and Goertz，2004）。

遵循避免过度决定的指导方针会产生 $Y=0$ 的自然反事实案例：如果 X 业已存在，会发生什么情况？如果其他必要条件也不存在，或者几乎没有推动走向充分性的因素，那么很难建立这一反事实。如果所有其他条件都是有利的，那么反事实是必要条件的多元方法分析的核心部分。

对必要条件和约束因果机制进行因果机制分析，最佳的情形包括选择所有其他变量 Z_i 指向充分性的案例。当这些必要条件存在于时间因果链时，则我们选择通过前面每个环节检验的案例进行研究。

单元格(0，0)的普遍问题是，通常有很多单元格内的案例可供选择。尽管明显取决于理论和经验的情境，但避免过度决定的指导方针可能会极大地减少单元格(0，0)所对应的好案例的集合。斯考切波的《国家与社会革命》说明了这一点：X_1 和 X_2 都不存在的案例数量巨大，但只有一个存在的案例相对较少。将 Z_i 因素纳入研究设计，便于选择合适的案例进行案例内因果机制分析。

4.10　约束因果机制

第 2 章介绍了约束因果机制。约束因果机制必须以某类动机或我们感兴趣的变量违反约束因素。例如，威慑文献中的一个经典问题是如何解释成功的威慑。如果一开始就没有威胁，那么威慑就不能很好地解释战争的缺位：核威慑不能解释为什么加拿大没有攻击美国。

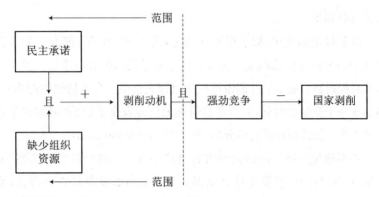

资料来源：根据 Grzymała-Busse，2007。

图 4.2　约束因果机制：对国家剥削的约束因素

国际关系冲突学者对斯塔尔著名的机会和意愿框架比较熟悉。在这一框架中，机会和意愿两个概念各自都是必要的，并且结合在一起是充分的（针对形式模型的讨论，参见 Cioffi-Revilla and Starr，2003）。机会是约束变量，意愿是动机或利益因素。

格日马拉-布斯很好地说明了约束如何成为因果机制分析的焦点。图 4.2 再现了第 2 章中的图示。她感兴趣的是约束了国家剥削的"强劲竞争"，这也是她的著作所展现的观点。图 4.2 的左边对应索费的模型中确立中央国家能力的决定：如果没有的话，那么图的右边就成了一个没有实际意义的点。因果链中的第一个环节已经解释了未能确立中央国家能力的原因。

所有这些约束示例中的关键点是，如果你想关注约束因素 X，则只需选择存在动机 Z 的案例。这正是避免过度决定的指导方针所阐述的。正如这些例子和其他例子所表明的那样，比较案例研究的学者在实践中经常理解避免过度决定的指导方针的逻辑。

上文关于委托-代理的引用说明了假定动机存在的风险。委托代理模型几乎总是假设代理人有动机采取机会主义行动。根据环境的不同，对于许多代理人来说，这可能是一个有问题的经验假定。布雷姆和盖茨（Brehm and Gates，1977）表明，许多政府公务员未能满足委托代理模型的假定：他们想要做好自己的工作。美国林业局的许多雇员想管理和保护美国的森林。

在统计学研究中,动机变量和约束变量通常都作为变量包含在模型中。因此,当约束存在时,数据集中会有动机变量缺失的案例。对于因果机制分析来说,这些都不是很好的观察值。例如,大多数关于核威慑的统计学研究都包括没有动机的成对国家,例如,它们包括像印度-美国或美国-加拿大这样的案例。只有一小部分大样本的观察值适合因果机制分析,其中大多数是持久性的军事化竞争。

如果一个人不想同时关注约束变量和动机变量(下一章的主题),则必须选择具有动机或利益因素的因果机制案例研究。这是唯一满足避免过度决定指导方针的方法。

4.11 范围

范围条件与必要条件密切相关。根据定义,所有包含的案例在范围条件上的值为1。因此,范围变量满足必要条件 $Y=1$ 作为 $S=1$ 的子集的定义。正因为如此,图 4.2 中格日马拉-布斯将动机因素视为范围条件,它们在动机范围变量(motivation-scope variable)上的值都是1。

某个因素是在模型之外作为范围条件,还是在模型内部作为动机变量,这是研究者重点关注的问题。如果真的把重点放在约束条件上,那么将动机视为范围是相当合理的。或者,就像索费(Soifer, 2015)所说明的那样,这些可以成为一些更宏大的(一部著作的篇幅)分析的不同方面。

使用必要条件作为范围的缺点在于,由于会使用必要条件来选择案例,它们几乎总是被当作二分变量来使用。出于实用的原因,案例选择通常是一件非此即彼的事情,很难包括半个案例。如果将约束或动机变量包括在内,那么我们自然可以认为该变量的强度是变动的。

与大多数事情一样,这里存在着一种权衡。把动机-利益看作一个常数，可以让我们专注于约束因果机制。权衡之处在于，将动机（例如内战研究中的不满情绪）当作常数在经验上通常是有问题的。

对于某个非充分但必要条件的非必要但充分部分的变量，我们可以将其视为范围扩大的变量（参见 Rohlfing and Schneider，2013；Ragin and Schneider，2012）。对必要条件而言，提出反例可以通过可替代性的方式扩大范围。说这类变量的范围扩大，是因为可以将其转化为与理论一致的例子。充分条件的逻辑通常是缩小范围以增加拟合度。对于必要条件，可以更改模型以增加拟合度并扩大范围。

总之，必要条件的逻辑和充分条件的逻辑是相反的。对于充分条件，证伪案例导致了范围的缩小；而对于必要条件，可以通过可替代性扩大范围。

4.12 必要条件与充分条件的表述

在一些重要方面，必要条件的方法论不同于标准的、默认的、充分的条件路径。一个迫在眉睫的问题是，人们可以将必要条件假说重新表述为充分条件假说，反之亦然。举个通俗的例子，"两个国家中至少有一个国家是非民主的，是战争的必要条件"，反过来可以说"两国均为民主政体是和平的充分条件"（见表 4.1）。

研究三联体所基于的假定是，案例研究方法论是由对因果机制的关注驱动的。以民主和平为例，我们需要回到所考量的主要因变量：是"战争"还是"和平"？几乎所有大样本统计研究的因变量都是军事化的国家间争端（militarized interstate disputes，MID）。这意味着和平被概念化为"非 MID"。这是有问题的，例如，自 1955 年以来，美国和朝鲜之间的大部分时间都不是和平的，然而它们也一直处于非 MID 的状态。

用充分条件来描述民主和平（也是最常见的表述方式）是有问题的，正是因为把和平概念化为非战争是有问题的。在研究实践中，用充分条件表述民主和平是为了解释"非战争"或"非 MID"。这一类别是存在异质性的。在许多研究中，"和平"包括(1)美国和加拿大之间的多年和平、(2)印度与巴基斯坦或美国与苏联等宿敌之间多年来的非 MID，以及(3)像智利与喀麦隆多年来没有互动的情况(有关和平概念的讨论，请参见 Goertz, Diehl and Balas, 2016)。可以说，产生这三个"非 MID"取值为 0 的案例的因果机制截然不同。相比之下，必要条件版本侧重于军事化争端与战争这样的因变量。在这里，军事化争端的概念和数据是明确的。

要决定如何将民主和平表述为多元方法研究议程(究竟是关注充分性还是必要性)，则取决于人们是在为和平还是战争发展一种因果机制。如果这是一种关于和平的因果机制，那么"双方均为民主制对于和平是充分的"这种表述是可行的。如果是一种关于战争的因果机制，那么用必要条件来表述则更为合适。鉴于既有民主和平文献将因变量界定为发生军事化争端的论证方式，恰当的表述是两国均为非民主的必要性。

4.13　模糊逻辑必要条件

在上文提到的泽比利斯对否决者的分析(图 4.1)中，我们已经涉及了模糊逻辑必要条件。图 4.3 给出了对模糊逻辑更为标准的阐述。[1]模糊逻辑中的一个必要条件被定义为 $Y \leqslant X$。这个等式生成了图中对角线下方的点。图 4.3 用一些假说的数据说明了思考这些问题所涉及的关键点。

图 4.3 中的数据与必要条件假说相当一致，但并非完美符合。对角线以上的所有案例都是模糊逻辑必要条件假说的证伪案例或反例。位于对角线以上及以下的所有案例都符合这一假说。

---

[1]　读者可以通过翻转 X 轴获得图 4.1 的标准版。

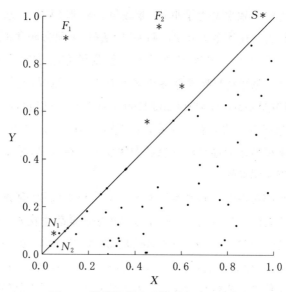

图 4.3　模糊逻辑必要条件与案例选择

　　2×2 表(例如表 4.1)中单元格(0，0)的模糊逻辑,可类比为对角线以下接近于 0 的案例。单元格(1，1)是充分性的因果机制单元,因此(1，1)附近的案例是充分性的高质量案例。[1]

　　遵循 2×2 表的逻辑,好的约束因果机制案例位于单元格(0，0)附近且处于对角线之下。像左上角象限的点 F_1 对应的案例是强证伪案例,距离对角线上方越远,这个反例就越有力。

　　中间的案例就颇为暧昧,因为它们不是 X 或 Y 对应的高质量案例。通常,人们不会选择位于图 4.3 中心的案例。[2]虽然有些案例(如F_2)可能具有很强的证伪性,但对案例研究而言可能存在问题,因为它们并不是关于 X 的高质量案例。一般来说,好的案例位于模糊逻辑正方形的一角。值得注意的例外是角(1，0)。正如关于 2×2 表的分析,该区域的观察值对必要条件的因果机制分析几乎没有提供什么帮助。

---

　　① 如果在图 4.3 上覆盖一个 2×2 表,则单元格(0，0)的某些部分位于对角线上方。这提醒我们,模糊逻辑和布尔代数是有区别的。

　　② 就其方法论的核心而言,标准的定性比较分析去除了正好对应中间值(即等于 0.50)的案例。

用模糊逻辑可以看出为什么单元格$(0,0)$附近的案例适合进行必要条件分析。如果X接近0，则对Y有很强的预测性。相反，如果X接近1，则很容易满足必要条件不等式。当X接近1时，不可能有强证伪的案例。

人们总是关注必要条件的微弱程度（又名"覆盖范围"），这意味着学者必须分析X的充分性效应。这是单元格$(1,1)$附近的案例为何非常有用的原因之一，因为它们是人们在分析充分条件时会选择的案例。

由于人们寻找的案例要么是接近单元格$(0,0)$的必要条件，要么是接近单元格$(1,1)$的充分条件，所以无论它们是严格处于这条线的下方还是上方，都是相对次要的。例如，图4.3中的点N_1和N_2之间并没有真正显著的差异。案例选择有一个主要规则：

选择欧几里得距离（Euclidean distance）接近单元格$(0,0)$的案例进行必要性分析，选择接近单元格$(1,1)$的案例进行充分性分析。

我已经在图4.3中说明了这一点，将最接近单元格$(1,1)$的案例（点S）置于这条线的上方。这证伪了必要条件假说，而符合充分条件假说。附近没有符合必要条件假说的案例。同样的逻辑意味着，我们更喜欢在对角线上方的单元格$(0,0)$附近的案例，而不是与假说一致但距离更远的案例。

总之，从2×2表的逻辑出发，我们非常自然地（也应当如此）大致得出了如何选择模糊逻辑必要条件的案例。

4.14　必要条件的跨案例分析

本书所界定的多元方法研究是指将个案内分析（如反事实）与跨案例分析相结合。必要条件和约束因果机制提出了各种关于如何结合必要条件因果机制的案例研究与某种跨案例分析的问题。跨案例分析可以在下述两种特定情况下进行：(1)定性比较分析和(2)统计多元方法。使事情进一步复杂化的是，必要条件通常基于因变量选择案例，这通常被视为糟糕的研究实践（例如 King，Keohane and Verba，1994），但在分析必要条件时是有用的。下面的小节将分别介绍这两种情况。

4.14.1　基于因变量选择案例与定性比较分析

比较方法的学者们从金、基欧汉和维巴那里得到的最大收获也许是，根据因变量选择案例是一种糟糕的做法，基本上不可能从这样的研究设计中得出好的因果推断。金、基欧汉和维巴并不是唯一做出这一论断的作者：在一篇被频繁引用的文章（Geddes，1990）中，格迪斯正是在这一点上反击了斯考切波。

在金、基欧汉和维巴著作出版后的几年里，许多学者注意到，基于因变量选择案例对于必要条件假说是有必要的。不足为奇的是，这一点在定性比较分析学者中广为人知（例如，Ragin，2000），但其他人也提出了同样的论点（例如，Dion，1998；Braumoeller and Goertz，2000），并经常以斯考切波的作品为例。

逻辑公式 $Y \rightarrow X$ 是描述必要条件的一种方法。"$\rightarrow$"通常被解释为具有因果含义，但在集合论中它的意思是"如果 Y，则 X"，这在本质上并不具有因果性。对于必要条件，这意味着只要我们看到 $Y=1$，我们就应该看到 $X=1$，所以 Y 用于选择案例。

对于必要条件假说，基于因变量选择案例是相当常见的，尽管学者并不总能认识到这一点。例如，米尔纳关于国际合作条约的多案例研究（Milner，1997）就说明了这一点。她提出了一个假说：在有多个签署国的情况下，行政机构必须获得至少一个签署国的背书，才能批准一项国际合作条约。正如帕赫尔（Pahre，2005）所指出的，这个假说引出了一个必要条件：

> 最后一个假说 H4b 在研究设计方面更有趣。它表明了一个
> 必要条件，因为只有在至少一个签署国批准合作条约的情况下

才会批准该条约。对于这个案例,米尔纳基于因变量进行选择的方法是非常恰当的,尽管她仅需要检查成功批准的案例就可以检验她的主张(Dion,1998)。因此,她对《欧洲联盟条约》(Treaty on European Union,TEU)和《北美自由贸易协定》(North American Free Trade Agreement,NAFTA)的研究是完全恰当的。(Pahre 2005,135—136;强调为我所加)

作为标准的定性比较分析实践的一部分(例如,参见 Schneider and C. Wagemann,2012),我们通过关注 $Y=1$ 的案例来寻找必要条件。必要条件分析是探索 $Y=1$ 的充分性路径的更广泛分析的一部分。

由于定性比较分析关注的是以 $Y=1$ 的案例来分析充分性(sufficiency),所以从这些案例中进行选择来考察必要条件因果机制是很自然的。单元格(0,0)对应的案例并非通向 Y 的充分路径的定性比较分析的一部分,因此会出现矛盾。这意味着,必要条件因果机制的最佳案例研究,不会是用于跨案例分析中确认 X 对 Y 是必要的数据。

虽然有些人可能会觉得这有问题,但这一特征是积极的。多元方法结果的核心是案例研究应该对跨案例分析形成补充。使用跨案例分析来观察必要条件的基本要求得到满足,这与分析 X 的缺失导致 Y 的缺失的因果机制是不同的。

4.12.2 统计多元方法

与集合论和定性比较分析相比,在统计多元方法中处理必要条件要困难得多。必要条件遵循逻辑运算和布尔运算的原理,或者说,统计学是以线性代数为基础的。布尔代数和线性代数是界定性质不同的两类代数。格尔茨和马奥尼(Goertz and Mahoney,2012)更直观地讨论了它们的根本差异,而蒂姆、鲍姆加特纳与波尔(Thiem,Baumgartner and Bol,2016)则对它们进行了数学处理。

使用统计方法的常见做法是像处理任何其他变量一样处理必要条件。其方法论要点和数学要点是,无论结果如何,这都不是对必要条件假说的检验。

在统计模型中，人们可以把负参数估计（negative parameter estimations）视为潜在的约束因素和最终的必要条件。那么在线性可加性模型中，约束因素什么时候强至必须满足的程度呢？假设在 logit 背景下，当参数估计和 X 的值过大且为负数，以至于其他正 X 值的任何可能组合都不能克服约束因素的负面效应时，就会发生这种情况。

当数据中存在分离时，这种情况最为明显。例如，当二分数据完美符合一个必要条件（即完全分离），并且当该变量被放入 logit 分析中时，对参数的估计基本上是负无穷（Zorn，2005）。显然，所有积极因素的加权总和将不会超过负无穷大，因此该模型在必要条件不存在时预测失败（扩展讨论参见 Goertz，2012）。

当没有分离或接近分离时，很难判断既定的约束在统计分析中是否足够强，是否值得被归为必要条件。在某种程度上，这是因为人们需要一个好的模型，特别是要包括所有相关的积极因素，以确保约束超过积极影响的总和。

分离是统计估计中的一个严重问题。例如，统计软件 Stata 通常只从分析中删除有问题的必要条件。此外，统计方法无法区分充分条件和必要条件：在这两种情况下都会得到相同的参数估计。

然而，从多元方法的角度来看，上述所有原则都成立。

● 需要通过 2×2 表分析来验证潜在必要条件不是充分条件。统计参数估计不能做到这一点。

● 不使用 logit 之类的估计线（estimated line）来选择案例研究。

● 可以使用统计估计来决定哪些 Z 变量的值应该为 1。

● 如果有多个必要条件，则应避免过度决定，尽管这在统计分析中可能非常少见。

负参数估计一般不是必要条件。人们需要查看散点图和 2×2 表来决定约束的强度和位置。如否决者一样的强力约束是必要条件，但许多实质上较弱的负面影响将无法通过必要条件的检验。

大样本数据集几乎肯定会包括缺少必要条件但具有正的充分性因素的案例。这些都是过度决定的案例。其中一些可能是处于统计估计模型线上的案例。然而，这些观察值并不是因果机制案例研究的好对象。

如果 X 是一个必要条件，那么把它放到统计模型中时，微弱的必要条件成为主要例外，因而会产生非常显著的结果。此外，省略的变量通常不是大问题（令人惊讶地）。完美分离的情况说明了这一点：人们可以加或减其他自变量，这不会改变必要条件下的负无穷估计（大规模共线性的情况除外）。

我在这一小节中的讨论主要假定二分变量。一旦有了连续的自变量和因变量，事情就会变得更加复杂。然而，如果理论或因果机制是约束性的，以及如果数据看起来如图 4.3 和图 4.1 所示，则很可能满足必要条件因果机制的基本要求。例如，泽比利斯的否决者数据（Tsbelis，1999）具有其理论的三角形式。[①]

回到前面的一个例子，民主和平始于经验上的发现，即民主国家之间不会发生战争。然而，几乎所有的大样本统计研究都没有将战争作为因变量。在某种程度上，这是为了探明基本的经验发现是否适用于严重程度较低的冲突。但是，如果战争-没有战争是因变量，则通常存在完美的分离（见表 4.1），且 logit 分析会变得非常有问题。使民主和平分析在统计上成为可能的是，尽管民主国家之间也存在某些军事化的争端，但这些争端并不频繁，也不严重。

4.15 研究实践

关于必要条件和约束因果机制的研究实践非常复杂多样。在某些

---

① 有关用连续变量分析约束强度的统计方法的一些具体建议，请参阅 Goertz, Hak and Dul, 2013；有关更多信息，请参见达尔（Dul）的必要条件分析（Necessary Condition Analysis），NCA 网站 http://www.erim.nl/nca，其中包括 R 代码。

领域，比如比较的历史模型和形式模型，很容易找到明确的必要条件假说。例如，拉金(Ragin, 1987)受到巴林顿·摩尔和其他比较历史学者作品的启发，提出了"比较法"。正如我们在这里看到的(例如，泽比利斯)以及将在第6章中看到的，必要条件命题是博弈论和形式建模的常见组成部分。

在案例研究中，必要条件以个案反事实的形式自然出现。通常情况下，案例研究的要点是，如果没有X，结果就不会发生。因此，必要条件、反事实和案例内因果推断之间存在着极为密切的关系。费伦强调案例内因果推断和案例研究之间存在着密切联系：

> 在回顾了文献中的例子和证据之后，我的印象是，在案例研究中，当分析者明确关注对一些事件或现象进行因果解释时，最有可能发现的是反事实在发挥证实性作用。(Fearon, 1991: 180)

我们在跨案例层次上进行必要条件分析，然后使用反事实作为案例内因果推断的核心方法论。

斯托克(Stokke, 2012)在分析巴伦支海(the Barents Sea)捕捞制度的有效性时，提供了一个结合了案例内反事实与跨案例分析方法的极好例子。这也是所有从事多元方法研究的人都要遵循的模式，这种模式不仅包括必要条件，而且还包括针对个案的跨案例分析和反事实的任何多元方法组合。对于斯托克来说，核心的反事实涉及在没有任何捕捞制度的情况下，各种因果因素的取值如何。他接下来使用定性比较分析和模型来评估各种因素对制度绩效的因果影响。他能够评估任何既定因素在任意给定年份中产生的影响有多大，因为：(1)他有明确的生效或失效的定性比较分析模型；(2)他展示了因果因素有反事实的价值。

尽管斯托克确实使用了定性比较分析进行反事实分析，但如果可以使用统计模型来评估关键因果变量的反事实影响，那么同样的原则也适用于使用定性比较分析进行反事实分析(见附录A)。人们需要X和估计模型的反事实值来决定任何既定变量在任何既定个案中的反事实影响。基本的方法论原则与斯托克在定性比较分析中所做的基本相同。

我对 2006—2015 年间在主要期刊上发表的案例研究、比较案例研究以及多元方法研究进行了系统回顾，发现了一些明确的必要条件假说，但数量不是很多。最常见的情况是，学者认为 X 会对 Y 产生显著的负面效应，但没有更具体的说明。以概率为基础的以及隐含的线性的负面假说相当常见。它们的形式是"X 越大，那么 Y 出现的可能性就越小，或者 Y 的水平越低"。

同时，约束因果机制假说也很常见。任何被提出的负向关系都是一种潜在的约束因果机制。如果假说的约束非常强，那么人们可以按照本章描述的必要条件的方法论来解释它。

虽然理论、假说或因果机制可能是一种约束，但有一种倾向是在方法论意义上将其作为一个充分条件。如果学者在统计模型中从负参数的角度进行思考，那么他们倾向于将必要条件视为充分条件。这有可能导致重大的研究设计错误，因为这两者的逻辑尽管在某些方面相似，却具有不同的性质。值得注意的是，Z 变量的处理方式正好相反。

必要条件具有有趣的理论特性和方法论特征。如果适用默认程序，即适用于充分条件和积极的因果机制，那么出现问题就不足为奇了。人们可以在关于选择因变量的文献中看到这一点，在文献中默认遵循金、基欧汉和维巴的建议是没有用的。相反，人们需要非常清楚案例选择的问题，更广泛地说，需要非常清楚检验必要条件和约束假说的方法论。

4.16 结论

必要条件因果机制的一个悖论是，其逻辑推动学者从单元格(0, 0)中进行案例研究。然而，这在研究实践中相对罕见。这种不匹配可能由多种原因造成。单元格(1, 1)是推动一切的一个焦点。学者可能没有意识到充分条件因果机制和必要条件因果机制之间的差异。它们都是"原因"，默认情况下应使用充分性逻辑。

必要条件因果机制方法论与充分条件方法论有一些重要的区别：(1)等效性在充分条件方法论和必要条件方法论中的作用不同。(2)必要条件的微弱性问题，或者反过来说，必要条件的重要性问题起着核心作用；充分条件的微弱性很少引起人们的关注。(3)2×2表中各单元格的排序和作用有一定的平行关系，但也存在显著差异。尤其是，必要条件分析中的单元格$(0, 0)$和$(1, 1)$具有高优先级，而充分条件分析中只有单元格$(1, 1)$具有优先级。

必要条件和约束因果机制提出了一些关于因果关系和对期望发生但未能发生事件解释的棘手问题，尽管这些问题远远超出了本章或本书的范围。有时$Y = 0$被很好地界定，但在其他时候，$Y = 0$则非常宽泛和包容，这种情况下的案例研究可能是有问题的。

在解释方面，我们经常遵循这样的道德哲学，即蓄犯之罪(sins of commission)比疏忽之罪(sins of omission)更糟糕(这在法律体系中通常是正确的)。根据定义，必要条件关乎的是X的缺失，因此它们可以具有这种疏忽性质。

虽然统计模型几乎总是对称的，但必要条件和约束因果机制的存在表明，因果非对称是一个重要的方法论和理论问题。定性比较分析以各种方式接受因果不对称，例如，解释失败的模型可能与解释成功的模型不同。必要条件和约束分析的方法论有其自身的特点，而不仅仅是充分条件方法论的镜像。

5 交互作用因果机制

5.1 导言

本书认为,在研究三联体中,因果机制、跨案例分析和案例研究三者是相辅相成的。第 2 章从因果机制的角度思考了因果复杂性。第 3 章从通往结果的替代路径(即等效性)的角度讨论了因果复杂性。在上一章中我们看到,必要条件和约束因果机制意味着交互作用模型。

实际上,在统计多元方法或案例研究的文献中,没有一篇文章是在交互项假说的背景下分析案例研究的。通常像耶林(Gerring,2007)或利伯曼(Lieberman,2005)这种怀疑交互作用因果机制的学者,要么讲个体变量 X,要么讲整个统计模型。通常在实践中是将 $(X_1 * X_2)$ 作为一个单变量,并使用第 3 章中所讨论的单变量研究流程。但这种对交互作用因果机制的分析是不完整的。

本章关注的因果机制有两个主要的组成部分:X_1 和 X_2,这两部分共同作用产生 Y。本章的关键假定是 X_2 并非控制变量、有争议的理论或范围变量。相反,$(X_1 * X_2)$ 表示一种有两个不同核心部分的因果机制。该理论或因果机制解释了 X_1 和 X_2 如何共同作用产生 Y。

单变量假说无疑是政治学和社会学量化研究的主流形式,但在假说中运用交互项的现象也并不少见(Brambor,Clark and Golder,2006)。即使不是对于所有定性研究,至少就比较历史研究来说,其中的交互项假说比起在统计研究中可能更为常见。

无论是对于统计研究还是多案例研究，确定明确的交互项案例研究方法都至关重要。在默认情况下，定性比较分析生成逻辑"且"的结果，从而将交互项纳入其框架。定性比较分析的核心是交互作用分析：它寻找的是因果组合。相比之下，交互项在统计分析中则是备选项，面临重大的方法论挑战，也很难加以解释。例如，三方交互作用在统计分析中极其罕见，但在定性比较分析结果中却极为常见。鉴于解释（特别是连续的）三方统计交互项有一定难度，它们鲜见于统计分析也就不足为奇了。

从线性代数（即统计）到布尔代数（即定性比较分析），人们对"交互作用"模型含义的解读各不相同。集合论中的"且"和统计模型中的乘法"＊"有很大区别。最简单的标准模型看起来如下：

$$X_1 \text{ 且 } X_2 \rightarrow Y \tag{5.1}$$

$$Y = \beta_0 + \beta_1 X_1 + \beta_2 X_2 + \beta_3 (X_1 * X_2) + \epsilon \tag{5.2}$$

上面两个方程之间有许多差异（见 Goertz and Mahoney，2012，尤其参见 Thiem，Baumgartner and Bol，2016）。例如，方程 5.1 中没有截距，也显然缺少误差项 ϵ。在方程 5.1 中，X_1 和 X_2 的共同作用是产生 Y 的充分条件。对于方程 5.2 来说，情况当然不总是如此。此外，集合论和统计路径在符号上的歧义，可能会让我们在理解 $(X_1 * X_2)$ 上产生困惑。因此，提到集合论的交互项时，我使用"X_1 且 X_2"，对于乘法的交互项，我用"$X_1 * X_2$"。

本章的核心关注点是通过集合论（定性比较分析）路径开展案例研究和多元方法研究。我将注意力主要集中在方程 5.1 上，但也思考了一些关于带有交互项的线性模型的问题。两者之间存在类同和相似之处，也会出现一些相同的问题。

集合论的交互项模型 X_1 且 $X_2 \rightarrow Y$ 实际上是由三个独立的假说组成的：

（1）X_1 是产生 Y 的必要条件。

（2）X_2 是产生 Y 的必要条件。

（3）X_1 且 X_2 是产生 Y 的充分条件。

由于集合论模型包含了必要条件假说和充分条件假说,因此读者应该熟悉前面几章的内容(也就是说,在阅读到这里之前,读者想必已经跳跃式地读过了前面两章)。

方程 5.1 的统计模型同样拥有三个核心假说:

（1）X_1 对 Y 有显著的正向或负向因果效应。
（2）X_2 对 Y 有显著的正向或负向因果效应。
（3）$X_1 * X_2$ 对 Y 有显著的正向或负向因果效应。

这里所有项的正负方向可以是各种可能的组合。对连续交互项的统计解释有些复杂,其效应不是简单的正向或负向,但可以根据 X_i 的范围改变正负方向和/或统计显著性。所有这些都使得在本章中处理统计交互项非常困难。因此,我将讨论限定在统计模型中的二分变量,并对简单而最常见的案例提出假说,这与定性比较分析相似:X_i 对 Y 发生的可能性具有正向效应,且交互项(对 Y 发生的可能性)同样有正向效应。

假定为二分变量的话,除了当 $X_1 = 1$ 且 $X_2 = 1$ 时,乘法交互项为 0。相比之下,定性比较分析将考虑所有四种可能的交互项:$(X_1 = 0$ 且 $X_2 = 0)$,$(X_1 = 0$ 且 $X_2 = 1)$,$(X_1 = 1$ 且 $X_2 = 0)$ 以及 $(X_1 = 1$ 且 $X_2 = 1)$。在线性代数模型中,上述的许多情况都没有被视为交互项。例如,对于 $(X_1 = 1$ 且 $X_2 = 0)$ 而言,上面的方程 5.2 变成了 $Y = \beta_0 + \beta_1 X_1$。统计模型和集合论模型之间有很大差异,两者"交互项"的含义有很大不同。

尽管集合论和线性代数的交互作用模型之间在数理上存在根本差异,但两者有一个关键的相似之处:每个模型都有三项应该将多元方法研究和案例分析联系起来的基本假说。在这两个模型中,我们都需要关注"主效应"(main effects),即具体的项。集合论模型是完全不同的,因为 X_1 和 X_2 在集合论中是必要条件,而在统计模型中它们并非如此。尽管如此，三项假说的基本共同点使某些方法论问题具有了可类比性。

在解读因果机制图时，因果解释的问题再度出现。我们以斯莱特的反革命轨迹理论为例（图 2.8）。对该图一部分的一种可能的解释是：（左派、城市且非社区）→分化。有些箭头意味着"且"，上述箭头则意味着"充分性"。

瓦尔德纳在根据伍德的分析绘制的因果链图（图 2.2）中，明确了每一个节点的值为 1（即"真"），我们可以将"→"解释作为每个框之间的统计交互项。在斯莱特的理论中，交互项包括了混合的 0 和 1。与斯莱特不同的是，瓦尔德纳-伍德的交互项都是 1，这使其更容易应用于统计模型的环境中。与斯莱特的图示（图 2.8）相比较，我们会发现图 2.2 并没有具体说明当一个方框"非真"时会发生什么。可以这样推测：过程一旦停止，结果便不会发生。这将产生一种对交互项的解释：如果一个变量为 0，那么整个交互项为 0。然而，在统计分析中仍然存在提升结果发生可能性的主效应。

简而言之，因果机制图往往意味着具体的交互作用。"→"可以被理解为箭头连接的两个因素之间的交互项。然而，在一种解释中，"→"是"且"关系或相乘（*）关系，虽然这未必是唯一的解释，也未必是作者的解释。关键的一点在于，因果机制图很容易被解读为交互项模型。

5.2　统计模型：乘法交互项

本节探讨统计模型中的"简单因果复杂性"，这是一个乘法交互项。叠加模型在因果上并不复杂。虽然统计模型可能包含许多变量，但通常只强调一个变量的影响。尽管我们可以用数字变量（number variables）来定义因果复杂性，但因果复杂性在这里是指一种变量之间相互的因果机制：联系函数（link function）中的线性模型并没有这里所理解的那么复杂。

当所讨论的假说和理论涉及两个(或更多)核心理论变量时,一个直接的问题(或者至少应该是直接问题)出现了,即应当使用以下哪一种模型:

$$Y = \beta_0 + \beta_1 X_1 + \beta_2 X_2 + \epsilon \tag{5.3}$$

$$Y = \beta_0 + \beta_1 X_1 + \beta_2 X_2 + \beta_3 (X_1 * X_2) + \epsilon \tag{5.4}$$

对于统计分析,我们可以看到作者是否包括了交互项。交互项虽然有用,但事实上起不到决定作用,因为理论和统计模型并非总是相互匹配的。如果仅阅读理论和假说部分,我们就会期待在统计模型中看到不存在的交互项。有时候,作者非常明确地指出了假说具有叠加属性而缺少交互作用属性,例如诺里斯(Norris,2012),但读者还是会想了解其交互项。

简而言之,在有两个或更多核心因果要素的研究中,有时并不清楚变量之间是否存在交互作用,因此也无法明确方程5.3或方程5.4是否适用。这对多元方法研究来说至关重要,因为这两个方程开展案例研究的方式有很大差异。

我们以安塞尔和塞缪尔斯(Ansell and Samuels,2014)对经济不平等和民主之间关系的观察为例。他们的分析秉承了经济因素影响民主制的传统。他们的研究涉及两个核心因果因素:一是(中产阶级崛起和经济增长带来的)收入不平等,二是地权不平等,这两个因素对实现民主化的可能性有很大影响。经济发展带来庞大的中产阶级,但它也导致了更多的收入不平等(至少在经济发展初期)。摩尔(Moore,1966)广为人知的研究强调了资产阶级对民主制的重要性。严重的地权不平等(例如普鲁士容克阶层的出现),意味着存在反对民主的强大经济团体。

表5.1重现了安塞尔和塞缪尔斯的基本假说。一个自然而然的问题是,这两种形式的不平等之间是否存在交互作用,或者说这是否为一个明确的叠加模型。仅观察表5.1,就会知道叠加模型是对这两类不平等正确的理解。如果 X_1 或 X_2 是必要条件,那么"中"单元格则将为"低概率"。事实上,X_1 或 X_2 的存在将民主化实现的概率提高到了中等水平。

表5.1　收入与地权不平等：民主化的可能性

	地权轻度不平等	地权严重不平等
收入轻度不平等	中	低
收入严重不平等	高	中

资料来源：基于 Ansell and Samuels，2014：table 1.1a。

此处的交互项意味着在叠加效应之外，民主实现的概率额外地提升了。将这句话用文字表述出来，需要"几乎肯定"或"极高"这样的术语来描述"高"单元格。

由于安塞尔和塞缪尔斯主要使用统计分析，因此可以检查这些统计分析中是否存在交互项。在其统计分析中（Ansell and Samuels，2014：chapter 5)该模型不具备交互项。因此我们可以基于多种理由（包括对文本进行仔细检查）得出两者间没有交互作用的结论。[①]

当运用叠加因果机制时，除了第3章讨论的因果机制案例研究外，几乎不需要其他方法。表5.2重现了安塞尔和塞缪尔斯的"示范"案例。遵循第3章的逻辑，我们将分别探究每种不平等形式的因果影响，根据避免过度决定的指导方针，选择缺少另一种不平等形式的案例。

表5.2　收入与地权不平等：案例实例

	地权轻度不平等	地权严重不平等
收入轻度不平等	韩国-1970	德国-1900，中国-1880
收入严重不平等	英国-1900，瑞典-1900，中国-2010	巴西-1985

资料来源：基于 Ansell and Samuels，2014：table 1.1b。

然而，英国作为安塞尔和塞缪尔斯主要的案例研究对象，同时具有两个因果要素。具有其中一个因果要素而缺少另一个因果要素的案例，在案例研究中仅占据了一页左右的篇幅。如果他们事先假设具有

[①]　我们可以，也应该检测这一形式模型。鉴于他们使用了不同的计算模型，所以很可能是存在交互效应的。这是因为涉及核心因果要件的偏导数（partial derivatives)并不恒定，而在叠加模型中则会是恒定的。

交互效应的话,那么对英国进行案例研究才具有相关意义。只审查案例研究选择的话,我们的结论是,该机制中存在交互效应。

三个 β 表明了方程 5.4 中有三项核心假说,那么就至少需要开展三项案例研究来分别探索每一项假说。正如附录 A 中讨论的,统计模型和案例研究之间常常脱节。安塞尔和塞缪尔斯的研究之所以会有模糊性,是因为案例研究针对的是 $X_1 * X_2$ 案例。假如理论中包含交互项,研究者就会选择这种案例开展研究。

总之,对于统计多元方法研究而言,弄清楚其是否包含交互项非常重要。如果统计分析中有交互项,那么通常该分析就不会是模棱两可的。然而,当没有交互项时就不那么明确了。假说和理论的措辞可能强烈暗示着交互项的存在。

出色的统计多元方法研究明确地将统计模型与案例研究连接起来。如果存在两个(或更多)核心理论变量,那么我们就应该探讨其交互效应。如果从理论上看交互作用没有理由存在,那么是否存在这种关系就需要进一步讨论。案例研究则需要体现在叠加或交互作用因果机制的各个部分。$X_1 * X_2$ 案例研究的重点是探索 X_1 和 X_2 如何交互作用,而不是 X_1 和 X_2 的主效应。

5.3 成因模型

安塞尔和塞缪尔斯阐明了在统计分析中占据主导地位的、常见的叠加线性模型。思考它在集合论中所对应的事物非常有用,我将其称为"成因模型"(contributing factor model),将其中线性代数中的"+"称为集合论中的"或"。

尽管定性比较分析的文献没有对此展开讨论,但可以设立一个完全不存在必要条件的、纯粹的充分性模型,通常就是没有 INUS 原因且没有必要条件的模型。在概念构建中的因果关系领域,这与家族相似性模型是明确类似的。根据定义,家族相似性意味着一种没有设置必要条件的充分性。例如，一个简单的家族相似性模型是：

$$[(X_1 或 X_2 或 X_3) \geqslant 2] \rightarrow Y, \ X_i \in [0, 1] \qquad (5.5)$$

实现"或"的一个最简单的办法是将其解释为加法。尽管定性比较分析使用了"或"的最大值，但仍有一些变体（例如方程 5.5）使用加法来解释"或"。这与 logit 模型类似，其中如果自变量的加权之和（按 β 计）大于 0.50，则预计 Y 会发生。

方程 5.5 中的 X_i 是"成因"：它们有助于充分地产生 Y，但通常它们既不必然也不足以单独产生 Y。这正是应用于因果方程的家族相似性概念。对于二分变量来说，它是对象属于概念集的"n 分之 m"规则；在方程 5.5 中即 2/3 规则。

简而言之，当思考 X_i 的充分性效应时，应该考虑两个可能的模型：

INUS：　　　　　　　X_1 且 $X_2 \rightarrow Y$

成因、家族相似性：　　X_1 或 X_2 或 $X_3 \rightarrow Y$

通过思考 X_i 变量（即 X_1、X_2、X_3），我们可以直观了解成因模型在实践中的可能表现。如果几乎所有 (1, 1, 0)(1, 0, 1) 和 (0, 1, 1) 案例都是 $Y = 1$ 案例，那么可能是成因模型生成了这一结果。需要注意的是，这里不存在必要条件，因为 Y 发生在 $X_i = 0$ 时。如果 (0, 0, 1)(0, 1, 0) 和 (1, 0, 0) 这三行是没有发生 Y 的案例，成因模型甚至可能会产生更有力的效果。这表明 X_i 的充分性效应不足以单独产生 Y，我们还需要考虑其他原因。

那么所有这些与案例研究和多元方法研究有什么关系呢？如果我们的因果机制有两个核心构成部分 X_1 和 X_2，我们需要明确这两部分如何共同作用并产生 Y。在案例研究选择上，带有必要条件的、常用的定性比较分析模型，与成因模型是不同的。在有必要条件的模型和没有必要条件的模型之间，多元方法逻辑存在差异并不奇怪。在这两个案例中，我们都想分析 X_i 的充分性效应，但这意味着不同的路径选择：在一个案例中，因果机制包括了"且"；在另一个案例中则是"或"。

5.4 类型学理论

双向表和 N 向表是呈现有多个自变量理论的常见工具。基于唐宁(Downing,1992)关于近代早期专制和民主政权产生原因的著名研究,表5.3 阐明了这一点。与表5.1 一样,我们拥有了自变量所有四种可能的组合,以及唐宁在理论中认为应该发生的情况。

表5.3 交互作用理论:唐宁的专制与宪政理论

	高福利水平	
	必需的国内经济	其他可利用的资金
军事-官僚专制 保留宪政	普鲁士、法国 波兰、荷兰共和国、瑞典	英国(1688—1713)

	低福利水平	
	必需的国内经济	其他可利用的资金
军事-官僚专制 保留宪政		英国(—1648)

资料来源:基于 Møller and Skaaning, 2015:table 1。

唐宁(Downing,1992)解释了为什么一些欧洲国家走向了他所称的"军事-官僚专制",而中世纪的宪政制度在16 世纪军事革命爆发后在另一些国家得以保留。为了解释不同的演进方式,唐宁提出,军事革命后的战争烈度至关重要。唯有高水平战争才要求国家转向专制,因为强烈的地缘政治压力需要大量财政资源。一些国家(例如荷兰)有能力利用外部资金。其他国家(例如法国)则不得不动员国内税收来支付战争开支。只有在不得不动员国内经济来资助战争的情况下,军事-官僚专制才是必然的回应方式。

许多著名的且常被讨论的比较历史著作,都涉及了两个或更多变量之间的交互关系。以下是一些核心交互假说的示例,由唐宁的研究开始。因为它们都是理论和方法论文献中众所周知的例子，所以我将不对细节展开具体描述：

唐宁(Downing，1992)：高水平的战争与来自国内的战争资金，是建立一个军事专制国家的充分条件。

埃特曼(Ertman，1997)：第一次世界大战前政党为核心的政治与强大的公民社会，是维持两次世界大战之间民主稳定性的充分条件。

鲁伯特(Luebbert，1991)：第一次世界大战前的自由主义霸权与非红-绿联盟是形成自由主义民主的充分条件。非自由主义霸权与非红-绿联盟是形成法西斯主义的充分条件。

斯考切波(Skocpol，1979)：国家崩溃与农民起义是催生社会革命的充分条件。

在解释例如表 5.3 这样的表格时，有两个相互关联的问题：第一，两个核心自变量之间是否存在交互关系？第二，必要条件和充分条件的集合论术语是否可以用来解释此类表格？

如果用集合论来解释是可行的，那么前一个问题的答案也是肯定的，即自变量之间一定存在交互关系。安塞尔和塞缪尔斯的例子阐释了学者可能会(1)拒绝交互项，以及(2)拒绝用集合论来解释变量及其之间关系。

那么，应该如何理解表 5.3，以及与之类似的、可用于比较历史研究的表格？不出所料，我的答案是将两种方法论文化合二为一。因为我们在讨论比较历史分析，因此默认的解释来自集合论路径，这其中的每一项内容都是必要条件，将它们联合在一起就构成了充分条件(见 Mahoney，2003)。

因此，我们需要对表 5.1 和表 5.3 这样模糊的表格展开进一步解读。在比较历史研究中［请参见莫勒和斯坎宁(Møller and Skaaning，2015)关于许多实例的精彩讨论］，这些类型学得到了集合论的解释。当理论中有两个或三个核心自变量时，统计学中并没有明确的默认解释路径。

表 5.3 所表现的理论通常会形成理论类型学,其中的类型划分是自变量之间所有可能的组合。然而,我们需要对这些类型学的因果结构进行额外的解释。通过探查如何展开因果反事实分析,我们可以看到类型学理论的因果模糊性。例如,在同时包括原因和结果的(1, 1, 1)关键单元格中,如果没有对基本的因果模型做出进一步假定,对于过程追踪等路径,我们就无法提出反事实。

乔治和本内特(George and Bennett,2005)提出了"类型学理论",以此作为思考因果复杂性的工具(另见 Elman,2005):

> 我们对类型学理论的定义如下:它详细界定了自变量,将这些变量划入研究者要测量的案例及其结果的类型中,它不仅提供了这些变量如何单独发挥作用的假说,而且提供了有关这些变量特定的结合或构型,及其如何、在什么条件下得以表现,从而对特定因变量产生影响的有条件的通则。我们将变量以特定方式的结合或构型称为"类型"。一个经彻底界定的类型学理论,提供了关于某一现象的所有在数学上可能的类别的假说,或者借用拉扎斯菲尔德(Lazarsfeld)使用的术语,这一理论提供了完整的"属性空间"(property space)假说。(George and Bennett,2005:235)

"关联"(conjunctions)是所有自变量之间的交互关系。对于每一种类型(即表中每个单元格所有可能的交互项),类型学理论都会预测一个结果。

需要对类型学理论加以解读。很明显,根据乔治和本内特的说法,我们确实有交互项。在统计方法中我们没有的是(1)主效应和(2)更低水平的交互项。因此方程 5.4 无法有力解释类型学理论的结构。

类型学理论和定性比较分析之间也有显著区别。典型的定性比较分析有以下两个特征:(1)不涉及所有变量之间的交互作用关系;(2)在最终方案中仅包含少数几种变量组合或构型。定性比较分析的目的是,使用布尔算法来减少所有变量组合的复杂程度,以及减少每种类型或路径中项的数量。

在讨论类型学理论时，我们并不清楚是否应该将其解释为充分和必要条件。乔治和本内特很少使用集合论的术语，他们对定性比较分析的介绍，是在一个探讨其他许多定性方法的章节之中。对于类型学理论和定性比较分析，莫勒和斯坎宁将它们视为彼此相关但相互独立的两种方法：

> 尽管类型学理论在许多方面可以被视为简化版的定性比较分析，但两种方法之间也存在一些重要区别。首先，虽然类型学理论包含了许多最初由拉扎斯菲尔德设计的简化策略（Lazarsfeld and Barton，1951；同见 Elman，2005），但它并没有采用定性比较分析的操作工具，包括布尔最小化和逻辑余数的形式化运用（即未观察到的构型）。其次，与定性比较分析相比，解释性类型学可以同时产生多个积极的结果。（Møller and Skaaning，2015：24—25）

相比之下，比奇和罗尔芬（Beach and Rohlfing，2015）则处于一个中间立场："专注于定性比较分析有其合理性，但这忽略了类型学理论作为另一种集合论的跨案例方法，而这项方法近期得到了越来越多的关注。"（Beach and Rohlfing，2015：3；待出版，强调为我所加）尽管类型学理论很可能被解读为集合论，但并非必然如此。

第2章提出了因果机制间的重叠问题。类型学理论表格的每一列都构成了一个单独因果机制，由自变量的不同值构成。因此，尽管在图2.8中斯莱特的因果机制没有涉及不同因果机制之间的重叠问题，但类型学理论却出现大量的因果机制重叠现象。通常情况下，当每个因素等于1时，该研究处于成功与失败的交叉路口上。

我们必须从理论上（或使用定性比较分析案例中的最小化算法）确定一组因果机制是有一处还是多处重叠。不能提前论定重叠度高或低就是好的。然而，重叠的数量和性质的确具有重要的方法论意义。

简而言之，理论类型学和多向表需要更加具体化。如果一个理论中有两个以上的核心因果变量，研究者将不得不决定将如何组合变量，以及(如果有两个以上变量)要组合哪些变量。在线性代数中,变量的组合形式包括叠加或乘积。在布尔代数中,这些变量通过逻辑关系"且"和"或"进行组合。显而易见的是,对于给定数量的自变量,应该还有其他方法可以将其组合起来(例如本书第 6 章的主题:博弈论)。

我会在本章接下来的部分重点讨论交互项的集合论方法。很多结论都适用于统计模型中的乘法交互项,但我不会对此做深入的探讨。

5.5 案例选择:X_1 且 $X_2 \rightarrow Y$ 模型

有人可能会提出,针对交互项 X_1 且 X_2,与针对(定义为 X_1 且 X_2 或统计模型中的 $X_1 * X_2$ 的)单变量 I,两者之间案例选择和多元研究的方法论并无重大区别。因此,我们需要运用第 3 章提出的方法论。尽管可以探讨 X_1 和 X_2 在产生 Y 时发挥的作用,不过基于方法论的目的,我们在此只使用组合变量 I。这是人们在多元方法研究实践中的常用做法。案例分析为 $(1,1)$ 案例,其中 X 现在是组合项 I。然而,这完全忽视了交互项中所暗含的假说,因此不足以全面检验因果机制。

我们不再采取第 3 章和第 4 章中的 2×2 表,现在有八个单元格(见表5.4),每个单元格都是 X_1、X_2 和 Y 的不同构型。就 X_1 且 $X_2 \rightarrow Y$ 这一模型而言,我们至少有三个核心假说,其中两个假说是 X_i 是产生 Y 的必要条件,另一个是 X_1 和 X_2 共同构成产生 Y 的充分条件。

$(1,1,1)$ 单元格自然是我们关注的焦点。这一单元格所对应的是充分条件的因果机制。在实践中,当学者只开展一项案例研究时,他们会趋向于这类案例。该单元格的逻辑成了大多数应用研究的默认路径,这些研究将"X_1 且 X_2"视为一个单一变量。

有两个必要条件假说嵌入了 X_1 且 $X_2 \rightarrow Y$ 模型。因此,我们在前一章所讨论的原则依然适用。必要条件的因果机制案例是 $(1,0,0)$ 和 $(0,1,0)$ 单元格。$(1,0,0)$ 单元格是 X_2 作为产生 Y 的必要条件的因果机制。$(0, 1, 0)$ 是假说"X_1 是必要条件"的因果机制单元格。我们可以在失败案例(即 $Y=0$)中清楚地观察必要条件。遵循避免过度决定的指导方针来确定必要条件，意味着其他必要条件值应为 1。

表 5.4　案例选择的多种可能性：X_1 且 $X_2 \rightarrow Y$ 模型

X_1	X_2	Y
1	1	1
1	0	1
0	1	1
0	0	1
1	1	0
1	0	0
0	1	0
0	0	0

简而言之，$(1, 1, 1)(1, 0, 0)$ 和 $(0, 1, 0)$ 是因果机制单元格。

除了 2×2 表，我们还有证伪单元格。对于必要条件而言，证伪单元格是 $(1, 0, 1)$ 和 $(0, 1, 1)$。在这些情况下，Y 在缺少 X_i 时发生了。

充分条件的证伪单元格是 $(1, 1, 0)$。该单元格中存在两个因果变量，且结果并没有发生。

$(0, 0, 1)$ 单元格是探索等效性最清晰的案例。两个因果因素都不存在，而发生了结果，那么我们认为至少还有另外一种路径来解释 Y 的发生。

其他 $Y=0$ 的单元格都较为模糊，并不直接涉及三个核心假说。例如，$(1, 0, 0)$ 单元格意味着 X_1 不是 Y 的充分条件，但这与起初的假说不符。同样的逻辑也适用于 $(0, 1, 0)$ 单元格。

不出意外的是，$(0, 0, 0)$ 单元格起到的作用十分有限，它对充分性没有意义，且对必要条件 X_1 和 X_2 来说存在过度决定的问题。

综上所述，对于 X_1 且 $X_2 \rightarrow Y$ 模型而言，我们可以将案例选择的基本原则应用于其充分条件和必要条件中。

5.6　使用个案内变化分析交互作用模型

在比较案例研究中,一种常见的方式是对研究兴趣的关键变量进行案例对照。在使用交互作用理论(即 X_1 且 $X_2 \to Y$ 及其所有隐含的假说)时,案例对照使开展跨案例研究变得更加复杂。

利用案例内随时间产生的变化是一个非常有吸引力的选项。阿克图尔克提供了一个很好的例子。他的基础模型是 X_1 且 X_2 且 $X_3 \to Y$,并且他非常明确地认为这是一个集合论模型:

> 我认为,如果[X_1]对特定族群政策不满的选区的"反精英力量"(counterelites)上台执政,[X_2]他们采取了与族群和族性有关的"新话语",并且[X_3]获得了"霸权性多数"地位,他们就可以改变国家的族群政策。这三个因素各自是发生变化的必要条件,它们共同作用则是发生变化的充分条件。(Aktürk,2011:117)

> 这三个因素无论何时统一起来,族群政策都会发生变化。缺少其中任何一个因素都不会发生变化,并且一贯如此。(Aktürk,2011:134)

他选择了三个案例:苏联/俄罗斯、德国和土耳其,并追踪了上述三个变量的跨时变化。其基本逻辑非常清晰:只有当三个变量同时出现时,变化才会发生。他在案例研究中认为,这三个国家都符合这一逻辑。

对 X_1 且 $X_2 \to Y$ 模型的分析来说,关键在于(1, 0)或(0, 1)案例中发生的情况。由于阿克图尔克是在随时间变化追踪变量,因此他的大量分析所处理的都是在缺少某些必要条件因素时,不会发生的事情。

集合论方法的核心是个别因素的充分性效应。反过来说,这意味着对某个变量微不足道或相对不重要的说法做出回应。阿克图尔克利用他的过程追踪分析来探索这种异议。对于像"与族群有关的新话语"这样的社会建构主义变量,一些人可能认为这一因素起不了什么作用,而认为现实主义变量"霸权性多数"非常重要［见在案例研究的背景下关于此类争论的许多举例(Goertz and Levy，2007)］：

> 我认为，"掌权"(即上台执政)和改变本国族群政策的意图，并不足以改变这些政策。不同的案例研究已经屡次证明了这一点。执掌德国政权十三年(1969—1982)的社会民主党(SPD)-自由民主党(FDP)联合政府完全有理由改变国籍法，或者至少迅速归化移民，但基督教民主联盟(CDU)-巴伐利亚基督教社会联盟(CSU)所组成的反对派以及当时的主流话语，成功阻止了这一变动的发生。(Aktürk，2011:136—137)

因此，虽然权力变量长期取值为 1，但话语变量则取值为 0。因为多年以来话语阻止了变革的发生，所以话语因素非常重要。

尽管阿克图尔克开展了三项案例研究，但所有因果论证都是通过个案内因果推断而生效的。这三项案例研究都多少证明了因果机制在多种情境中起作用。没有哪项因果推断是基于跨案例比较形成的。

纵向追踪是一种常见的方法。约翰·金登(John Kingdon)在他极具影响力的著作《议程、备选方案与公共政策》(*Agendas，Alternatives，and Public Policies*)中采用了这一方法。他提出了一个论点，即有三种流程(X 变量)，当它们彼此相交叉时，所形成的项目便进入议程。他追踪了卫生和教育等政策领域随时间变化的变动，并提出这一主张。因此，尽管要对 X_1 且 $X_2 \rightarrow Y$ 模型开展实证分析的话，跨案例比较是一个完全有可能的选项，但对个案内的变化进行长期过程追踪往往更有意义。

5.7　X_1 和 X_2 的相对重要性对比

鉴于研究者在 X_1 且 $X_2 \rightarrow Y$ 模型中并未将 X_1 和 X_2 视作单一变量，这意味着 X_1 和 X_2 是独立且重要的，足以对其单独考虑。如果最终的模型是由定性比较分析软件生成的,讨论 X_1 或 X_2 哪个更重要通常没有意义。然而,如果从理论取向出发,理论家很有可能不会将它们等同视之。实际上,相反的情况更常见:学者们视一个变量比另一个变量更重要。

曼斯菲尔德和斯奈德(Mansfield and Snyder, 2005;更多讨论见第7章)提供了一个很好的例子。在他们的统计分析中,有一个"弱制度"和"民主化"之间的交互项。毫无疑问,"民主化"是他们最感兴趣的因素。同样地,大多数人关注斯考切波提出的国家崩溃因素,而忽视了农民起义这一必要条件。

在 X_1 且 $X_2 \rightarrow Y$ 模型中,X_1 和 X_2 的相对因果效力可以有两种意义上的变化:一种是跨案例,另一种是个案内。跨案例的基本规则是,出现频率最低的因素更重要(见 Mahoney and Goertz, 2004,以及 Goertz and Levy, 2007 的细致讨论)。例如,马奥尼和我的结论是,对于斯考切波的研究而言,农民起义这个变量其实在实证中更重要。

表 5.5 提出了一个假设场景,其中就跨案例而言,X_2 的重要性明显高于 X_1。这些数据与马奥尼和我对斯考切波《国家与社会革命》的分析(见表 5.6)非常接近。里面有三个正向结果和七个负向结果。虽然两者在这里都是必要条件(数据完美拟合了 X_1 且 $X_2 \rightarrow Y$ 模型),但 X_2 显然比 X_1 更重要,因为 $X_2 = 1$ 发生的频率低于 $X_1 = 1$。

表 5.5　在 X_1 且 $X_2 \rightarrow Y$ 模型中 X_1 较之 X_2 的相对重要性(假说数据)

X_1	X_2	Y
1	1	1
1	1	1
1	1	1
1	0	0
1	0	0
1	0	0
1	0	0
1	0	0
0	1	0
0	0	0

资料来源:每一行都是一个案例。

表 5.5 是 X_2 较之 X_1 更为重要的跨案例证据。当进行个案内因

果分析时，这一假说需要直接解决的问题是：个案内分析是否支持跨案例证据？

在案例研究或多元方法文献中，个案内研究所具有的相对重要性尚未得到应有的重视。我们需要思考的是，在必要条件模型 X_1 且 $X_2 \to Y$ 中，什么因素更能够影响 Y 的最终取值。其规则是取 X_1 和 X_2 的最小值。也就是说，在每一个个案中，最小值才是最重要的。

我们可以立即将它与成因模型进行对比，在成因模型中最大值才是最重要的。[①]我们可以从逻辑"或"聚合的标准规则中看到这一点，此时因素取最大值。

必要条件对于解释 Y 未发生非常有用。这与当有多个必要条件时取最小值的现实相符（如模糊逻辑变量）。仅一个 X_i 取低值意味着 Y 也应该取低值，在极端情况下，当 $X_i = 0$，那么 Y 也必须等于 0。

图 5.1 用标准的模糊逻辑散点图阐明了这一点。虽然原则上应该以三维空间图来表示，但二维图像的效果也很好，特别是所有要素都分布在同样的 $[0, 1]$ 范围内。a_i 和 c_i 取值不同会使 X_1 和 X_2 变量产生不同的组合，例如 (a_1, a_3) 或 (a_1, c_4)。

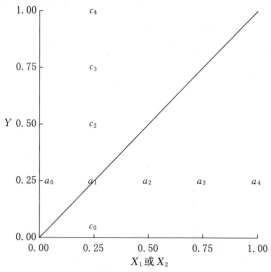

图 5.1　选择案例：X_1 且 $X_2 \to Y$ 模型

----

① 过度决定可能会带来一些复杂性问题，但不会带来根本性的改变。

在观察$(a_1，a_4)$时对比这两个点,可以看到相对重要性是如何起作用的。就X_1且$X_2 \rightarrow Y$模型而言,$a_1 < a_4$,因此$Y = a_1$。对于这种情况,a_1是最重要的因素。

正如前一章所介绍的,如果我们的关注点是必要条件X_1,那么如果可能的话,应该取X_2的高值。就图5.1而言,组合$(a_1，a_4)$是比$(a_1，a_2)$更好的选择。从反事实的角度看,这也是一个更好的选择。个案内分析应该明确提出模型所隐含的反事实假说:如果X_1是a_4而非a_1,结果将大不相同。

最重要的案例选择规则是选择(1,1)案例探索因果机制。在X_1且$X_2 \rightarrow Y$中,选择(1,1,1)案例有两个单独的考虑。X_1且$X_2 \rightarrow Y$模型实际上包含三个假说,其中两个假说与必要条件相关,另外一个则与共同达成充分性相关。对于模型X_1且$X_2 \rightarrow Y$来说,我们更倾向于(1,1,1)附近的案例,原因之一是可以对必要条件进行个案内反事实分析。因此,如果想要用一个案例得到全部三个假说,那么因果机制单元格是显而易见的选择。靠近(1,1,1)的案例对评估X_1且X_2的充分性效应至关重要。个案内分析的核心是各个因素在产生Y中所起的作用(及其相对作用)。

然而,我们需要仔细观察X_1且$X_2 \rightarrow Y$模型所蕴含的必要条件假设,以及X_1和X_2哪一个更重要。前一章的结论之一是,为了探查必要条件,应该选择支持其他关键因果条件的案例。当开展三个或三个以上案例研究时,这就成了一条明确的指导方针。对必要条件假设的具体探讨应该使用额外的案例。选择一个案例,其中X_1的值高,X_2的值低,因此Y的值低;再选择一个案例,X_1的值低,X_2的值高,因此Y的值低。这两个案例是位于$Y = 0$附近的因果机制案例。这使研究者能够在实际案例中看到必要条件,而不是(1,1,1)单元格所生成的反事实条件。

同样的问题也出现在运用最小值的个案内分析中。模糊逻辑的最小值决定了相对重要性。然而一旦深入细节,就无法保证因果过程追踪支持这一结论。

综上所述,X_1且$X_2 \rightarrow Y$的个案内分析应该始终涵盖以下几个要点:

（1）X_1 且 X_2 如何共同产生 Y，它们的共同充分性。

（2）X_1 与 X_2 的充分性效应，特别是它们在充分性方面的相对重要性。

（3）为什么 X_1 或 X_2 的缺失会阻止 Y 的发生，或降低 Y 的水平。

对于个别问题而言，一些案例研究显然比其他案例研究的相关程度更高，仍需在所有的案例研究中应对上述议题。特别要时刻牢记个案内的反事实。许多关于多元方法和比较案例研究的文献都强调了个案内反事实分析的重要性。环箍测试是关于必要条件的，而冒烟枪检测则与充分性有关。因此，个案内分析需要明确使用这些类型的检验。

5.8　证伪案例

证伪案例在第3章和第4章提出的方法论中扮演了重要角色。这些章节只用了二分变量，即 2×2 表。本节探讨模糊逻辑中的证伪，即连续因素情境中的证伪。图 5.2 列出了模糊集必要条件的一些基本问题。

在模糊逻辑中，证伪是一个连续的概念。在普通最小二乘法中，其基本思想是：随着与 OLS 线距离的增加，证伪程度也随之增加，即残差大小是测量证伪程度的标准。测量证伪所使用的函数是到直线的平方距离，这一函数正如其名"普通最小二乘法"。使用其他函数测量证伪程度也是可能的甚至是可取的，比如到（函数）线的绝对距离，这一函数生成了贯穿数据的中位线（median line）。

模糊逻辑证伪这一概念的运行思路基本相同。在模糊集理论中，斜线是常见形式，如图 5.2。必要条件的证伪概念依托于证伪案例到线的距离。所有在斜线内或下方的案例都符合必要条件假说。只有在斜线上方的观察值是潜在的证伪案例[见拉金（Ragin，2008）或施奈德和瓦格曼（Schneider and Wagemann，2012）的讨论]。

证伪程度随着与对角线距离的增加而增加。例如图 5.1 中的 c_2、

c_3、c_4 几个点证伪了一个必要条件假说。模糊证伪概念的问题是：证伪点与斜线之间的线性距离与"证伪"这一概念有什么关系？模糊逻辑概念通常涉及把一些初始数据（例如，人均 GDP）进行转化或校准（calibration），从而成为像"贫穷"这样的模糊逻辑概念：人均 GDP 数据与"贫穷"这一概念有何关系（Ragin，2008）？

默认的模糊逻辑校准函数[或格尔茨和马奥尼（Goertz and Mahoney，2012）所说的语义转换（semantic transformation）]为 S 曲线[更多讨论见拉金（Ragin，2008）]。该 S 曲线的基本理念是，斜线上方的点完全无法证伪[格尔茨和马奥尼（Goertz and Mahoney，2012）称之为不重要变化（unimportant variation）原则]，因此在图 5.2 中，斜线上方 0.10 处有一条虚线。在这一区域，模糊逻辑证伪概念的隶属值（membership value）为 0.0，即这些观察值完全无法证伪。因此，它们在实践中构成了与必要条件相符的案例。

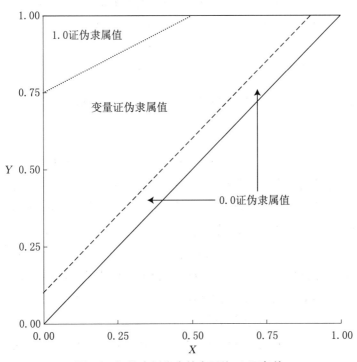

图 5.2　证伪案例集中的隶属值：必要条件

另一端靠近($X=0$, $Y=1$)的点是强力的证伪案例，例如图 5.1 中的 c_4；它们在证伪必要条件假说的案例集合中，其隶属值为 1.0。为了便于说明，如果观察值位于虚线的上方，就是（隶属值）1.0 的证伪案例。图 5.2 中的虚线划出了一个明显的证伪区域。

在非证伪与完全证伪的区域之间，考虑证伪概率随着线性距离（虚线和虚线之间的线性距离）的增加而增加，这样做非常简单。这就给出了一条大致的 S 形曲线（也可以称为 Z 形）。我们可以让这条曲线变得更平滑（见 Ragin，2008），但这在图 5.2 中几乎不会产生什么变化。

同样的逻辑可应用于充分条件中。模糊逻辑的充分条件被定义为 $Y \geqslant X$，即所有的观察值都应该处于斜线内或上方区域。我们将相同的基本证伪函数应用于可能用来证伪充分条件假说的案例。

由于包含了必要条件和充分条件，X_1 且 $X_2 \rightarrow Y$ 模型对数据提出了非常明确的要求与主张：它们必须位于斜线之内。这些是满足必要条件（$Y \leqslant X$）和充分条件（$Y \geqslant X$）的仅有案例。与普通最小二乘法类似的方法是，要求模型的 R^2 值接近 1.0（这种情况在实践中极为罕见）。

5.9 X_1 且 $X_2 \rightarrow Y$ 模型：《国家与社会革命》

探究一个 X_1 且 $X_2 \rightarrow Y$ 模型的实证示例对我们非常有用。我们可以选择斯考切波在《国家与社会革命》中的著名分析作为讨论对象。我重点关注 X_1 且 $X_2 \rightarrow Y$ 这类模型的核心部分，但该书的完整模型显然要复杂得多［更完整的分析见格尔茨和马奥尼（Goertz and Mahoney，2005）］。基于阅读斯考切波的分析，我们对三个模糊逻辑变量进行编码，表 5.6 给出了这些变量及其编码。这些编码当然可以供讨论使用，值得注意的是，当社会革命没有发生时，"不发生"的程度就会出现更多问题。出于方法论讨论的目的，我使用了这些数据。

X_1 且 $X_2 \rightarrow Y$ 的模糊模型对数据提出了非常明确的要求：为了通过必要性和充分性检验，数据必须位于 45 度斜线上。在一定程度上，远离斜线可以证伪必要条件或充分条件的假说。

表 5.6 《国家与社会革命》的 X_1 且 $X_2 \to Y$ 模型

国　家	国家崩溃	农民起义	国家崩溃且 农民起义	社会革命
法　国	1.00	1.00	1.00	1.00
1917 年的俄国	1.00	1.00	1.00	1.00
中　国	1.00	0.75	0.75	1.00
英　国	1.00	0.00	0.00	0.42
1905 年的俄国	0.50	1.00	0.50	0.33
德　国	0.25	0.50	0.25	0.17
普鲁士	0.75	0.50	0.50	0.25
日　本	0.75	0.00	0.00	0.42

先考虑假说,即 X_1 且 X_2 是社会革命发生的充分条件。这意味着将"国家崩溃且农民起义"这一列与"社会革命"这一列进行对比。

对于其全部三个正面案例,斯考切波的模型是完美的充分性假说:法国、1917 年的俄国和中国都满足社会革命发生的要求,即社会革命大于或等于国家崩溃"且"农民起义。对于社会革命没有发生的案例(即社会革命的值小于 0.50),英国和日本满足充分性要求,但 1905 年的俄国、德国和普鲁士则没有。

要想实现充分性,Y 必须大于 X,但 1905 年的俄国是个例外,即 0.33(社会革命)小于 0.5。将其置于图 5.2 来看的话,俄国堪堪可以作为一个证伪案例,与 0.17 相对于 0.25 的德国一样。普鲁士的案例则有部分证伪性,其"社会革命"的值为 0.25,"X_1 且 X_2"的值为 0.5。总之,根据图 5.2 的逻辑,充分性假说的所有证伪案例都是勉强的证伪案例或弱证伪案例。

而对必要条件假说来说,X 大于或等于 Y 是基本要求。所有 9 个国家崩溃的案例都是如此。

在农民起义的案例中就存在证伪案例。例如,英国和日本在农民起义上的值为 0.00,但社会革命的值为 0.42。英国的案例说明了约束模型及其证伪的逻辑。根据理论,完全缺少农民起义对社会革命的发生应该有很强的约束效应。但是在英国的案例中，它并没有产生理论所预期的约束效应(日本也是如此)。

就图 5.2 而言，英国和日本对于农民起义是重要的证伪案例。根据界定，X 应该大于 Y，但这两个案例中社会革命(Y)的值为 0.42，而农民起义(X)的值为 0.00。它们可能是整个模型中最有说服力的证伪案例。

对于社会革命发生国家的农民起义，中国是一个不完全的证伪案例，这一点或许更为重要。

> 分析者此前就斯考切波(Skocpol，1979)对中国农民起义问题的处理提出过担忧，认为这与她的理论并不完全一致。斯考切波认为，在革命期间，中国共产党实现了农民高度自主、高度团结的创举。如果把这些组织性行动考虑进去，在中国案例中农民起义变量的值可能被视为 1.00。(Goertz and Mahoney，2005:529)

对于充分性假说进行因果机制分析的话，哪些是好的案例？ 显然，法国和 1917 年的俄国最能验证这一充分性假说，它们是(1, 1, 1)案例。

对于必要条件来说，什么是最佳的因果机制案例？ 对于 X_1 而言，最佳的因果机制案例应遵循以下几个基本规则(见图 5.2)：(1)X_1 靠近 0；(2)X_2 靠近 1；(3)Y 靠近 0。

因此对于发生农民起义的必要条件，英国是一个还不错的因果机制案例。结果变量是一个较高水平的未发生值(即 0.42)。在理想的状态下，这个数值应该接近于 0，但是，0.5 的农民起义值和 1.0 的国家崩溃值之间的强烈反差(优于日本这一相似案例)，使英国成为一个更有力的检验案例。由于约束作用没有理论预测的那么强(这使其也成为一个证伪案例)，所以这是一个模棱两可的案例。

其他案例中农民起义的取值为 0.50 或 1.0。德国的案例不符合避免过度决定的指导方针，因为它在国家崩溃上的值很低，只有 0.25。普鲁士则是一个更好的案例，因为国家崩溃的值达到了 0.75。两者的社会革命结果值都相对较低,只是比我们的理论预期还要更低。

国家崩溃这一变量阐释了选择必要条件案例的两个标准是如何发生冲突的。首先,良好案例中的 X_1 取低值。其次,X_2 应该取高值。德国案例中国家崩溃的值最低,为 0.25,但农民起义的值不是非常高,为 0.50。一个替代案例是 1905 年的俄国,其国家崩溃的值并不是很低,为 0.50,但农民起义的值达到 1.0。关于 1905 年的俄国,要说明的是其约束效应的大小,因为它把农民起义的效应从 1.0 降低到了 0.50,而德国的约束效应则是从 0.50 降低到了 0.25。因此,根据避免过度决定的指导方针,我们会选择 1905 年的俄国作为案例;如果选择约束效应最强的案例,我们仍会选择 1905 年的俄国。

在理想情况下,对于国家崩溃这一因素,我们更倾向于农民起义隶属值高且国家崩溃隶属值低的案例,即国家崩溃值为 0,农民起义值为 1。在对斯考切波理论的分析中,我们引入了其他一些负面案例(即社会革命未发生),这些反面案例符合她的范围条件(Mahoney and Goertz,2004:table 3,667)。我们没有给出模糊逻辑的编码,但我们可以去寻找发生了农民起义但国家没有崩溃的案例。例如,我们注意到 17 世纪中后期的西班牙曾发生大规模农民起义,但国家并未崩溃。因此,这可能是研究国家崩溃因素的一个好的案例。

如果只选择斯考切波理论的几个因果机制案例,哪个案例可能是最好的? 最清晰的(1, 1, 1)案例是 1917 年的俄国或法国。将农民起义变量作为必要条件的最佳案例或许是英国。将国家崩溃作为必要条件的话,在斯考切波的案例中,1905 年的俄国或许是最合适的,但 17 世纪的西班牙也许更好。

基于上述考虑,我们可能就要回到对个案的测量上,特别是那些出现问题的个案。显然,如果我们改变关键变量和案例的值,那么对案例选择的决定也会随之改变。值得注意的是,鉴于英国和日本社会革命的编码 0.42 产生了一些最有力的证伪证据,因此这一编码可能要被重新讨论。

保持跨时间追踪案例的可能性,将此作为一个核心选项非常重要。我对斯考切波理论的分析完全是横截面式的。然而,俄国在表中出现了两次,两次之间最大的区别是 1905 年的国家崩溃值为 0.5,而 1917 年的国家崩溃值为 1.0,不过在这两个案例中,农民起义的值均为 1.0。人们自然会选择俄国案例来探究国家崩溃所产生的影响。

总之,在斯考切波的模型中,问题最多的是农民起义变量。公平地说,也许她和她的读者关注更多的是国家崩溃变量。因此,农民起义变量存在更多问题并不奇怪。这体现在缺少国家崩溃值为 0 的案例,而这类案例对分析农民起义的因果机制至关重要。

交互项和多重假说意味着案例选择可能相当复杂。因此,明确什么样的案例适于开展因果分析就愈发重要。最有用的案例也许不是最明显的案例,例如 17 世纪的西班牙。X_1 且 $X_2 \rightarrow Y$ 模型(特别是模糊逻辑的版本)做出了非常精确的预测,即所有的观察必须位于 $X = Y$ 的斜线上(二分数据完美匹配了这一模型)。在如此高的标准之下,斯考切波的模型和数据仍然表现极佳。

5.10　重探约束因果机制

约束因果机制通常涉及约束和动机因素之间的交互关系。在一些情况下,无论是从范围条件还是案例选择出发,将动机因素处理为给定的要素,都是说得通的,但这不可避免地会曲解研究者的观点,特别是在动机变动幅度很大的情况下。

与社会运动有关的文献提供了一个重要的背景,以讨论"将动机带回来"(bringing motivation back in)的议题。在其所有变体中,极具影响力的政治机会结构理论就是一个约束模型。麦克亚当和布代(McAdam and Boudet, 2012)的研究说明了如何将动机带入分析。他们探讨了 2000—2006 年间,针对涉及环境风险的拟建项目而爆发社会运动的程度。

正如他们所强调的那样,社会运动领域的大部分文献基于现有的社会运动选择案例:对社会运动发生的地点、时间以及原因则知之甚

少。为了构成案例的全域,他们使用了"动机":

> 本项目至少有三方面与大部分社会运动研究的方法论惯例不
> 同。首先,如前文所述,我们选择存在动员风险的社区作为研究对
> 象,而非社会运动本身。
>
> 因为所有大型的、具有潜在争议的基础设施项目都需要提
> 供环境影响声明(Environmental Impact Statememt,EIS),这些
> 记录为具有动员风险的社区提供了统计总体。(McAdam and
> Boudet,2012:25,36)

当有理由相信某社区内拟建项目涉及严重的环境风险,进而环保
团体和个体有动力进行动员时,就将其纳入案例总体。

麦克亚当和布代寻找对包括"政治机会结构"等经典社会运动变量
的支持(见图3.1)。然而,他们却为所谓"社区背景"(community con-
text)找到了更多支持,其中就包括动机因素。社区中是否存在类似的
项目或产业是他们展开分析的关键因素。例如,石油和天然气项目遍
布路易斯安那州。如果社区内已经有了这类项目,抗议新项目的动机
可能会弱很多。

> 居民也敏锐地意识到这些设施为当地经济带来的积极影响。
> 一些受访者解释了石油和天然气产业如何为路易斯安那州的经济
> 做出重要贡献。许多人将这一产业描述为路易斯安那州"文化"的
> 一部分,如同狩猎和捕鱼。例如,一位受访者自童年起,家里的后
> 院中就有一座天然气加工厂。卡梅伦堂区(Cameron Parish)早在
> 提案阶段就已经是9个管道处理器的所在地,附近的卡尔克苏堂
> 区(Calcasieu Parish)拥有的23个石化设施提供了6 000个工作岗
> 位。(McAdam and Boudet,2012:86)

他们强调,经典的政治机会结构理论假定存在潜在的动机,以20
世纪60年代的民权运动为例:

虽然我们强调了我们的研究发现与政治过程模型起初阐述之间的衔接,但民权运动之类的"权利抗争"(政治过程理论就是从民权运动中派生出来的),以及我们在此观察到的截然不同的冲突类型,我们对这两类抗争之间的本质区别感到震惊。这种区别涉及"威胁"较之"机会"在两类抗争中的因果显著性。对于许多社会运动学者所关注的那类权利抗争而言,"政治机会"这一概念对其产生至关重要。考虑到这些维权运动的本质,强调所感知到的机会,对我们来说意义很大。通常在这种情况下,对某一群体的歧视和不利地位这一核心问题的性质很明确,弥补这一问题的潜在动机也很明显。在这种情况下,只有受害民众与其反对者之间长期的权力不平衡才会阻碍动员,社会运动的出现通常需要制度的破裂(作为某种机会)作为行动催化剂。(McAdam and Boudet,2012:96—97)

动机不仅对理解社会运动很重要,也是了解石油和天然气行业的行动及策略的核心。如果想构建出一个如何最终建成项目的模型,就需要了解天然气公司的动机。例如,麦克亚当和布代探讨了公司如何在某地区推出多个项目。公司对任何特定项目的动机主要取决于其是否有替代项目。他们发现,当公司对某一项目的动机较弱(即公司有可用的替代项目)时,社会运动更有可能成功。

环境运动的动员度低,区域饱和度小,替代项目少或不存在,这三点形成的构型透彻地解释了哪些项目得以最终建成(McAdam and Boudet,2012:185)。这可以被看作常见于国际冲突研究的机会-意愿框架的一种变体。从公司的角度来看,高度的环境运动动员是项目建成的一个约束因素(即成本)。缺少替代项目且项目在该区域内尚未饱和,意味着公司对开展该项目有强烈动机,所以项目建成的可能性很高。

· · ·

约束和动机的议题也出现在关于女性在议会中代表权的文献中。许多早期研究(尤其是统计研究)都关注比例代表制(proportional representation, PR)在提升女性代表权方面的作用。比例代表制为选出女性代表提供了更多机会(也就是减少了约束)。制度通常对行为进行约束。这里的约束-机会就是选举制度的本质。

社会仍需某种动力来推动将女性纳入议会。克罗克(Krook,2010)讨论了三种可能的动机:(1)女性的社会地位,(2)自发的女性运动,(3)强大的左派政党(特别是强大的新左派政党)。

她对西方民主国家开展定性比较分析,得出了提高女性代表权的三种路径。[①]第一种路径是女性的社会地位,仅此一种便足以实现女性代表权的提升。这也许被认为是斯堪的纳维亚路径。用本节的话来说:女性较高的社会地位足以克服选举制度的约束。

这一路径需要个案内的反事实和因果分析。斯堪的纳维亚国家实行的也是比例代表制。事实上,所有女性社会地位高的国家也都是比例代表制国家。关键的反事实问题是,如果这些国家实行多数代表制,女性的代表权还会这么高吗?

第二种路径是女性运动且存在比例代表制。这里具有比例代表制这一经典的有利约束,同时还有一项以女性运动形式存在的明确动机。

第三种路径涉及性别配额且存在强大的左派政党。同样地,我们有性别配额这一有利的选举机制,以及有意愿利用这种机会的政党。

定性比较分析的许多研究可以被解读为约束变量和动机变量的各种组合。定性比较分析强调交互项,这自然使其成了观察(包含约束变量在内)因果组合的一种方式。明确使用机会-意愿框架的约束-动机的定性比较分析研究,可以参阅桑福德(Samford,2010)和巴拉(Bara,2014)。桑福德在分析拉丁美洲快速实现贸易自由化的路径时,使用了这一框架:

> 这些有利的条件可以分为"意愿"或"机会"条件,或者是创造"行动意愿"的条件,或"以某种方式准许行动发生的现实情境"。例如,一个威权制度下的行政机构可能有能力(即机会)迅速改变政策,但如果没有这样做的动机(即意愿),政策改变就不可能发

---

① 此处我排除了由一个复杂案例生成的卢森堡路径。

生。当存在意愿(例如通货膨胀危机)而缺乏机会时,情况也是如此。这样看来,在分析上重要的不仅仅是能够产生结果的个别条件,而是足以使一个结果发生的各种条件的组合。(Samford,2010:378;见 table 1)

因此,社会运动的文献[以及金登的政策研究和更常见的间断平衡(punctuated equilibrium)路径文献]中充满了交互项模型并不令人奇怪。许多理论和解释都可以被视为动机-约束框架的变体。对许多实证和理论研究而言,在研究设计和案例选择中避免动机的外生性,是至关重要的。

5.11 X_1 或 $X_2 \rightarrow Y$ 的因果机制案例选择：成因模型

成因模型看起来像经典的 INUS 模型,但在每种路径中并没有通常的因果复杂性(即"且")。虽然成因模型尚未应用于定性比较分析的实践,但从概念和测量的经验来看,模型经常会有两个以上成因变量,更多的则有四五个成因变量。即,

$$(X_1 \text{ 或 } X_2 \text{ 或 } X_3) \rightarrow Y \qquad (5.6)$$

通常对方程 5.6 的解释是:每一个 X_i 都是形成 Y 的充分条件。成因模型是指各个因素共同组成一个充分条件,但单独因素则不是。这就是该模型被称为"成因"模型的原因:每项 X_i 都有助于充分条件的形成,但无法独立作为充分条件。我在 X_i 周围加上括号来表示这一点。

最好更明确地解释一下"→"与"或"。定性比较分析的研究者通常将"或"定义为最大值。这是标准的默认方式。然而在模糊逻辑中,使用加法是实现"或"的另一种可能的方式。一个简单的家族相似式模型是:

$$\text{如果}(X_1 + X_2 + X_3) \geqslant 2, \text{则产生} Y, X_i \in [0, 1] \qquad (5.7)$$

这样做的好处是可以更确定 Y 何时发生,并使充分性更加明确。

显然,此时没有能够充分地导致 Y 发生的 X_i。

要思考这一模型,最简单的方法是使用二分结果变量。图 5.2 阐述了对于两个模糊逻辑自变量以及 1.75 的充分性门槛,这一方法是如何操作的。结果发生在该图的右上角。在这个因果机制区域之外的任何地方都是 Y 不发生的区域,因为总和小于或等于 1.75。

就案例选择而言,因果机制通常位于右上角靠近(1, 1, 1)的区域。因此,这些案例仍是多元方法研究的核心案例。

由于成因模型是一个充分性模型,因此在第 3 章中讨论的所有考量都适用于该模型。与其说 Z 是因果机制之外的额外因果因素,不如说它现在是因果机制内的 X_2。相较而言,这对该基本方法论几乎没有什么改变。

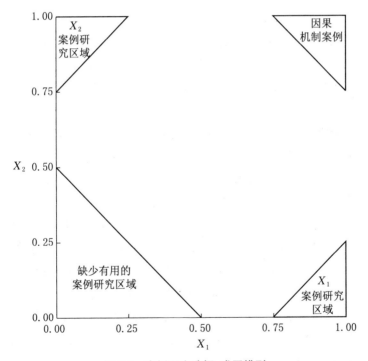

图 5.3 案例研究选择:成因模型

对 X_i 相对重要性的评估可以直接进行,这和必要条件不同。未经逻辑训练的人可能会认为，必要条件 X_1 比必要条件 X_2 更重要的想法是反直觉的。很大程度上这是因为成因模型使用了加法。相对重要性只是每个 X_i 对最后充分性水平的相对贡献。

图 5.3 标注了"X_1 案例研究"和"X_2 案例研究"的区域，阐明了哪类案例适合探索 X_1 和 X_2 促成的充分性。对于充分性条件来说，这实质上是避免过度决定的指导方针（Schneider and Rohlfing, 2013）。这一逻辑在使用避免过度决定的原则时最为清晰，此时所有 X_i 的值都非常高，因此结果也是过度决定的。过度决定的情况很有可能出现在 X_i 值较大的一些情况中。

原点附近（X_1 和 X_2 接近于 0 的区域）对案例研究来说几乎毫无价值。在图 5.2 中，（0，0）附近的区域是"缺少有用的案例研究"区域。（0，0）案例对第 3 章提出的充分性模型几乎没有用处，在成因模型中同样如此，也就不足为奇了。

证伪案例的逻辑是直接的。当 Y 发生但（X_1+X_2）接近于 0 时，就会产生证伪。图 5.3 意味着距离右上方因果机制案例越远，（X_1，X_2）案例在证伪集合中的隶属值越大。因此，极端证伪案例就是自变量为（0，0）且产生结果的区域。

由于缺少 β，从统计的角度看模糊逻辑 X_1 或 $X_2 \rightarrow Y$ 很奇怪。在模糊逻辑中，研究者可以不受限制地宣称 X_1 具有更强或更弱的充分性效应。有一种有趣的方法能做到这一点，就是通过形容词在特定概念集内更改 X_i 的隶属函数。例如有人可能会认为，与"非常"富有相比，"中等水平"的财富对 Y 有更重要的影响。这些形容词改变了隶属函数（即现在的概念是"中等水平的财富"或"非常富有"），从而产生了充分性效应。

对于一个给定的数据集，使用模糊逻辑的计算机算法来优化 X_1 和 X_2 的隶属函数，当然是可能的（就像极大似然计算 β 之类的统计算法）。这已经远远超出本书的范畴，但评估相对重要性应该是案例研究分析的一部分。另外，X_i 对 Y 发生的促成作用还需要通过过程追踪和个案内分析来确认。

简而言之，成因模型的因果机制和多元方法逻辑遵循了、也应当遵循第 3 章探讨的充分条件相关逻辑。从定性比较分析的角度来看，成因模型的主要特点是通常没有必要条件，路径内也不包括 INUS 条件。

5.12 时间交互模型与序列

因果复杂性的另一种形式涉及将时间关系带入交互项。统计和定性比较分析的大部分模型对时序没有真正的详细界定。对这些问题的深入钻研超出了本章和本书的范围，但这些问题值得予以标注。

虽然本章纯粹以截面项来处理 $(X_1 * X_2)$ 或 $(X_1 \text{ 且 } X_2)$，但在一些情况下，两者之间存在某种时间上的排序：X_1 在 X_2 之前。当 X 代表一种制度时，这种情况相当普遍。例如，在克罗克的模型中，比例代表制以常数的形式存在，但其他 X_i 变量是变化的：

> 一个核心的例子是选举制度，大部分研究将其视为解释国家间差异的重要因素之一，甚至是最重要的因素。然而在 1970 年前，女性在比例代表制和多数代表制中的代表权大致相同，只有在政党内的女性开始动员起来寻求变革之后，才出现了差异。(Krook，2010:888)

把交互项置于标准的 $X_1 \rightarrow X_2 \rightarrow Y$ 形式的因果链中，就是隐含地断言：X_1 和 X_2 之间存在因果关系。但交互项的公式中则未体现这一点。因此我们需要明确，X_1 和 X_2 之间究竟是因果-时间排序，还是缺少因果关系的时间排序（见 Beach and Rohlfing，2015，他们用多种方式将三向的交互项转化为一个因果机制链，例如论文中的图 5）。

在集合论中，另一个问题是对因果箭头"$\rightarrow$"的解读。这些箭头在集合论中可能代表充分性或必要性。其隐含的解释是充分性，但对此应明确说明。例如，马奥尼、金博尔和科伊武（Mahoney, Kimball and Koivu，2009）详细研究了 $X_1 \rightarrow X_2 \rightarrow Y$ 因果链的各类变体，这类因果链中的箭头可以是充分或必要的因果关系。在统计模型中，因果箭头没有这种解释上的模糊性,指的就是显著的因果效应。然而,鉴于约束因果机制与充分性链条看起来非常不同,在这两种情况下,我们都需要明确因果箭头的性质。中介变量统计模型应该包括"＋"或"－"来表示因果关系的性质。

索费讨论了(可能很常见的)因素的时间排序。首先是容许性条件(permissive conditions),其本质上是必要条件;其次是生成性条件(productive conditions),它对结果的产生有充分性效应:

> 用于检验关键节点论点的案例选择应该分为两个步骤:首先,学者应该对容许性条件进行检验。由于其通常采用必要但非充分条件的形式,所以我们应该选择存在我们感兴趣的结果的案例进行检验,并确保每一个案例中都有容许性条件。其次,学者应该对生成性条件进行检验,具体检验方式取决于生成性条件的逻辑形式。但是在所有情况下,只有案例中存在容许性条件,才应该对生成性条件进行检验。由于生成性条件和结果之间的关系受到容许性条件范围的约束,因此,缺失容许性条件的案例与检验无关。(Soifer,2012:1590)

从约束性的角度来看,就是要先观察约束条件,然后在约束条件中观察是哪些因素产生了结果。

对于容许性原因通常是如何出现在因果链的开端,古德温(Goodwin,2001)对东欧剧变的分析做了很好的阐明。在他的图8.1中,这一过程的起始是戈尔巴乔夫拒绝勃列日涅夫主义,并决定不使用武力来维持社会主义政权:"很难想象,假如苏联积极部署武力以防止革命,东欧1989年一系列的'革命'事件仍可以或仍可能发生。"(Goodwin,2001:292)如果出现了这一容许性原因,其结果就取决于各国不同类型的国内政治,进而产生了不同的革命变迁轨迹。

如果时序很重要,那么还有可能出现序列假说(Pierson,2004:chapter 2)。例如,一个序列假说可能是"如果X_1发生在X_2之前,那么Y就会发生"。然而,如果X_2先于X_1发生,那么Y就不会发生。定性比较分析的文献已经探讨了时间关系的排序方法(Caren and Panofsky，2005；Ragin and Strand，2008；Schneider and Wagemann，2006)。

费勒提(Falleti，2005)在对分权的研究中，对$(P{\rightarrow}A{\rightarrow}F)$$(A{\rightarrow}P{\rightarrow}F)$和$(P{\rightarrow}F{\rightarrow}A)$等序列进行了探讨和对照($A=$行政分权，$F=$财政分权，$P=$政治分权)。在她的分析中，时间排序至关重要。

引入时间排序和各种潜在的因果与非因果关系，意味着让交互项更加贴近赋予其强时间特性的因果机制。将时间交互项与个案内随时间推移的因果过程联系起来，还有大量的工作尚待完成。

5.13　研究实践

对于涉及交互项的多元方法研究或多元案例研究，不同的研究实践在处理方式上有很大差异。在统计研究中，研究者经常在解释交互项时出现方法论上的错误。直到一些著名作品(Brambor，Clark and Golder，2006；Braumoeller，2004)指出了这种错误的普遍性，研究实践才得到明显改善。鉴于案例研究和多元方法文献对此缺乏讨论，不同方法的研究实践之间差异巨大也就不足为奇了。

我们可以将交互项$X_1 * X_2$作为一项单一变量I，这是一种很常见的做法。如果研究者只开展一项案例研究，那么显然就会选择这一案例，因为这是一个因果机制案例。这样的案例研究可以探索X_1和X_2共同产生Y的过程和原因。

例如，罗默特韦特等人(Rommetvedt et al.，2013)和迪茨(Diez，2013)都在(1，1，1)象限内反复选择案例。罗默特韦特等人(Rommetvedt et al.，2013)认为，社团主义者渠道受到侵蚀，以及立法权相对于行政权重要性的上升，会通过增加对当选官员的非正式游说(从而减少公务员对政策制定的正式参与)重塑公共-私人关系。他们使用了丹麦和挪威两个案例，在这两个国家观察到了这一动态变化。同样地，迪茨(Diez，2013)采取三方交互作用的方式，解释了墨西哥城和布宜

诺斯艾利斯为何会允许同性婚姻：(1)有良好组织结构的社会组织，具备(2)有效/清晰的论述框架，处于(3)政治开放的有利条件。他的案例研究都是出现了三方交互项且产生了结果的实例。

定性比较分析的多元方法研究(如 Schneider and Rolfing, 2013)建议根据路径(如避免过度决定的指导方针)来选择案例，但对单种路径进行更为深入的分析却鲜有提及。鉴于通常有三到四种路径，如果就每种路径都开展一项案例研究，那么至少在一篇文章的篇幅中，很难对一种特定路径的因果机制开展更细致的探索。

例如，桑福德(Samford, 2010)通过定性比较分析发现，通常有三种路径可以实现快速贸易改革。他对墨西哥、秘鲁和乌拉圭开展案例研究，每个案例对应一种路径。我们可以在一篇文章中看到三个因果机制案例的研究。在定性比较分析方法的文献中，对每一种路径(或主要路径)开展有效的案例研究构成了多元方法定性比较分析，这是显而易见的。

在思考零案例(zero case)时，单变量 I 的路线就会出现问题。那么在负面案例中，究竟是两个具有交互作用的项都不存在，还是仅存在一个项？

对于负面案例而言，有一种可能是所有交互项变量都不存在，即 $X_1 = 0$ 且 $X_2 = 0$。沃尔什(Walsh, 2012)在她关于新兴民主化国家女性权利政治的双案例研究中采用了这种方法。她认为在民主化进程中的国家，女性权利的推进必须具备两个相关条件：(1)允许对女性角色进行公开辩论的社会条件；(2)经上述辩论推动，政策制定者在民主化条件的压力下，通过与女性权利保护相关的法律。她采用常见的配对比较法：将南非(1, 1, 1)案例和智利(0, 0, 0)案例进行比较。

另一种情形是存在一个交互项，但理论上主要强调一个变量。此时的案例选择基于其中一个交互项，而非共同的交互项。例如，曼斯菲尔德和斯奈德(Mansfield and Snyder, 2005)经统计发现，刚刚实现民主化(X_1)和弱国内制度(X_2)两个因素，共同激励领导人为维系国内政治支持而发起交战行为。接下来，他们提供了大量案例研究来证明这一机制。但是，如果考察他们的 8—10 个案例研究中的案例选择，就会看到其仅限于民主化变量。弱制度 X_2 的值并没有得到讨论，但对于统计模型中交互项的最终取值来说，X_2 的值显然是至关重要的。仅根据 X_1 变量选择案例暗示了 X_2 的价值并不重要，这与统计模型相悖。但只看案例研究，人们并不会知道统计模型还涉及了交互项。

科尔根说明了在研究实践中，根据交互项的 X_1 选择案例要多于根据 X_2 选择案例。关于国际战争，石油和国内革命政权的交互作用是核心假说之一："假说 2：就煽动国际冲突的倾向而言，革命与非革命政府之间的差异，要大于石油大国与非石油大国之间的差异。"（Colgan，2013：35）当他在后续章节中进行案例研究时，所选择的所有案例（利比亚、伊拉克、伊朗、沙特阿拉伯和委内瑞拉）都是石油大国。其中一些案例（如利比亚），早期并不是石油大国，但案例选择偏重于石油大国。相比之下，革命政府变量存在更多变化。尽管科尔根的统计分析包括了许多非石油大国，但在案例选择中，石油大国更像是一个恒定的范围条件。综上所述，其中一个 X 变量为 0 的案例数量非常不平衡，即几乎没有非石油大国的案例。

鲁德拉（Rudra，2011）的论证包含了交互效应，即不平等会弱化国际贸易开放对饮用水供应的影响。贸易开放会通过增加农业和制造业用水的出口，减少获得饮用水的机会，但在不平等程度较低的地方，相对贫穷的人群可以通过向政府施加压力发展水利基础设施，来抵御水质及水资源用量的下降。在不平等更为严重的地方，贫困群体缺乏组织能力和制度能力，难以减轻贸易开放所带来的影响。在她的案例中，印度是代表高度不平等和贸易开放的案例，而越南则是相对平等和开放的案例。这样看来，她的研究没有包含贸易未开放的案例。

综上所述，带有交互项理论的多元方法实践之间差异很大。两个自变量可以构成八种可能的案例研究。我从未在应用性或方法论的文献中见过对这八种可能性的明确分析。这并不奇怪，因为有关多元方法和案例研究被频繁引用的文献并不涉及交互项的情形。定性比较分析的多元方法研究对路径层面的案例选择给出了合理建议，但对路径内的因果机制分析和案例研究却鲜有涉及。因此，尽管交互作用假说和理论十分常见，但要将理论与因果机制案例研究系统地联系起来，还有很多工作要做。

5.14 结论

本章探讨了涉及交互项的更复杂模型的案例选择和多元方法研究。在前几章中，我仅探讨了充分条件或必要条件。本章考察了三个更复杂的模型：(1) X_1 且 $X_2 \rightarrow Y$；(2) X_1 或 X_2 或 $X_3 \rightarrow Y$（这两个模型为成因模型）；(3) (X_1 或 X_2) 且 $X_3 \rightarrow Y$，某个非充分但必要条件的非必要但充分部分或双阶理论。这些模型的很多逻辑都是基于对必要性或充分性条件逻辑的考量而形成的。

虽然不在本书讨论的范围内，但对于那些提出了交互作用假说并想要开展多元方法研究的人来说，仍有许多工作要做。统计多元方法文献很少谈到交互作用假说和理论，但这在实践中并不少见。交互项在统计估计和解释方面存在明显的方法障碍。因此，多元方法研究会遇到类似的困难也就不足为奇了。

案例研究和多元方法研究的一个关键事实是，所有这些模型（统计模型和定性比较分析模型）都包含了关于因果机制的多重假说。因此，学者在进行案例选择时需要考虑这些多重因果假说，他们必须在案例研究中明确探讨这些假说。

显然，多元方法研究是定性比较分析学者的主要研究议程之一 [例如 Schneider and Rohfling，2013；参见《社会学方法与研究》(*Sociological Methods and Research*) 2016 年的专题，由比奇和罗尔芬主编]。拉金一直强调在定性比较分析中案例知识和案例分析的重要性。定性比较分析的关键路线之一，是将跨案例定性比较分析和个案内的因果机制分析更紧密地结合起来。

一旦研究中出现了交互项，研究者就应该对时间关系和时序提出疑问。案例研究和因果机制几乎总有由时间构成的要素。研究三联体是指将具有交互项的跨案例分析、个体案例的个案内分析以及过程追踪分析紧密结合起来。

6 多元方法博弈论

6.1 导言

多元方法研究可以采取多种可能的形式,尽管在实践中学者们往往只会使用寥寥几类。本章关注博弈论与案例研究的结合,此处博弈论指的是数学模型与对均衡的计算。[①]所以"多元方法博弈论"就是将一些严谨的案例研究与数学博弈论模型结合起来。大多数相关探讨都适用于微分计算模型,它是政治学中形式化模型的另一种主要形式,参见艾弗森(Iversen, 2005)或安塞尔(Ansell, 2010)等人的研究。

有理由认为,案例研究与形式化模型的搭配应该是天作之合。博弈论模型包括信念、偏好与不确定性等核心要素,在实证上这些很难在单个案例中站住脚,但在大样本跨案例的背景中显然更有问题。博弈论模型很复杂,而且这种复杂性很难用统计方法解决。因为案例研究可以更容易地处理复杂性,所以在多元方法研究中,案例研究是博弈论模型的天然伴侣。

博弈论模型构成了因果机制。战略互动依托于偏好、信念、信息等要素的交互,博弈论模型就描述了这种战略互动:"形式化模型……可以明确假定与概念。它们确保了逻辑上的一致性,也描述了潜在的机制,

---

① 我将关于弱理性选择的研究排除在考虑范围之外,也将使用博弈论解释特定历史事件的研究排除在考虑范围之外(例如,Bates et al., 1998; Nelepa, 2010)。这里关注的是博弈论模型及其经验相关性。

尤其是导致了结果的行为机制……没有数学建模的话，本学科就缺少一个帮助厘清因果机制的基本工具。"(Granato et al.，2010：783，84)

大样本检验就跨案例的机制做出了异常大胆的假定。例如，统计变量可能与因果机制相去甚远。在观众成本的文献中，民主或威权政体就是代表观众成本机制的统计变量。这些文献认为民主国家中的观众成本应当更高，或者这一机制在民主国家中应当更为普遍。然而，产生统计结果的可能不是观众成本机制，而是民主国家的其他特征。所以，基于民主国家的统计检验是对观众成本假说的弱检验。实验可以探索因果机制的碎片，但无法得出机制的复杂逻辑。例如，对于观众成本因果机制的实验检验(例如，Tomz，2007；Levy et al.，2015)，仅仅关注了该模型的一项核心假定。案例研究则提供了一种有价值的方法论，可用于探索观众成本因果机制的经验相关性、多重假定以及两者交互的逻辑。

尽管博弈论与案例研究的联姻或许看起来合情合理，但在实践中，这两种研究视角间关系的性质还不明确。鲜有方法论文献将案例研究与博弈论模型结合起来(不过可以参见 Lorentzen，Fravel and Paine，2016；Goemans and Spaniel，2016；Pahre，2005)。

统计多元方法研究很少引用定性方法的文献(见附录 A)，而博弈论研究中就几乎完全没有了。所以本章也是对多元方法的博弈论实践及其隐含的基本方法论的探索。幸运的是，彼得·洛伦岑及其合作者已经系统地调查了使用博弈论模型的论文。这为我对实践展开讨论奠定了基础。博弈论学者是如何选择案例的？他们要选择多少案例？本书前后章节的核心问题，均适用于博弈论多元方法的研究。

下一章继续研究形式化模型与案例研究之间的关系。费伦的观众成本理论(Fearon，1994)、阿西莫格鲁和罗宾逊(Acemoglu and Robinson，2006)等诸多非常著名的博弈论模型已经成为广泛的案例研究分析的对象。形式化模型的构建者在他们的文章中，对是否纳入案例研究可能会有些迟疑。他们的批评者在这一点上可不会留情。

毫无疑问，大多数博弈论的文章都声称具有经验相关性。费伦(Fearon，1994)用了至少 5—8 个历史案例，来说明他的观众成本理论。主张形式模型具有经验相关性，与许多案例研究分析的肤浅之间存在潜在的张力。

6.2　研究三联体

第 1 章认为,采取因果机制的研究视角与案例研究和个案内因果推断之间,有着密切的联系(见图 1.1)。对于(至少在政治学家中)流行的覆盖律科学观,因果机制的哲学提供了一种替代选项。如果研究者以覆盖律模型的视角看待博弈论,那么(1)他们就不可能采取因果机制的研究视角,而且(2)基本上他们不会运用案例研究。

正如克拉克和普里默(Clarke and Primo, 2012)详细讨论的那样,覆盖律理念仍然是博弈论学者认识模型与实证分析间关系的"标准"(这里用了约翰逊 2013 年使用的术语)。之所以将其称为标准视角,是因为它在很多研究生课程中被广泛教授,并得到大量博弈论学者的认可。

在博弈论与实证检验之间的关系上,"理论模型的经验内涵"(EI-TM)项目总体上采取了上述视角,特别是莫顿(Morton, 1999)也持此看法。德·马基这样阐述标准视角:

> 通常,对于数学建模的学者群体来说,理想的论文就是使用界定清晰的博弈达到某种均衡的结果,进而采取例证并用合适的统计模型加以检验。(De Marchi, 2005:2)

模型本身在这一框架内并未得到实证检验。莫顿称:

> 对于形式模型进行实证估计的构成如下:(1)对假定的估计,(2)对预测的估计。[①](Morton, 1999:101)

如同经典物理学一样,模型生成了可经实证检验的预测。在莫顿的著作与"理论模型的经验内涵"课程中,检验总是通过数据分析进行的。

---

① 莫顿也纳入了第三项"替代性模型估计",这里不再讨论。

如约翰逊所指出的：

> 这些例子(例如，Morton，1999)应足以证明我的判断，即使用形式模型是"标准的基本原理"。请注意，并非每位政治学家都认同这一基本原理。即便是支持者，可能也不会完全或始终如一地运用这一方法。然而在政治学中，特别是就形式模型的总体评估而言，支持者与批评者的标准是一样的，都是基于其预测能力与实证表现。(Johnson，2013:556)

莫顿只是粗略地提到了案例研究，并未宣称案例研究具有理论建构之外的作用；例如，她说案例研究"并不能构成对于理论的深入实证评估"(Morton，1999:134)。泽比利斯称"案例研究……也许能提供非常重要的洞见，但尚不清楚其结论是否具有一般性，还是只适用于他们研究的一系列案例。另外，尽管所提出的解释可能是正确的，但我们并不清楚如何在不同的案例中测量同样的变量"(Tsebelis，2002:273)。

与此相反，认识到案例研究价值的观察者，是从因果机制的角度加以思考的："尤其是，形式模型和过程追踪具有一种尚未被认识到的相似性——关注因果机制。所以，根据定性证据强力支持抑或反对模型的因果过程，有助于我们选择支持抑或反对模型的经验适用性。"(Lorentzen，Fravel and Paine，2016:2)

布鲁诺·德·梅斯奎塔(Bueno de Mesquita)的研究项目和研究议程提供了一个典范：他将案例研究融入整个研究项目。梅斯奎塔称他的模型可以解释个案。这一点以不同的形式贯穿了他的研究。他用自己的模型来预测个体事件，比如香港的未来(Mesquita et al.，1985)、北爱尔兰的和平前景(Mesquita，McDermott and Cope，2001)，或中国经济与政治的未来发展(Mesquita and Feng，1997)。事实上，他有一本著作的标题为《预言家的博弈》(*The Predictioneer's Game*，2009)。这里的"预言"实际上说的是预测未来，而不是那种常见的使用历史事件数据集的大样本实证预测。如果他的预测是正确的，那么可以断言：在生成预测的模型中，因果机制解释了事件为什么发生。

梅斯奎塔在他的书中也纳入了大量案例研究（如 Mesquita，1981；Mesquita and Lalman，1992；Mesquita et al.，2003；Mesquita and Smith，2011）。在书中使用案例研究是相当普遍的现象，但在文章中使用一个博弈论模型来解释或理解某个特定的历史案例就很少见了。梅斯奎塔的成果就包括此类研究，例如解释利奥波德二世对刚果的行为（2007）、德国霸权的起源（1990），或者沃尔姆斯宗教协定（Concordat of Worms）与主权源起的关系（2000）。

因此，让案例研究成为形式模型的核心议题是很有可能的。梅斯奎塔对他的理论进行了广泛的统计检验。他认为案例研究与统计分析是相辅相成的。研究三联体总体上强调的是，个案因果机制分析与跨案例分析之间的相互联系。在评估模型不太经得起统计分析检验的某些方面时，案例研究可能非常有用。

6.3　博弈论模型的实证分析

想知道案例研究如何用于实证探讨博弈论模型，就需要大致了解建模的过程。图 6.1 的概览就让我们得以了解在哪些点上可以进行实证评估。根据标准观点（例如，Morton，1999），检验发生在估计假定的开始，或估计预测的结束。

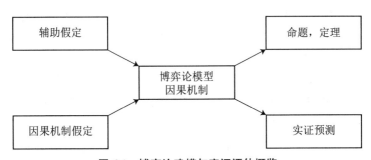

图 6.1　博弈论建模与实证评估概览

图 6.1 中有"因果机制假定"方框与"辅助假定"方框。所有形式化模

型都使用了多重假定。例如，简单而富有开创性的纳什（Nash，1950）讨价还价模型，就具有四项假定。很多模型都不止于此。每项假定都在生成定理的过程中发挥作用，也影响着建模过程最后的预测。通常假定可以充分地得出定理中的结论："模型可以是对足以产生待探讨现象的一系列关系的精确且简练的表述。"（Schelling，1978：87）这些假定在模型内往往也是必要的，否则学者们也不会将它们包括在内。

辅助假定对于产生统计结果通常是必要的。例如，如果模型具有效用函数，那么通常就有必要对其形式进行假定。在偏好的空间模型中，通常需要某种距离度量（例如，欧几里得几何）。辅助假定并不构成模型因果机制的核心假定。因果机制假定才能使模型在实质上是有趣的，从而值得被关注与发表。格拉纳托等人认为：一个更为普遍的观点认为，"理论模型的经验内涵"项目的框架对参数的关注，可以将具有重要预测作用的变量，与被视为具有"因果性"却预测价值更低的其他变量区分开来（Granato et al.，2010：794；强调在原作中就有）。

假定的这种归类并非数理分类。所有假定都被用于数学目的。但我们对每项假定的关注程度差异很大，这也是一项衡量假定对因果机制的重要性的颇为可靠的指标。另外，因果机制假定与模型之间的界限是模糊的。

如果设计实验来检验博弈论模型的话，因果机制的假定就变得清晰起来。在一项实验中，我们只能纳入有限数量的处理。被选作处理的假定则是因果机制假定。例如，观众成本模型受到了各种实验分析的影响（例如，Tomz，2007；Levy et al.，2015）。该模型假定国内公众关心精英对外政策行为的一致性，几乎所有这些实验分析检验的都是这一假定。所以当研究者们称自己在"检验观众成本模型"时，他们其实几乎一直都在检验该模型的一项假定（准确地说是核心假定）："我在整篇文章中使用'观众成本'这一术语指代这样一种情形：如果领导人做出了承诺而没有兑现，就会导致不满的爆发。"（Tomz，2007：823）

正如列维等人在他们的结论中指出的那样，这一模型的其他假定，也值得加以实验检验或实证检验：

领导人的行为是观众成本理论的核心,考察领导人与外部对手的信念,是观众成本理论的另一项巨大进展。当领导人决定发出威慑性威胁时,对其基于对手回应而发出的最初威胁以及后续行动,公众可能会有所反应,那么领导人会考虑公众的反应吗?领导人(和对手)在发出威胁或回应威胁时,是否会考虑对方潜在的国内观众成本?(Levy et al.,2015:1000)

在图 6.1 中有模型的两个输出项:(1)定理与命题,(2)实证预测。卡鲁巴与加贝尔关于国际法院的模型很好地说明了两者间的差别。他们证明了可以通过形式模型提出大量命题,例如,

命题 1:当且仅当遵守规定的成本足够大时($c_i > c_i^*$),政府才会违背监管制度的规则。(Carrubba and Gabel,2014:41;强调为我所加)

命题 6:当且仅当政府没有尽足够的努力说服其他政府允许其无视法院的判决,且法院做出的判决不太重的时候,那么政府才会遵守不利的裁决(Carrubba and Gabel,2014:43;强调为我所加)。

实证检验则与两项核心预测有关:

预测 1(政治敏感性假说):反对被告政府的诉书提交得越多,且支持被告政府的诉书越少,法院就更可能做出不利于被告政府的裁决。(Carrubba and Gabel,2014:47)

预测 2(条件性效力假说):支持裁决的诉书越多,且反对该裁决的诉书越少,法院否决被告政府的裁决就更可能改变政府行为。(Carrubba and Gabel,2014:47)

这两位作者用一个章节对这些假说进行了统计评估。所有预测都采取了统计术语的表述,即 Y 随 X 而提高的概率。

在"理论模型的经验内涵"的框架内,实证检验主要与预测一起进

行。这与覆盖律模型是一致的，该模型产生了可经实证检验的预测。经典牛顿物理学就是公认的范例：万有引力定律产生了对于行星运动的预测。

为何命题与定理无法像预测一样进行实证研究，对此目前尚不清楚。卡鲁巴和加贝尔的一些命题（如命题6）也可以在个案中进行实证研究。似乎没有真正的理由可以解释为什么命题在个案乃至大样本中无法进行实证研究。例如，上一章较为细致地探讨了这种形式的模型：当且仅当有 X_1 且 X_2 的时候，则有 Y。斯考切波的模型称，"当且仅当发生农民革命与国家崩溃的时候，会出现社会革命"。检验她的模型需要对核心变量进行编码，以及评估数据对该模型的支持程度或反对程度。

第4章从总体上探讨了对必要条件假说的检验。在某种程度上，必要条件检验比统计检验更容易，因为我们可以选择 $Y=1$ 的案例。戴恩（Dion，1998）使用均匀先验（uniform prior）的贝叶斯定理证明，只需要6—8个案例，假说就会有很高的置信度（比方说90%—95%）。

形式模型产生的命题与定理逃脱了"理论模型的经验内涵"的检验理念。提出充要条件的命题与定理是相当常见的。上述由卡鲁巴和加贝尔提出的命题就是例证，因为他们明确地提出了"当且仅当"的主张。另一项范例则来自基德的研究：

> 我检验了在什么条件下调停者可以通过在双方之间建立信任以增进合作。假定调停者没有发自内心地承诺要诚实行事，只有当他们关注利害攸关的问题、（且）有一个合理的理想点，且不觉得冲突代价过于昂贵的时候，他们才会在单轮互动中成为可信的信任建立者。（Kydd，2006：449，摘要部分；强调为我所加）

我已经强调了模型命题中"只有当"的必要条件特质。另外，多重的必要条件产生了具有交互作用的模型（更详细的讨论参见第5章）。尽管并非所有形式化模型提出的命题都是这种模式，但这仍然非常普遍。

对于定理和预测之间的割裂，原因之一可能是预测往往有概率论的性质，"更有可能"就是一个例子。而另一方面，命题和定理则广泛利用了数理逻辑,比如充要条件。这就使得命题变成了"确定性的"(determinstic)。然而,很显然,许多物理定律都是确定性的(比如微分方程),但却受到了广泛的实证检验。

法夫雷托对军事冲突中大国干预的研究,说明了形式化的充分条件定理是如何转化为概率假说的:

> 结果2:[如果]$s > s^*$[s是大国T偏好A的程度],[那么]A和B[两个争端国]就会解决争端,因为它们确信T[偏向A的调停大国]下定决心与B对抗。(Favretto,2009:253)
>
> 假说2(i):当高度偏袒的大国进行危机干预时,和平解决就更为可能,因为讨价还价者确信,干预国下定决心通过军事手段促成和平解决。(Favretto,2009:254)

总之,在很多情况下,命题和定理似乎没有理由不能被实证研究与估计。

图6.1展示了将预测和假定与定理联系起来的"模型"。该模型包括证明定理所需的其他要素(比如均衡的概念),并且让所有假定生效:模型就是因果机制。它包含并运用假定,以此提出定理和预测。

作为因果机制的博弈论模型则是相当不同的视角。例如,莫顿将"形式模型"界定为产生实证预测的假定:"形式模型是一组关于现实世界的精确的抽象假定或者公理,以符号的形式呈现,并通过求解得出对现实世界的预测。"(Morton,1999:61)她关注的是图6.1的末尾,却忽视了中间部分。

如果我们采用研究三联体,作为因果机制的模型就成了实证研究的重点。在案例研究中,我们可以探索所有核心因果机制假定及其环节。例如,在关于观众成本的案例研究中,研究者可以回答列维等人关于观众成本因果机制其他方面的一系列问题。

因为跨案例证据(尤其是统计类型的证据)不足以探索博弈论模型的全部(或几乎是全部)核心假定或预测,研究三联体应运而生。案例研究的动力就是探索因果机制。跨案例统计方法或实验方法可以探索模型的一部分，但无法探索模型的全部，而且通常无法探究各部分之间的交互作用。

致力于研究三联体，其中一点就是要解释具有优点（merit）与价值的个案。用覆盖律的视角进行检验的话，那么解释个案对模型的价值或用处极低。比如克拉克与普里默就对个案研究不太热衷：

> 对模型是否应当用于研究孤立事件，学者们意见不一。使用模型来理解单一事件似乎收获甚微。毕竟可以列出很多"符合数据"的不同模型。[1]（Clarke and Primo，2012：92）

他们经常把案例研究称为"探索性的"。当他们论及"检验"博弈论模型时，他们指的都是统计检验。

接受与鼓励统计的实证分析与贬低个案研究之间，存在着内在张力。毕竟，数据集（如冲突数据集）是由个案组成的。统计分析直接表明，可以将其中某些事件解释为支持假说。当我们探索统计分析中那些明显支持性的案例是否也包含因果机制的时候，多元方法研究发挥了作用。

普里默与克拉克强调，应该根据有用性（usefulness）来评估模型。费伦表示他的观众成本模型对解释个案很有用：

> 在典型案例（如导致 1991 年海湾战争的对峙、古巴导弹危机以及 1914 年"七月危机"）中，假如选择了退让的领导人当时越激烈地升级危机，他们就越被视为（或将被视为）遭受了更强的"外交羞辱"。反过来说，我们的直觉是：对一位"立场坚定"直到对方让步的领导人而言，危机升级越严重，（外界）关于其外交胜利的知觉就越强烈。（Fearon，1994：580）

费伦也将七年战争、英国-西班牙在温哥华岛爆发的危机、英法两国在非洲的法绍达危机这些案例纳入研究。所以观众成本模型至少在

---

① 当然，他们对于案例研究的批评（多个模型可以拟合数据）也适用于统计模型与形式化模型。更广泛地说，这是科学哲学中著名的迪昂-蒯因问题（Duhem-Quine problem）。

5—10 个案例中发挥了作用。

本书的写作由这一核心理念驱动:要想让博弈论模型以及其他所有类型的假说与理论发挥作用,就需要让它们帮助我们理解个案。当经济学家与政治学家提供政策建议时,他们也赞同这种观点,即理论要在个案中有效。这并不是说理论要永远生效,而是要有一系列案例,让理论确实在其中发挥作用[即(1, 1)单元格案例]。

简而言之,命题与定理可以通过案例研究来进行实证检验。它们相对于"预测"的优势是:较之概率性的(线性)预测,命题和定理与模型之间的联系更为紧密。博弈论与实证分析的标准路径则将这类优质资源排除在外。另外,博弈论多元方法研究为实证分析打开了因果机制与博弈论模型的黑箱。标准的"理论模型的经验内涵"路径只关注图6.1中的两个区域——因果机制假定和预测,使用案例研究可以为实证分析开拓另外两个区域。

很多人认为定性研究与定量研究是互补的。图 6.1 就表达了这一看法。模型中的比较静态预测(comparative static predictions)等部分要经得起统计分析的检验;其他的如因果机制和定理/命题这些部分,则可以通过案例研究进行实证探索。

6.4 博弈论多元方法研究有多广泛?

对博弈论学者而言,他们以案例研究的形式,使用实证数据估计模型的经验相关性的频率如何? 洛伦岑、傅泰林与佩恩的调研,让我得以探索案例研究与形式模型结合的频率。他们的调研涵盖了 2006—2013 年间在比较政治与国际关系的六种主流期刊上发表的所有采用形式化模型的论文。[1]他们对于形式化模型的定义类似这样:"如果论

---

① 他们也对研究美国政治的博弈论论文进行了编码,将其纳入自己的数据集,但他们的论文并未讨论这些研究。

文包括分析性命题，并界定了一项均衡概念，那么这类论文就会被归入具有形式化模型的类别，进而被纳入我们的调研范围。"（Lorentzen，Fravel and Paine，2016：40）

他们发现，总共有108篇论文符合其关于形式化理论的标准。表6.1对包括案例研究的论文给出了统计分类。

表6.1　多元方法博弈论：研究实践

案例研究的类型	论文数量	占比（%）
仅包括比较研究	8	21
仅包括案例研究	8	21
仅包括证实假定的证据	14	36
包括比较研究与证实假定的证据	0	0
包括案例研究与证实假定的证据	3	8
包括比较研究与案例研究	4	10
包括所有三种类型	2	5
总　　计	39	100

资料来源：基于Lorentzen，Fravel and Paine，2016。

所以博弈论多元方法研究常见吗？当然，这取决于我们对"常见"的理解，但大约1/3（39/108＝0.36）的形式化模型文章都包括某些案例研究分析。更具体地说，29%的论文提供了将博弈论机制应用于现实世界案例的证据。约16%的论文采取了详细的、长达数页的案例研究。所以我们不能说博弈论多元方法很常见，但同时也并不罕见。

如果我们对统计多元方法研究（包括案例研究的统计分析）的频率也有着类似的数据，那么36%或许看上去已是高比率了。[1]根据我对冲突的大样本统计研究长年累月的阅读经验，很明显，案例研究极少出现。虽然论文经常会举个例子（比如在引言中），但例子很少超过一两个自然段的长度。同样，我们可以探索博弈论论文内包括统计分析的比率，也就是"理论模型的经验内涵"模式的研究。最后，案例研究、博弈论和统计

---

① 一种可能的方式是，对某一实质领域中统计多元方法研究的内容加以评估，比如莱尔（Lyall，2014）调查了关于内战的文献。

分析三者可以同时出现,如舒尔茨的研究(Schultz, 2001)。

我们得出一个清晰的结论:鉴于约 2/3 的论文极少或没有包括这类分析[例如栗崎与王(Kurizaki and Whang, 2015)对观众成本的研究],所以要发表形式化模型研究的话,案例研究证据并不是必需的。

6.5　作为经验存在性证据的案例研究

对于博弈论模型持批评态度的学者,最常提出的一种质疑就是认为它们缺乏经验相关性。下一章会明确地涉及这一问题,马克·特拉亨伯格在他的研究中发现,观众成本机制并没有在哪个案例中生效:"基本的发现非常简单,几乎没有证据证明观众成本机制在任何一个案例中发挥了'至关重要'的作用。实际上,根本难以找到任何一个该机制在其中有重要影响的案例。"(Trachtenberg, 2012:32)

有一两个案例研究的话,就可以说明该模型具有一定的经验相关性。如果一个模型想要在实证上有效,那么它就要提供对历史事件的洞见。起步的方法就是至少给出一两个严谨的案例研究。借用一个数学上的类比,我将这些案例研究称为"经验存在性证据"(empirical existence proof):它们体现了模型有助于解释至少一个历史案例,以此来证明模型的经验相关性。

有些学者可能会拒绝承认经验存在性证据的可能性,或否认它们的必需程度:

> 我们的经验预期是这样的:"平均而言,裁决支持被告政府的可能性随着……而增加。"我们不能用单次裁决或少量裁决来估计这种预期。我们的实证预期适用于集体(aggregate),也因此只在集体中出现。(Carrubba and Gabel, 2014:19;强调为我所加)

话虽如此,卡鲁巴和加贝尔还是对欧洲刑事法院的一项裁决进行了长达八页的讨论［施米德贝格尔（Schmidberger）诉奥地利共和国案］。他们对该案例的分析，是将其用作模型如何有助于理解个案的一个例证。这是贯穿于许多博弈论研究及其与个案的关系的典型张力。

对博弈论模型进行"检验"通常指的是"统计检验"。在"理论模型的经验内涵"框架内，图 6.1 中的实证预测指的是统计预测或概率论预测。我们常常听到这种说法：我们不能用几个案例研究来检验理论。

然而，经验存在性证据的案例研究就是一种检验。我们必须找到博弈论机制发挥作用的案例，并进行严谨的案例研究，这样才能通过检验。它不是一种关于因果机制一般性程度的检验。案例研究与因果机制的一般性是第 7 章和第 8 章的主题。

研究三联体之中存在多种检验与实证评估的策略。我们可以将统计分析与统计检验置于跨案例的方框中，而案例研究则属于个案内检验。它们通常检验的是博弈论模型中不同的部分。如图 6.1 所示，统计检验关注的是模型中的其他部分，而非个案内因果机制检验。

尽管经验存在性证据看起来似乎门槛很低，找到一个符合因果机制的历史案例即可，但它并不是无关紧要的。我曾经为主流期刊评阅过使用博弈论模型的论文，有好几次我都想不出有没有案例能够体现作者提出的因果机制。哈格德等在他们对阿西莫格鲁与罗宾逊（Acemoglu and Robinson，2006）著作的讨论中，阐明了这一点：

> 这些可信承诺问题可以产生一种反直觉的结果。似乎当下层阶级群体组织有序的时候，转型更可能发生。但阿西莫格鲁与罗宾逊认为情况未必如此，"由于革命威胁频繁，所以未来的再分配将会变得可信"。他们选取了德国作为历史例证，德国曾是社会主义运动最发达的国家，却在没有扩大选举权的前提下建立起了全新的福利体系。而英国和法国的政治精英却迫于自下而上的压力，扩大了选举权。然而，穷人更强的集体行动能力导致了稳定、再分配的威权统治，对此我们很难想出当代的实例。（Haggard et al.，2013：4—5）

理想情况下,这些存在性证据的案例研究,也是次级研究领域认为非常重要的案例。如果作者所能做的案例最多是一个不起眼的事件,那么就会降低人们对模型有用性的信心。例如莱克(Lake,2010)认为战争的讨价还价模型是有效的,因为即使在 2003 年伊拉克战争这种不可能的情形中,该模型都发挥了作用。

有些人要求存在性证据的案例研究是历史上或政治上重要的案例,这一要求未必公平,也未必合理。但从实用性来看,如果主要例子是历史上鲜为人知的案例,那么读者也就不会产生深刻的印象。无论这样想是否正确,很多人都会假定作者找不到一个在历史上或政治上重要的例子,因此才选择了一个鲜为人知的案例。

从方法论视角来看,选择具有历史与政治重要性的案例的好处在于,它们构成了更强的检验。根据定义,众所周知的案例是那些为人们所了解的案例,因此有人对案例研究提出异议的可能性要高得多。这可以为其存在性证据提供更强检验。

简而言之,博弈论多元方法研究的一个基本规则如下:

对于模型如何有助于解释或理解该现象的一个良好案例(通常也是非常重要的案例),博弈论多元方法研究必须给出至少一种严谨的解释。

对于模型加上存在性证据的形态,约翰斯(Johns,2007)提供了一个范例。这是一种多重委托-代理模型(multiple principle-agent model),旨在解释具有多个成员国委托者的国际组织:

> 国际官僚机构通常必须为一起选择政策的多重委托者服务。这会如何影响官僚机构泄露真实私有信息的动机? 我建构了一个空谈模型(cheap talk model),其中,官僚机构拥有关于政策如何转变为结果的私有信息。官僚机构可以向两位政策制定者传达公开可见的相关信息,之后政策制定者将必须就一系列政策选项展开讨价还价。(Johns,2007:245,摘要部分)

与博弈论论文的通行模式一样,她的论文开头是一个经验例证,该例子就是后文中的存在性证据案例研究。文中的国际组织是联合国特别委员会(UNSCOM)，负责调查伊拉克核设施。多位委托者就是主要的联合国安全理事会成员。在发展模型的过程中，她证明了五项命题与五个"主张"。

她将因果机制假定视为模型的基本范围条件(具体见下文)。如果基本假定无法满足，那么案例研究的有用性也就不明确了。这些假定无须与历史情境完美匹配，但需要较为接近：

评估模型的标准

在估计模型时有一点很重要：最开始就需要检验模型的假定是否与需关注的战略情境一致。这包括探讨国际官僚是否对其报告产生的政策具有偏好，多边协议是否有存在的潜力，选择纳什竞价解(NBS)是否适用于该机构。如果这些核心假定都站得住脚，我们就可以继续检验，该模型可观察到的可能结果是否与现实相符。(Johns，2007:263)

然后她细致地将伊拉克的案例特征与模型的核心参数结合起来，例如，

我们可以粗略地思考一下，以下述方式将模型的基本内容应用到本案例中。未知的状态变量 v 代表伊拉克遵守 687 号决议案的程度；政策参数 y 反映了安理会对伊拉克的奖励与/或惩罚性回应。对于伊拉克的遵约程度如何转化为联合国的政策，每个安理会常任理事国对此都有不同的偏好。这些偏好受偏差参数 b_i 的影响而表现出来。d_i 是不同意支付(disagreement payoff)，反映联合国安理会成员国因没有对伊拉克行动做出任何回应(包括终止武器核查与制裁)而得到的效用。尽管不同决策者对结果的相对意愿存在差异，但所有人都认为某种形式的多边回应比什么都不做要好。最后是外部选择权的值 f_i，代表每个安理会常任理事国从放弃多边政策进程中获得的效用。(Johns，2007:263)

学者通常很难像约翰斯那样将案例研究与因果机制和形式模型关联得这么好。上述引文说明了她是如何将核心模型参数与案例特征结合起来的。

接下来约翰斯用七页的篇幅探讨案例研究与形式化模型之间的关系。这在一篇论文中是非常细致的讨论了。在洛伦岑、傅泰林与佩恩的研究梳理中,极少有论文的案例研究能达到这种长度与细致程度。

在观众成本的文献中,法绍达危机是一项关键的经验存在性证据。费伦(Fearon,1992)在他的博士论文中将该危机作为扩展讨论的主题,其他学者也接着使用这一案例(例如,Schultz,2001)。这一例子在历史上也非常重要,因为英法似乎可能走向战争。①

6.6 模型假定与范围

在案例选择中,确立因果机制的范围非常重要。这是第 8 章中提出的中等数量样本多元方法设计的重要特征。因为学者主张要检验所有相关案例,所以在第 7 章大样本定性方法的讨论中,这一点也同样重要。在博弈论多元方法研究中,有一项使问题复杂化的因素:模型假定对范围的影响,进而对案例选择产生的影响。

我调查了研究实践中的范围问题(见第 8 章),并得出这一结论:实证范围或理论范围很少得到明确的界定。定性研究学者更可能明确范围和构建范围[见拉金(Ragin,2000)第 2 章的有力探讨];统计学者则往往通过限定数据,来隐含地界定范围限制。

博弈论学者常常称,模型假定决定了模型的范围与适用性。例如谢普斯用定理中的条件来界定模型的实证范围:"邓肯·布莱克(Duncan Black)的著名定理断言,如果所有替代选项都是线性的,如果关于这些

---

① 特拉亨伯格(根据与他的私下交流)称古巴导弹危机本可以是一个更好的存在性证据,但仍不合适(见 Trachtenberg,2012)。布鲁诺·德·梅斯奎塔(Mesquita,2013)在他的教科书中用古巴导弹危机的例子来解释观众成本模型。

选项的偏好都是单峰值的，如果决定是由多数统治做出的，那么他们就会选择中位数的替代选项。理性选择理论学者会声称，在所有满足定理表述范围内明确界定的条件的情况下，这一断言都是成立的。"(Shepsle，2005：20)

萨格登进行了同样的描述："在很多建模练习中，将 $A_1 \cdots A_n$[假定]与 R[结果]间的关系描述为 $A_1 \cdots A_n$ 交互产生 R 的机制是有意义的。那我们就可以说这一机制在模型的范围中是有效的，而且如果 $A_1 \cdots A_n$ 是现实世界的属性，该机制也就可以在现实世界中运行。"(Sugden，2009：5)

我们可以用模型假定作为确立模型范围边界的一种方式。对于经验事实与模型假定相互匹配的重要性，不同学者的观点差异很大。有观点认为，要使模型具有相关性，案例事实必须满足模型假定。"理论模型的经验内涵"项目与莫顿(Morton，1999)等人的研究，将假定视作待实证检验的模型的一部分。其他学者不重视准确匹配的重要性，其中最知名的是弗里德曼(Friedman，1953)。洛伦岑、傅泰林和佩恩(Lorentzen，Fravel and Paine，2016)在调查中发现，约 20% 的论文提供了某些定性证据，以此证明模型假定的经验上的合理性。对于假定的相对重要性，不同立场之间如此割裂，一些学者确实认为他们应该证明假定是符合现实的，而且要使用个案作为正当理由。

约翰斯阐述了自己的立场，即假定必须具有某些经验相关性："上述理论模型并不代表着某个特定的国际法院。这是对一个从无政府状态下创建治理的法院的抽象描述。尽管如此，为了让模型有意义，其假定和机制在国际政治中的某些领域应该是合理的。"(Johns，2012：270)

根据界定，博弈论模型几乎都以理性行为体作为假定。战争的讨价还价模型就解释了为何理性行为体会打仗。费伦的著名论文开头就指出，"战争的核心困惑，亦即我们研究它的主要原因就是，战争代价高昂但却反复发生……我们可以说，即便是考虑过战争风险与成本的理性领导人，最终也可能还是会打仗。本文重点在于逻辑论证……我将其称为理性主义解释"(Fearon，1995：379；强调为我所加)。问题在于，当在一些重要方面似乎违背了理性决策假定的时候，模型是否还适用,或者在多大的程度上是适用的?

莱克(Lake,2010)在分析2003年伊拉克战争时发现,由于理性问题,战争的讨价还价理论不会完全生效(也就是该文标题《尚待完善的讨价还价理论:评估对伊拉克战争的理性主义解释》中"尚待完善"的地方)。称领导人"有限理性"意味着某些理性选择的标准假定并未得到满足。尽管莱克清晰地意识到伊拉克战争在讨价还价模型的范围之内,但我们也可以说其并不在范围之内,因为布什和侯赛因都没有满足理性假定的标准。①

阿西莫格鲁与罗宾逊(Acemoglu and Robinson,2006)假定威权政府基于经济精英的利益进行征税并制定再分配政策。该模型的假定也就具有了动员可以解释民主崩溃的含义,斯莱特等人(Slater et al.,2014)在批判阿西莫格鲁和罗宾逊时,重点关注这些假定,他们认为军事政变这类反民主的动员,并不符合阿西莫格鲁和罗宾逊的模型。

批评者与辩护者一样,都可以同时关注理性的基本假定与模型假定,或者仅关注二者之一。它们通常可以同时展开,例如莱克对2003年伊拉克战争的分析。

假定有时是至关重要的,如果假定在经验上出现错误,那么这会毁掉整个模型。例如,斯奈德与博格哈德(Snyder and Borghard,2011)称公众并不真正特别关心领导人的一致性,这挑战了观众成本模型的基本假定。拒绝这一基本假定也就是拒绝整个观众成本模型,在很大程度上,模型是基于基本假定而存在的(对该争论更为细致的探讨,见Lorentzen, Fravel and Paine,2016)。

第3章认为案例研究的核心用途是考察因果机制本应生效但并未生效的案例。正是出于这一原因,2×2表格中的(1,0)单元格就是范围单元格。在博弈论背景下,这些案例也会因不符合假定基础,从而无法成立。如果案例在假定上不成立,那么一种可能的结论是它超出了模型的范围。例如,费伦可能就不会声称他的模型对非理性或有限理

---

① 什么构成了"理性"行为体?这并不是个无关紧要的问题,研究者们对于理性与非理性之间的界限已经展开了重大辩论。关于行为决策的海量文献主要与打破理性的核心原则有关,例如偏好逆转、前景理论与阿莱悖论(Allais paradox)等。

性的领导人有效。

确定任何理论、模型或假说的范围都很重要。假定在很大程度上构成了博弈论模型的广度与范围。当案例研究是明确关于探索因果机制边界时，这就成了核心内容，即第 8 章的范式。

6.7 案例选择：研究实践

在包含案例研究的博弈论文章中，(1，1)单元格类型的案例在其中占据着绝对的主导地位。经过了前面章节及其对研究实践的讨论，我们就不必对此感到惊讶。我们系统地调查了洛伦岑、傅泰林和佩恩（Lorentzen，Fravel and Paine，2016）研究中相对实质性的单案例研究论文，其所选案例基本位于单元格(1，1)中。形式化模型论文中常见的简短例证（一个自然段的长度）很可能仍适用于这一判断。

在对洛伦岑、傅泰林和佩恩研究的调查中，仅有很少的论文包括两个或两个以上的案例研究，很少超过三个。尽管我们可能希望看到一些(0，0)与(1，1)成对比较的实例，但这在实践中却极其罕见。实际上，即便是两个及以上的案例研究也都是位于单元格(1，1)的案例。出现这一情况的原因并不奇怪，由于关键参数的赋值不同，所以模型所预测的均衡往往会截然不同。这就导向了符合每一种均衡的案例研究。之所以这些仍然是位于单元格(1，1)的案例研究，是因为当模型具有不同的参数赋值时，它们仍然选择遵循。

在案例选择中很少讨论混杂因素。所以尽管作者讨论个别事件的替代性解释或替代性形式模型，但这在案例选择中并不起什么作用。

关于选择哪些单元格(1，1)案例的探讨非常少见。隐含的方法论是，几乎肯定要选择著名的、重要的历史案例。第二项选择标准是"高质量"的案例，即因果机制在其中完美生效、清晰运行的案例。

简而言之，博弈论多元方法研究选择的是单元格(1，1)对应的案例。证否案例、范围案例或等效性案例等其他选项并没有体现这一点。

下一章详细讨论了一种主要的例外情况,即研究者选择案例的目标是批判一个模型而非证实它。

6.8 结论

贯穿本书的一个核心主题是:个案内因果推断在多元方法研究中的作用。案例研究最重要的存在理由,就是在个案中探究因果机制以及做出因果推断。

在本章讨论范围内,博弈论论文做出个案内因果主张的程度如何?多亏洛伦岑、博泰林和佩因,让我们得以了解博弈论模型能在多大程度上做出关于因果机制的反事实推理:如果模型的核心特征缺失,那么结果就不会发生。

总体而言,很少有博弈论学者敢于做出这种强有力的反事实,并随之进行个案内因果推断。更常见的则是他们在案例研究方面高度审慎。就像在统计多元方法的案例研究中一样,学者们通常以"举例说明"的方式加以呈现。

要想实现真正的博弈论多元方法研究,就必须从举例说明转向囊括个案内因果推断的真正案例研究。称案例研究为"举例说明"通常饱含讽刺意味:研究者称模型适用于该案例,但随后又怯于进行个案内因果推断。研究者使用"举例说明"这一术语的时候,也正是他们没有真正进行多元方法研究的时候。相比之下,基德(Kydd,2007)有三个关于模型的章节,每章都紧随着一个案例研究的章节,展示了模型是如何解释冷战及其终结的重大事件的。

博弈论多元方法实践的这种特征,可能就是将研究训练与研究倾向结合起来的产物。进行个案内因果分析,意味着要承担历史学家或者专家在个案中的角色。我们可能会怀疑,对许多构建形式模型的学者而言,这并不处于他们的舒适区,比起个案内因果推断,他们还是更加习惯于讨论统计推断。

粗略地看，我们可以说大多数博弈论论文都声称模型适用于现实世界中的事件，以及模型可以帮助我们理解行为体的行动。论文作者运用大量简短的历史事例，来暗示或说明模型具有相关性。与此同时，这些学者却不愿意对任何一个案例单独做出严格的因果推断。

在此提出一个不太谦虚的倡议：对于那些声称自己的模型具有经验相关性的研究者，要求他们提供经验存在性证据是很有价值的。我们可能至少需要一个严谨的案例研究，在这一研究中，该模型至少解释了一个案例。萨格登这样论证这类经验存在性证据的重要性：

> 如果要真正地论述一项理论工具的潜在，我们就必须要看到它生效。接下来是一个类比，想一下有位老派的吸尘器销售员，他往地毯上撒满灰尘，然后展示他的产品清理污渍是多么管用。要想他的演示令人信服，潜在的买家就得相信污渍是真的，清洁过程也是真的。同样地，如果理论学者想要提出一种解释真实世界中现象的工具，那么一种令人信服的论述就必须展示该工具能解释某些事物。正如销售员将污渍作为人为设计的清洁问题，用来吸引潜在买家的注意，理论家可能会选择吸引其读者注意力的某些现象作为论证焦点……但理论家仍然要对该现象进行真正的解释……我已经表明，当理论学者声称已经发现了一项重要的社会机制，却无法给出具体的例证来说明该机制是如何参与解释现实世界中的某种现象时，我们都应当对此持质疑态度。我坚定地支持这一立场。（Sugden, 2009:25）

期刊编辑与读者或许应该要求案例研究要经得起专家的评审。那些熟悉案例的学者认为这种论点合理吗？最有趣的历史案例会引发对其原因的争论。我们在下一章可以看到，某些学者并未在一些案例的总体中发现著名的博弈论模型证据。而在其他总体中，某些案例总体包含了因果机制元素，这样一来，模型也就得到了实证支持。

可以肯定地说，在政治学与社会学中，对个案内因果推断加以论证的标准比统计因果推断要低得多。有大量关于过程追踪、反事实等与博弈论多元方法研究直接相关的文献,但博弈论多元方法的论文却很少引用这些文献。

　　根据定义,多元方法研究意味着要熟悉多种方法。博弈论与个案内因果方法论之间还存在着鸿沟。研究三联体就是要在个案内因果推断与博弈论模型之间建立对话。

7 大样本定性检验：
一种新的方法？

7.1 导言

近年来，顶级学术期刊的文章中出现了一个值得注意的趋势，我将其称为"大样本定性检验"。我有意使用这个有些讽刺和矛盾的表达。"大样本"通常意味着统计检验，而"定性检验"在定义上则通常属于小样本和非统计的范畴。

大样本统计检验的一个常见特点是，统计分析中的重要变量与理论中的因果机制仅仅是间接地相关，例如人均国内生产总值在内战研究中的角色。因此，显著的统计结果只能有限地支持理论内嵌的因果机制。

大样本定性检验考察大量（在理想状态下是全部）"相关"的案例，从而为假说中的因果机制提供具体的经验证据。与间接的统计检验不同，这种方法采用的是直接的定性检验。理想的情况是，研究者（也就是批评者）在逐一完成案例研究后并未在其中发现因果机制，这类论文可以发表在《美国政治科学评论》《美国社会学评论》《国际组织》或其他顶级期刊。因此，虽然理论可能得到了统计测量和统计分析的支持，但大样本定性检验通过过程追踪和因果机制分析证伪了假说。

这一方法论并不依赖于跨案例比较和统计方法，它靠的是个案内因果推断。前一章说明了将经验存在的证据用于检验博弈论模型。此类检验方法并不关注因果机制的普遍性。大样本定性检验直面的问题是因果机制和理论"有多普遍"。在我们讨论的实例中，答案是"完全不够普遍"。

本章将探索大样本定性检验的一些实例。第一组实例包括关于民主的经济决定因素的关键文献。第二组实例来自冲突研究领域。我将用"批评者"(critic)一词指代采用大样本定性检验这一方法的作者和论文，并用"目标作者"(target authors)一词指代那些提出的假说与实证结果接受检验的作者。

目标作者：Acemoglu, D., and J. Robinson. 2006. *Economic Origins of Dictatorship and Democracy*. Cambridge：Cambridge University Press.

Boix, C. 2003. *Democracy and Redistribution*. New York：Cambridge University Press.

批评者：Haggard, S. and Kaufman, R. 2012. "Inequality and Regime Change：Democratic Transitions and the Stability of Democratic Rule." *American Political Science Review* 106：1—22.(See also Haggard and Kaufman 2016.)

目标作者：Cusack, T., T. Iversen, and D. Soskice. 2007. "Economic Interests and the Origins of Electoral Systems." *American Political Science Review* 101：373—391.

批评者：Kreuzer, M. 2010. "Historical Knowledge and Quantitative Analysis：The Case of the Origins of Proportional Representation." *American Political Science Review* 104：369—392.

目标作者：Mansfield, E., and J. Snyder. 2005. *Electing to Fight：Why Emerging Democracies Go to War*. Cambridge：MIT Press.

批评者：Narang, V. and R. Nelson. 2009. "Who are These Belligerent Democratizers? Reassessing the Impact of Democratization on War." *International Organization* 63：357—379.

目标作者：Fearon, J. 1994. "Domestic Political Audiences

and the Escalation of International Disputes." *American Political Science Review* 88:577—592.

批评者：Snyder, J. and E. Borghard. 2011. "The Cost of Empty Threats: A Penny, Not a Pound." *American Political Science Review* 105:437—455.

Trachtenberg, M. 2012. Audience Costs: An Historical Analysis. *Security Studies* 21:3—42.

目标作者：Toft, M. 2010. *Securing the Peace: The Durable Settlement of Civil Wars*. Princeton: Princeton University Press.

Toft, M. 2010. "Ending Civil Wars: A Case for Rebel Victory?" *International Security* 34:7—36.

批评者：Wallensteen, P. 2015. *Quality Peace: Peacebuilding, Victory and World Order*. Oxford: Oxford University Press.

目标作者的研究已经颇具影响力，围绕这些研究往往会出现大量文献。通常有更多(其实是统计数据的)经验证据来支持受到质疑的理论或假说。

这些实例涉及许多杰出的学者，当然我们还可以发现其他这样的研究(例如，Ross，2004)。我对实例的选择大致遵循几项标准：(1)具有卓越的理论或统计结果；(2)其批评者在主流学术期刊上发表论文；(3)国际关系和比较政治领域的实例。

本章的目的是：基于批评者的研究，列举出大样本定性检验所隐含的方法，并提出关于案例选择和检验准则的一些基本问题。例如，大样本定性检验并不包含统计分析中的全部观察值，包含全部观察值当然也不太可能。同时，批评者通常会在一定程度上试图检验所有相关的案例。

统计学在拒绝接受假说上已经有了成熟的流程，比如观察 p 值。大样本定性检验的标准是什么，又应该是什么，这些问题依然不清晰。如果具备因果机制而无法找到案例，检验的标准就很清楚了，但更可能的情况是会找到一些支持因果机制的元素。这是一个"半空还是半满"(half-empty, half-full)的问题，从一个角度看是微弱支持，从另一个角度看则是明显支持。同样地，跨案例统计分析可能无法找到因果效应，但是个案内的大样本定性检验却能发现对因果机制的"显著"支持。

7.2 基本程序

前文列举的争论无法全面地覆盖大样本定性检验。很显然，有很强的选择效应（selection effects），因为几乎所有的文献都来自顶级期刊。然而，这确实说明编辑和审稿人认为这种方法论具有说服力。

目标作者名单囊括了一些著名的假说，这些假说通常得到了显著统计结果的支持。有时候，用于探索经验相关性的博弈论模型就是批评的目标。阿西莫格鲁和罗宾逊的著作相当有影响力，即使书中几乎没有实证分析的内容。类似地，费伦的观众成本形式模型也在理论和实证上产生了大量文献。简而言之，大样本定性检验选择一个重要的理论陈述，该理论陈述已经得到有影响力的实证（即统计）支持，或者有一个具有影响力的博弈论模型支持该命题。

哈格德和考夫曼发表于《美国政治科学评论》的论文清晰地阐明了大样本定性检验设置的多数特征。两位作者在摘要中这样清晰地写道：

> 一项近期由卡莱斯·鲍什、达隆·阿西莫格鲁和詹姆斯·罗宾逊完成的研究，关注不平等与分配冲突在民主治理过渡中的作用。利用1980—2000年第三波民主化浪潮期间关于民主化转型和回潮的原始定性数据集，我们通过观察因果过程，对这些主张做出了评价。我们发现，这些理论中的一项关键机制——分配冲突，仅出现在超过一半的转型案例中。与理论预期不同的是，大量的民主转型案例发生在不平等程度高的国家。少于三分之一的民主化回潮受到精英和群众之间分配冲突的驱动。我们就分析转型和回潮的各类替代因果路径提出了建议。（Haggard and Kaufman,

2012：1；完整摘要）

大致的基本程序包含以下要素：

1. 目标作者非常明确。

2. 目标研究包含统计或博弈论。

3. 检验的方法论是个案内因果推断，即通过对个别案例的过程追踪寻找因果机制。

4. 每个案例均被编码为"具备"或"不具备"因果机制，即个案内因果推断。

5. 批评者关注"所有"案例。

6. 批评者获得结论的基础是：具有因果机制的案例研究的比重。通常情况下，案例包含因果机制的百分比较低，最好是接近于 0。

这一基本程序似乎没有什么问题，期刊编辑和审稿人早已对其深信不疑。另外，甚至目标作者及其支持者似乎也接受了这一基本框架。然而，正如接下来两小节所探讨的，案例选择和检验方法存在一些重大不足，需要明确和讨论。

7.3 案例选择

一般来说，在统计分析中对所有案例进行定性检验非常罕见。但是，统计分析本身的确存在拥有较少案例的可能性。这就是克罗伊泽对丘萨克、艾弗森和索斯凯斯（Cusack，Iversen and Soskice，2007）只有 18 个案例的数据（主要是 1920 年前的成熟民主制国家）进行分析的情况。实际上，此时可以对所有案例进行观察。

即使这样，案例选择也是一个问题：

取样：丘萨克等人使用了 1920 年前 12—18 个选举系统选择的小样本数据。这个特定历史时期的选样很有意义，因为它提升了案例的等效性，并间接控制了可能存在的时间效应。然而，这一优势被取样偏差所抵消，显而易见的就是 1920 年前在欧洲可供选择的 32 个选举系统案例中，选择了 18 个案例，而并没有对排除的其他 14 个案例做出解释。丘萨克等人明显过度取样了西欧案例，而忽略了 1918 年后出现的 10 个东欧民主国家。他们也对失败的民主国家取样不足，仅包含了德国、意大利和奥地利，但排除了葡萄牙、西班牙、希腊，以及除捷克斯洛伐克外所有失败的东欧民主国家。(M. Kreuzer，2010：373)

在所有大样本定性检验中，案例的全域或总体都有待争论。像丘萨克、艾弗森和索斯凯斯这类研究确实会容易操作一些，但各种对于边界的争议几乎肯定会存在，例如，样本中是否应该包含所有失败的民主国家。

大样本定性检验之所以能够进行，其中一个因素就是："案例"数量也许显著少于统计数据集内观察值的数量。克罗伊泽在进行个案内因果机制分析的时候，基本上每个国家都是他的一个案例，因此只有 15—30 个潜在案例。当数据集内的观察是历年数据的时候，很容易产生数百个观察值，此时就可以进行统计分析。

尽管不能仅仅根据几项具体研究来下结论，但大样本定性检验的上限可能约为 50 个案例。在几乎所有的案例中，范围问题都非常重要，因为它会影响案例研究的选择，进而产生潜在的选择偏差。在许多情境中，批评者就他们研究中的范围限制进行了持续、细致的思考，但他们使用和目标作者一样的数据集则欠缺考量。部分原因是大样本定性检验的方法论尚不清晰，且基本不会检查统计分析中的全部案例。

$$\bullet \quad \bullet \quad \bullet$$

大样本定性检验的核心是评价假说的一般化程度。这里我们也许可以找到一两个例子，例如经验存在的证据，但因果机制的普遍性如何？纳兰和纳尔逊(Narang and Nelson，2009)对"民主化提升国际战争的可能性"假说的批评,阐明了范围和一般化在大样本定性检验中的作用。

在一系列有影响力的文章和一本著作中,曼斯菲尔德与斯奈德(Mansfield and Snyder,2005)挑战了民主和平论的文献,这些文献暗示因为民主化减少了战争,所以民主化是好的。他们的核心假说是:向民主的不完全过渡和薄弱的制度会产生战争。民主化并非唯一因素,而是民主化和薄弱制度的共同作用。虽然这一论点是交互式的,但基于本章的目的,我会将交互项视为单一的变量。

他们得到了显著的统计结果:"曼斯菲尔德和斯奈德通过回归分析表明,处于向民主不完全过渡阶段且制度薄弱的这类国家,陷入战争的可能性比未经历(民主化)转型的稳定国家大约高 8—10 倍。"(Narang and Nelson,2009:357)因此,用统计分析支持挑战性假说是我们的标准做法。大样本定性检验的建议是观察案例本身。

大样本定性检验的核心依赖于对(1,1)单元格中案例的分析,所以这也是纳兰和纳尔逊批评的焦点。战争数量高达 111 次,但由作者提出的因果机制所产生的相关战争仅有 6 次(见表 7.1)。[①]6 个案例完全可以被逐一观察。

一个戏剧性的发现是,"自第一次世界大战以来,民主化不完全且制度薄弱的国家从未参与一场对外战争,更不用说主动发起一场对外战争"(Narang and Nelson,2009:365)。换句话说,表 7.1 中(1,1)单元格所涉及的案例在第一次世界大战后并未出现过。

表 7.1　案例选择:民主化、弱制度和国际战争

	$X=0$	$X=1$
$Y=1$	111	6
$Y=0$	2 271	142

注:$X=1$:制度薄弱且发生民主化。
$Y=1$:国际战争。

正如前一章节所述,学者对多元方法研究中案例的重要性和相关

---

① 感谢维平·纳兰(Virpin Narang)协助制作表 7.1。

性非常敏感。对许多学者来说，结果的范围明显被限制在第一次世界大战之前是非常不好的。如果全部案例是 1989 年后的，且符合理论的话，那么假说会更有意义。

简而言之，纳兰和纳尔逊有两个发现：(1)(1，1)单元格中的案例是极少数，(2)这些案例都发生在第一次世界大战前。因此，曼斯菲尔德和斯奈德的因果机制的应用范围有限，至少在经验上并不普遍。

如果说(1，1)单元格得到了大样本定性检验的主要关注，那么相反，(0，0)单元格的案例则几乎被忽视。正如表 7.1 所展示的，(0，0)单元格中涉及了几千个案例。纳兰和纳尔逊不仅对这个单元格不感兴趣，显然也无法对这么多案例逐一展开研究。在许多情形中，(0，0)单元格都有大量案例。很显然，这些观察值都被用于统计分析，但很少出现在大样本定性检验中。2×2 表中的其他单元格在大样本定性检验中均发挥了作用，但(0，0)单元格几乎没有受到任何关注(与第 3 章的结论相似)。

在(1，1)单元格中的案例相对较少，这使得大样本定性检验成为可能。如果这一单元格中的案例不足 50 个，统计结果则可以通过大样本定性检验得到核实。例如，关于核武器扩散的海量文献中仅有不到 20 个 $Y=1$ 的重要案例。因此，这类文献中几乎所有的统计发现都可以接受大样本定性检验。因此，尽管统计分析中的案例总数量很容易达到数千个甚至更多，(1，1)单元格中的案例数量才是决定是否可以进行大样本定性检验的因素。与此相反，(0，0)单元格中的案例数量几乎与运用大样本定性检验毫无关系。

与其他大多数批评者不同，纳兰和纳尔逊并没有直接观察这六个案例去证明曼斯菲尔德和斯奈德的因果机制。实际上，这样的案例只有六个，并且在过去 100 年间没有出现过这样的案例，足以说明这一机制缺乏普遍性，且可能只适用于第一次世界大战前的时间范围。方法论上的一个要点是，大样本方法可以直接应对因果机制的一般化和可一般化问题。

· · ·

如果寻找产生 Y 的因果机制，即 $Y=1$ 的情况，那么我们的注意力自然会集中在 Y 存在的案例集合。我称其为大样本定性检验的 Y 中心路径。哈格德和考夫曼对他们研究内 Y 作为中心的表述非常明确："基于因变量选择，是这一方法的主要特征，该做法旨在检验特定理论，因此取决于确定导致政权更替的因果机制。更常见的做法是有目的地或随机选择案例以进行更深入的分析，与之相反，我们的路径是选择在相关的采样周期内（1980—2000 年）所有（民主）转型与回潮案例。"（Haggard and Kaufman，2012：4）这一路径是相当可行的，特别是当 $Y=1$ 的案例数量可控的时候。

关注 $Y=1$ 这一行，就意味着获得了因果机制单元格和等效单元格的数据[即（0，1）单元格]。例如，表 7.1 的 111 场战争中，只有六场战争有可能产生于曼斯菲尔德和斯奈德提出的因果机制。如果研究问题涉及不同因果机制的相对重要性，那么 $Y=1$ 这行就是研究者关注的中心。这正是哈格德和考夫曼的主要疑问：对于向民主过渡和从民主过渡，相对于其他因果机制，阿西莫格鲁和罗宾逊的因果机制的重要性如何？要回答这个问题，就需要比较这两个 $Y=1$ 的单元格。

在纳兰和纳尔逊的批评中，我们如何知道六个案例是小样本呢？这一疑问隐含的意思是，读者是在与战争总数进行比较。然而，如果范围被限定在 1989 年后，六场战争占了战争总数的很大比例。

对于哈格德和考夫曼而言，以 Y 为中心的策略至关重要，因为他们有替代性的机制，他们认为这些机制比阿西莫格鲁和罗宾逊的机制更常见，也就具有更大的解释价值。[①]

案例选择一般有两种路径。第一种是观察所有 $Y=1$ 的案例，正如哈格德和考夫曼对 1980 年后所有向民主过渡和从民主过渡案例的检测。第二种情况关注那些可能通过 X 产生的 $Y=1$ 的案例（参照统计分析中的编码），即纳兰和纳尔逊所展示的（1，1）单元格中的案例。这两种路径的区别取决于等效性在批评分析中的重要性。

. . .

另一种可能的策略就是我称其为以 X 为中心的路径。我们通过

---

① 哈格德和考夫曼不仅追求以 Y 为中心的路径，也致力于统计分析等其他路径。

这种路径观察所有 $X=1$ 的案例，以查看因果机制产生 Y 的频次。在 Y 为中心的路径中，也许(1，1)单元格中所有的案例都产生自假说的因果机制。然而，仅选择 $Y=1$ 的案例会忽视 X 无法如宣称般生效从而无法产生 Y 的情况，也许涉及许多因果机制并不起作用的案例，即(1，0)单元格中的案例。

特拉亨伯格对观众成本理论的实证分析是一项以 X 为中心路径的典范。他根据理论范围和因果机制变量，寻找其中可能存在因果机制的案例。大部分关于观众成本的文献都将关注点放在民主制度上，即最有可能展现观众成本机制的政体类型：

> 我将观察一组被认为战争风险很高的危机，这些危机包含大国，其中至少有一个是民主国家，并且在没有爆发战争的情况下得以解决。选择这些标准的原因如下：因为费伦的理论明确地将危机问题作为研究对象，因此这些案例都是危机，但出于实质性原因，我将只考察大国危机……另外，重点在于竞争方内至少有一方是民主政体的国家，因为就这一问题产生的争论，大多围绕观众成本机制是否使民主政体比非民主政体更有优势这一问题而展开。这意味着所有被研究的危机都发生在 1867 年后……最后，本文只研究那些没有以战争告终的危机……这套标准下可以列出大约十几个危机。(Trachtenberg，2012：5—6)

因此，特拉亨伯格使用的是 X 为中心的研究策略，他的具体措施是通过观察 $X=1$ 的案例并查看是否存在观众成本的因果机制。他完全不关注 $X=0$ 的案例。这也是斯奈德和博格哈德选择案例的基本思路："在选择案例以进行更细致的研究时，我们特别寻找了那些更容易被国内观众成本理论所解释的案例。"(Snyder and Borghard，2011：444)(选择)本应容易被观众成本理论解释的案例，正是自以 X 为中心的案例选择策略变化而来的。

特拉亨伯格使用的基本原则是"选择因果机制最有可能生效或存在的案例，进行深入研究"，这些案例即非战争危机中的民主政体大国。

如果我们无法在这些案例中找到因果机制的证据,则会对(观众成本)理论很不利,因为我们此前的研究表明,在其他类型的案例中,出现相关因果机制的可能性更低。因此尽管选择范围非常狭窄,但其中仍包含了非常高质量的 $X=1$ 案例。正如第 3 章所讨论的,因果机制的案例选择总是优先考虑优质的 $X=1$ 案例。

他还遵循选择政治影响重大的案例这一原则,即包含民主政体大国的案例。大部分人会认为,(观众成本)机制应该在所有危机中对一切民主国家起作用(例如 Kurizaki and Whang, 2015)。所以他的分析有一些重要的范围限制(详见下文)。然而,如果观众成本理论对大国无效,却可以对力量较小的民主国家生效,那么这一理论似乎存在很大问题,需要对该理论做出一定的修正,也许是重大修正。在这种情形中,检验的核心是具有重要政治意义的事件。这正是哈格德和考夫曼决定观察 1980 年后而非第二次世界大战前的转型国家的动机。

特拉亨伯格发现了与运用大样本定性检验的批评者一致的目标:

> 那么从这一整节关于民主国家获胜的大国危机的讨论中,我们可以得出什么结论呢?基本结论非常简单:几乎没有证据表明观众成本机制在其中任何一个案例中发挥了"关键"作用。事实上,我们也很难找出这一机制在其中称得上发挥作用的案例。在危机过程中,产生新信息的方式多种多样,正由于费伦概述的这些原因,这些新信息的生成方式从根本上决定了危机走向。但是,观众成本并非此处任何待考察危机的主要因素。[①](Trachtenberg, 2012:32)

7.3.1 对批评者的回应

对于导言中列出的大部分争论,目标作者或他们的同道中人本来

---

① 如上一章所述,古巴导弹危机也许是一项最佳的经验存在证明案例。特拉亨伯格自己注意到"在肯尼迪时期(古巴导弹危机),事情并没有那么简单,可以说观众成本机制在当时确实起到了一定作用"(Trachtenberg, 2012:30)。然而他却得出了这样一个结论,即(观众成本)理论不见得会起作用,因为赫鲁晓夫做出决策时并没有考虑美国国内的观众成本问题:"没有认真考虑美国的政治局势。"(Trachtenberg, 2012:30)

都有机会回应大样本定性检验。了解他们使用的策略是很有用的。他们并未真正质疑过内在的检验逻辑，相反，这些回应更多的是诠释检验结果或诠释检验是如何进行的。在这一方面，也许最有用的是《安全研究》(Security Studies)围绕观众成本组织的专题讨论，因为作者提供了多样的研究视角。

一种策略是对案例本身的因果解释提出质疑，提出观众成本实际存在的论点。例如，丘萨克、艾弗森和索斯凯斯在一个在线附录中强烈质疑了克罗伊泽对许多案例的解读。然而，我选择的国际关系实例并没有采取这种方法。

另一种策略是对案例的选择提出异议。其变体之一就是提出有重要的案例被遗漏了。这一点在对特拉亨伯格的回应中有所体现。列维和舒尔茨都提到，观众成本理论在发起危机的决策中起了很大的作用，而特拉亨伯格只关注危机发生后的观众成本。

> 这意味着，寻找观众成本最佳的时机是在决策初期的状态下，无论是发起危机还是坚决应对危机。领导人避免发起威胁或反击的证据将支持观众成本理论，因为他们担心随后可能不得不放弃发起威胁或反击，并为此付出国内的代价……不可否认，确定领导人是否发起威胁的案例总量是一个难题。(Levy, 2012:384—385)

另一种变体是指出批评者(的研究)中包含无关案例。斯兰谢夫隐晦地使用了这一策略，对有效检验提出了一套严格的选择标准：

> 如果(1)在危机中退让会使行为体除了承受因让步产生的代价外，还须承担其他代价；(2)随着危机升级，这些代价也会增加；(3)这些代价可能会变得非常大，以至于战争变得比让步更可行；(4)不存在其他胁迫对手的机制；(5)试图胁迫对方并没有增加其让步的成本，那么危机的升级会使行为体承诺开战，由战争产生的风险会阻止虚张声势，这使冲突升级具有传递信息的作用，也起到了胁迫的作用。(Slantchev, 2012:377)

这五个非常重要的条件必须全部得到满足。这就意味着选择范围狭窄且案例相对较少。但是，这一策略有明显的负面后果，那就是严重缩小了观众成本理论的范围。

还有一种在博弈论中很常见的策略是，论证理论是有用的，并能提出重要的研究问题、确定研究方向等。毫不奇怪的是，舒尔茨等作为费伦的支持者，就采用了这一策略："我们的想法最终要对经验世界负责，但理论也可以体现出其他方面的价值，比如找到困惑、提供试探性的解决方案以及开辟新的研究途径。"(Schultz，2012:374—375)

7.3.2　小结

本节认为，大样本定性检验并不是查看所有案例、代表性案例或随机案例。这一方法的关注点是(1，1)单元格因果机制的观察值。这些案例应该有相应的因果机制，至少应该在统计分析中被表述为 X 和 Y 变量之间的关系，或是博弈论模型中的核心因素。一般来说，因果机制单元格构成了大样本定性检验的核心环节。在这一单元格中，可以直接查看理论或因果机制所预测的内容。这些案例中应该存在假定的因果机制，如果不存在，那么统计结果或博弈论模型就会被直接质疑。

与此相反，(0，0)单元格几乎没有受到任何关注。也许可以肯定的是，批评者从未想要从该单元格中选择案例。

在上述所有例子中，(1，1)单元格中的案例数量远小于统计分析中的案例数量。正是因为(1，1)单元格中案例数量较少，使得进行相对深入的案例研究成为可能。

第3章得出的结论是大多数研究者关注 $X=1$ 这一列。特拉亨伯格对案例的筛选过程很好地说明了这一点。以 Y 为中心的策略发挥了和(0，1)等效单元格的作用。哈格德和考夫曼研究的重点在于，其他因果机制比目标作者所维护的因果机制更重要。因此，(0，1)等效单元格中应该有许多案例。在探索其他因果机制时，这个单元格是关注的重点。简而言之，以 X 为中心和以 Y 为中心的策略很好地对应了第3章所概括的案例选择基本逻辑。

在大样本定性检验中，范围与一般化起到了核心作用。关于范围和理论方面的思考在特拉亨伯格构建案例全域中非常重要。纳兰和纳尔逊发现，所有曼斯菲尔德和斯奈德使用的案例都发生在第一次世界大战前，这严重限制了他们理论的经验范围。哈格德和考夫曼考察的范围则非常广泛，包括 1980 年以来所有向民主过渡和从民主过渡的案例。同样地，克罗伊泽采用了他目标论文的范围限制，研究了 1920 年前的所有相关案例。大样本定性检验意味着进行系统性的案例研究分析，以评估理论的经验范围和效度。

7.4 检验的绝对标准抑或相对标准

我们可以使用跨案例分析背景下发展起来的方法论（例如统计分析和定性比较分析），来思考"半空还是半满"的问题。因此，本节并未采取基于个案内因果推断进行判断的想法。然而，我们可以在个案内分析的基础上，运用跨案例思维来发展关于评估结果标准的设想。

特拉亨伯格采用了可以被称为"绝对"（absolute）标准的内容，来判断观众成本模型是否得到支持。他查看了 $X = 1$ 列中（1, 1）案例的比例。如果该比例接近 1.0，则对理论模型的支持力就强；如果该比例接近 0.0，则支持力就弱。出于一些原因（这些原因会在下文详述），这可以被称为特拉亨伯格观众成本假说的铁律（iron law）版本。但这也难免会出现半满或半空的情形：在 1.0 和 0.0 的中间区域，我们应该如何界定假说是否得到了"显著"支持？

表 7.2　相对重要性标准：均势理论

	缺少霸权	霸权
没有制衡	0.70	0.45
	0.30	0.55

注：$\chi^2 = 28$，$p = 0.000$，$N = 445$。
资料来源：基于 Levy and Thompson, 2005：table 2。

表 7.2 说明了这种对半分的情况。列维和汤普森检验了国际关系历史上最有影响力的理论之一：均势理论。均势理论假说的核心内容是制衡霸权。如果存在一个霸权国，那么其他国家将组成联盟来制衡它。列维和汤普森系统地观察了 1495—1999 年欧陆各大国的情况。他们认为霸权国应至少拥有国际体系的 1/3 实力，并将制衡定义为针对霸权国的联盟协定。这一假说可以被简称为"若霸权，则制衡"。

正如他们在另一篇文章中指出的："体系中即将称霸的国家几乎都会引发其他大国的反制联盟，这一观点长期以来被均势理论家视为'铁律'。"(Levy and Thompson，2010)铁律可以被理解为事件发生的概率接近 1.0。我们也可以制定"特拉亨伯格铁律"：在有民主国家参与的危机中，我们观察到观众成本的概率约等于 0.0。

如果采取特拉亨伯格的策略，我们将观察 $X=1$（即霸权国）一列，以查看制衡的频率。表 7.2 显示，各国在 55％ 的历史内处于相互制衡的状态。很显然，这无法支持均势理论的铁律。

然而，他们的确得出了一项存在显著制衡趋势的结论："尽管如此，我们的主要假说得到了数据的充分支持，假说强调要对构成霸权威胁的大国采取制衡，而这些大国建立在高度集中的陆基军事力量的基础之上，我们将这种霸权威胁定义为至少拥有系统中 1/3 的能力。"(Levy and Thompson，2005：30)他们是如何得出这一结论的？

特拉亨伯格的策略仅观察了 $X=1$ 这一列。列维和汤普森的策略则是一种相对式、比较式的策略。他们使用了 $X=0$ 中非霸权国的信息。从表 7.2 中的 $\chi^2=28$ 来看，卡方值是非常大的。这一高 χ^2 值产生的部分原因是，在"缺少霸权"一列中，只有 30％ 的时间非霸权国以联盟形式做出了制衡回应。而 30％ 明显低于 55％。

由于检验结论都是相对而言的，所以随着 $X=0$ 列中数量的变化，55％ 成功率的意义也有所不同。如果这一列中的百分比为 70％，则可以得出各国明显没有采取制衡手段的结论。

如果特拉亨伯格发现 20％ 的案例有观众成本，那么该发现很容易得出这个结论：$X=0$ 列中的百分比接近于 0，可以有力地支持观众成本理论。

判断大样本定性检验的绝对标准和相对标准未必要一致。很可能出现的一种情况就是，非常绝对的标准也可能认定证据很薄弱。反之，也会出现绝对检验较弱但相对检验很强的情况。

对必要条件和定性比较分析感兴趣的人，都会想到绝对检验的标准。这一点在关于检验必要条件的文献中最为明显（Dion，1998；Ragin，2000；Braumoeller and Goertz，2000）。这些分析采用了假设 X 是 Y 必要条件的铁律。以本章中的假说为例，就是阿西莫格鲁和罗宾逊的机制在所有民主转型的案例中都能得到支持。

同样的逻辑也适用于充分条件。列维和汤普森提出的均势假说是一项充分条件假说：若霸权，则制衡。在定性比较分析中，有一些通用标准来说明假说得到了显著支持。这些标准的最低门槛一般在 75%—80% 左右（必要条件的比率通常会更高，参见 Schneider and Wagemann，2012）。这构成了定性比较分析中充分条件通过检验的标准。由于制衡假说是充分条件假说，所以百分比超过这一门槛也就通过了检验。这一门槛当然也可以提高，例如布劳莫勒和格尔茨将 90%—95% 作为必要条件的检验标准。

特拉亨伯格的分析阐述了这种检验标准是如何起作用的。他的发现是所有 12 个案例中观众成本的存在是 0。这将很容易通过定性比较分析的检验门槛。事实上，迪昂利用贝叶斯定理表明，人们非常确信在假说中永远无法找到观众成本实例的概率远超 95%。虽然乍一看有悖常理，但是他表明，只要对五六个案例进行研究，这一点就非常可信。[1]这一直觉来自抛硬币，如果你抛掷了 12 次硬币而且每次都是正面朝上，那么你对未来抛掷硬币会得出什么结论？

定性比较分析的流程确实使用了另一列的信息（例如非霸权国家）。但是，这些信息并不是被用于和 $X=1$ 列进行比较，而是用于评估必要条件或充分条件有多么不重要，或有多么重要（即定性比较分析中的覆盖范围）。例如，民主和平理论在 1820 年就显得微不足道。虽

---

[1]　布劳莫勒和格尔茨（Braumoeller and Goertz，2000）使用权力分析的方法，通过另外一种统计分析也得出了基本一致的结论。

然民主和平理论确实存在,但那一时期几乎没有民主国家,所以它的存在未被关注。但到了2010年,世界上大约一半的国家是民主国家,民主和平就绝对不是什么微不足道的理论了。在定性比较分析中,$X=0$列将被用于评价特拉亨伯格的结论是否微不足道。

正如布劳莫勒和格尔茨(Braumoeller and Goertz,2000)所表明的那样,在大多数情况下,通过非琐碎(重要性)检验并不是问题。我们可以从表7.2中看出:如果$X=1$列是80%的可能性,那么$X=0$列的百分比很可能会小很多,因此就不是一个微不足道的充分条件。请记住,列维和汤普森得到的55%的结果,就已经具有统计上的意义了。

回到列维和汤普森,要回答关于制衡的绝对标准问题需要一个明确的零假说。定性比较分析标准要求超过75%—80%。制衡假说的另一个明显的替代假说,是将50%作为零假说:通过简单的二项式检验,$X=1$列中的百分比必须明显高于50。列维和汤普森得到的结果为55%,可能无法通过这个50%的零假说①。如上所述,他们使用的是一个30%的隐性假说,这一假说来自$X=1$列。因此,50%的零假说显著提高了通过门槛的百分比。

简而言之,可以使用相对或绝对的方式来思考"半空还是半满"的问题。统计分析提供了一个相对标准的视角;集合论和定性比较分析则提供了一个绝对标准的路径。

7.5　大样本定性检验

大样本定性检验的迷人之处在于,作者并未明确地为他们的因果推断策略而辩护,也没有将其与其他统计方法流程进行对比。实际上,大样本定性检验和统计方法在进行因果推断时有重要区别。

---

① 使用"可能"一词是因为他们在2×2的表中使用年份作为分析单元,这产生了很大的样本量。如果将(非)制衡"情况"(episode)考虑进去,样本量将会大大减少。

如果去看基础的 2×2 表，$(0, 0)$ 单元格在大样本定性检验中基本起不到作用。但是，2×2 表的所有单元格都被用于关联性的双向测量，比如表 7.2 的 χ^2。具体而言，潜在结果路径依赖于反事实，这决定了案例中是否存在因果效应：如果将 X 处理为 0，那么在反事实上结果将为 0，即 $(0, 0)$ 单元格中的案例。

相反，在大样本定性检验中，大部分注意力都集中在 $(1, 1)$ 单元格上。$(0, 0)$ 单元格和 $(1, 1)$ 单元格在重要性上的根本差异，完全不符合 2×2 统计测量的逻辑。例如，χ^2 的统计显著性取决于所有单元格之间的关系。

统计路径侧重于跨案例比较，而大样本定性检验基本依赖于个案内因果推断。大样本定性检验的原理是系统地积累个案内因果推断。无论它们是随机试验还是观察数据，都与跨案例比较有根本性区别。

这一方法的基本流程是将统计意义显著或理论上重要的假说，交由个案内因果推断检验。有时候得出的结论是，个案内因果推断与显著的统计结果相矛盾。但反过来思考，从跨案例统计分析中得出统计不显著的结果，会在个案内因果推断检验中起到重要作用吗？

表 7.3　统计不显著与大样本定性检验

	$X=0$	$X=1$
$Y=1$	30	15
$Y=0$	60	30

表 7.3 给出了一些假说数据，这些数据显示行与列之间没有关系，$Y=0$ 和 $Y=1$ 的行与列比值完全一致明确地表示了这一点。也就是说，对于 $X=1$ 和 $X=0$ 而言，产生 Y 的可能性完全相同。如果 $X=0$ 列的百分比为 55，表 7.2 也会发生同样的情况。

大样本定性检验的关注焦点是 $(1, 1)$ 单元格。我们出于立论的目的而设想，如果单元格 $(1, 1)$ 中 15 个案例的个案内因果推断，揭示了假说中的因果机制全部存在，那么我们会得到什么样的结论？

如果我们采用以 Y 为中心的路径，并观察 $Y=1$ 行，我们会发现 Y 的许多案例发生在不存在因果机制 X 的时候。这是否会使我们的结论无效或影响我们的结论？$Y=1$ 行确定了不同因果机制的相对重要

性。例如,哈格德和考夫曼在分析因果机制的相对重要性上有非常清晰的阐释:

> 然而,我们确实找到了几种替代的因果机制。在一些案例中,当政的民主政府并非被试图阻止再分配的社会经济精英而推翻,推翻者是承诺进行再分配的专制民粹主义领导人。然而,更常见的情况是,(专制)回潮是由跨越阶级界限的冲突或精英的内部冲突引起的,特别是由军事派别发动政变对抗在任公职人员的冲突所引起。(Haggard and Kaufman,2012:2)

他们为目标作者提出的因果机制找到了一些支持(通常是部分支持这些因果机制,而非全部支持),一般在所研究案例 30% 的范围内。但是,这并不如其他机制的重要性高。

结果表明,分配理论得到了一定的数据支持,但正如表 7.3 中的假说数据所表明的,其他因果机制更为重要。不过,分配机制在一些案例中确实起到了作用,这些存在替代机制的案例并没有证否或证伪这一点。

(1,0)单元格的案例对因果机制的威胁更大。这些都是我们本应看到因果机制起作用的案例。在表 7.3 的假说数据中,我们有一些因果机制产生结果的案例,即单元格(1,1)的案例,有些案例则没有基于因果机制分析而产生结果,即单元格(1,0)的案例。我们自然要问,因果机制在多少百分比的案例中起作用,在表 7.3 中,这一数字是 15/45＝0.33(33%)。

从简短的讨论和事例中,我们注意到隐藏在大样本定性检验背后的检验信条的一些重要特征。它假定(1,1)单元格中的案例存在因果机制,并通过个案内分析确认了因果机制的存在:

> 1. 跨 $Y=1$ 行的比较,将因果机制 X 与其他潜在且未知的因果机制进行比较,但并不会证明该因果机制本身失效。
>
> 2. 对比下来,$X=1$ 列可能表明因果机制不会一直生效。这是反对该机制的直接证据。
>
> 3. 确实存在一些对因果机制的经验支持。相反,统计测量则

表明 X 和 Y 之间不存在任何关系。

如果我们将以 X 和 Y 为核心的路径结合起来,那么$(0, 0)$单元格就无关紧要了。两种方法交汇之处就是$(1, 1)$因果机制单元格。这是大样本定性检验的核心。

大样本定性检验当然可能与统计分析的结论相矛盾:统计分析可能无法找到关联性,而个案内分析确实可以对这种关联性提供支持。统计的逻辑是,$X=0$ 与表 7.3 中 $X=1$ 的成功几率几乎相同,即没有证据表明 X 的变动会产生什么影响。

实际上,这里至少有两个不同的问题:(1)因果机制 X 相对于其他因果机制有多重要,这在以 Y 为导向的路径中反映出来;以及(2)当理论上我们应该期待因果机制起作用时,其实际起作用的频率如何,这在以 X 为导向的路径中得出。

基于个案内因果分析的案例中是否能看到因果机制,这一假定非常关键。表 7.3 假定$(1, 1)$案例由待考察的因果机制产生;个案内分析表明$(1, 0)$中的案例是由其他机制产生的;基于个案内分析,该因果机制在$(1, 0)$单元格中不起作用。这与本书中讨论的大多数多元方法实例不同,这些实例中的统计测量将案例置于这些单元格中。

在表 7.3 的假说数据中,因果推断发生在表建构之前和建构之时。只由在每个单元格中都有数个案例进行比较的时候,跨案例统计推断才会开始进行。另一种思考该问题的路径是,大样本定性检验并不需要所有四个单元格都起作用。以特拉亨伯格和观众成本为例,以 X 为中心的策略仅很好地适用于在 $X=1$ 列,而关联性的 2×2 测量则需要所有四个单元格的数据。

7.6 大样本定性检验：最后的示例和总结

通常,大样本定性检验采用以 X 为中心的路径。既然是检验,那就意味着目标作者所宣称的产生 Y 的 X 原因是存在的。我列举的最后一个例子，是对于托夫特（目标作者）所提出的具有启发性的假说和统计分析（Toft，2009；2010），由瓦伦斯汀（批评者）开展的大样本定性检验（Wallensteen，2015）。托夫特在研究中"为胜利辩护"，声称取得内战胜利对内战后的国家有许多积极影响，这些积极的影响包括：（1）降低内战再次爆发的可能性；（2）提高经济增长速度；以及（3）民主化。我着重关注叛军胜利对民主化的影响。瓦伦斯汀（Wallensteen，2015）从整体上探讨了这三个内战胜利的积极特征。我仅限于分析叛军胜利导致民主化的论点。①

简而言之，托夫特的研究和论述为大样本定性检验提供了一个经典场景：知名学者基于统计分析提出的重要且具有启发的论点。

她的分析引起了冲突研究学者的广泛关注，并将这一分析纳入了广泛的外交政策话语，例如《外交事务》（*Foreign Affairs*）②、《新闻周刊》（*Newsweek*）③和《基督教科学箴言报》（*The Christian Science Monitor*）④所刊登的文章，最后一篇是托夫特本人撰写的。她的研究成果被提交给了哥伦比亚国会。她的研究强烈反对目前国际社会和联合国在内战中偏好于运用谈判解决，许多现实主义者认为，她的研究说明了使用军事力量会产生积极影响。

更具挑战意味的是，托夫特声称叛军的胜利具有特别强烈的积极作用：

> 叛军的胜利描绘了一幅更积极的图景。简单地说，叛军胜利后，民主化程度得到了提升。10 年内，专制政权的数量减少了 1 个百分点以上，20 年内，这一数量增加了 1 倍多。与其他（专制政

---

① 从这三个维度来看，她认为胜利优于谈判解决。我没有涉及她分析的这一个方面。瓦伦斯汀则对这些观点进行了仔细的研究。

② https://www.foreignaffairs.com/articles/syria/2013-01-02/no-settlementdamascus.

③ http://www.newsweek.com/why-wars-no-longer-end-winners-and-losers-70865.

④ http://www.csmonitor.com/Commentary/Opinion/2011/0913/Why-arebel-victory-in-Libya-is-better-than-a-negotiated-settlement.

权)终止方式相比,这一趋势总体上具有统计意义(尽管 15 年来,
专制主义出现了小幅增长,但并不显著)。虽然这些国家仍属于专
制政权,但是叛军胜利后,对相当一部分公民的镇压有所放松。事
实上,对冲突结束后 20 年进行测量的话,叛军获得胜利的国家在
民主化方面的平均表现,要优于所有以其他形式实现民主化的国
家,这一发现在统计学上是显著的。(Toft,2009:65—66)

由于叛军胜利相对罕见(不难理解,在多数情况下胜利一方是中央
政府),这使探索因果机制案例非常容易。这些则是叛军胜利($X=1$),
然后是民主化($Y=1$)。

她在统计分析中观察了战争结束 20 年后各国的民主化水平。[1]这
是一个相对长的时期,通常比冲突研究的惯用时间范围要长得多,冲突
研究通常会选择冲突后 5 年左右,鲜少需要 10 年,极少用 20 年甚至更
长的时间。从实践上看,这意味着所有后冷战时期的内战都被她的研
究排除在外。[2]在托夫特的数据中,最近一次叛军胜利是 1986 年约韦
里·穆塞韦尼(Yoweri Museveni)在乌干达的胜利。[3]简而言之,冷战
后的结果并没有囊括在她的研究中。[4]

在她的分析中,经过 20 年的民主化阶段,到如今因果机制案例[即
(1,1)单元格]的数量已经变得相当少。瓦伦斯汀注意到,只有三个案
例在政体民主得分上有显著提高。他现在可以大致探讨叛军胜利是否

---

① "民主晔"通常意味着:(1)国家在政治上改变了政体的范畴,或者(2)国家正向民
主的方向发展。托夫特的案例中没有符合第一项的,因此对于她而言,民主化意味着向民
主的方向发展。此时国家可能依然很不民主甚至相当专制。

② 这一点有很大问题,因为托夫特反对在内战中用谈判解决争端,而谈判解决的方
式在 1989 年后变得更加普遍,事实上比任何一方胜利都要普遍。关于内战中各方获胜概
率的变化,见格尔茨、迪尔和巴拉斯(Goertz, Diehl and Balas, 2016)以及弗特纳(Fortna,
2009)的讨论。

③ 有趣的是,她将乌干达作为一项案例展开研究。她提到乌干达的第一次选举发
生在 2006 年,此时乌干达内战结束已经超过了 20 年,很难说这是叛军胜利对民主化产生
积极影响的有力案例。

④ 追踪内战后每一年民主水平(根据政体数据集),并不断统计净民主化程度(负数
意味着净走向是专制主义),这种分析方式是很容易想到的。较之将(叛军)胜利时建立的
民主制与 20 年后实现的民主进行比较的分析,前一种分析具有显著的优势。

会影响 20 年后的民主化水平：

> 事实上，政体分数大幅上升的只有三个国家，仅这一点就可以解释变化的幅度很大。但是，对于叛军胜利的民主化效应论述，没有一个案例可以很好地对应。让我们快速回顾一下这些案例。它们包括 1955 年在阿根廷发生的针对总统胡安·庇隆短暂的流血政变，以及 1979 年的伊朗革命。然而，如果我们更细致地考察这些案例就会发现，这些国家在叛军胜利后政体分数的上升难以归功于叛军的胜利。
>
> 1955 年政变罢免庇隆后，阿根廷经历了一段政治大动荡期，值得注意的是，到了 20 年后的 1975 年，庇隆家族成员再次在阿根廷掌权，这次担任总统的是胡安·庇隆的妻子与遗孀伊莎贝尔·庇隆。她在次年的另一场政变中被罢免。从一个庇隆到另一个庇隆，穿插着军事政变和政治动荡，这似乎很难说是民主化的重大进步。
>
> 关于伊朗革命，1999—2000 年政体分数的提升令人费解，但这反映了政体 IV 的编码，这其中对伊朗的记录有所增加。1997—2003 年间，一个较为开放的"自由派"总统赛义德·穆罕默德·哈塔米（Ayatollah Mohammad Khatami）执掌伊朗伊斯兰共和国，但实际权力仍在神职人员手中。然而，这很难得出民主化的显著进步可以归因于基于反叛而建成的政府。（Wallensteen，2015：section 3.4）

实际上，按照瓦伦斯汀的观点，托夫特甚至没有提出一个经验上存在的证据。瓦伦斯汀对托夫特的分析阐明了大样本定性检验的所有步骤和特征。他特别注意了 $(1, 1)$ 因果机制单元格的案例。

· · ·

某类大样本定性检验可以很容易成为多元方法研究的一部分。对 $(1, 1)$ 单元格的案例开展案例研究，可以支持基于统计分析提出的论点。从这个意义上看，大样本定性检验可以被用于或应该被用于验证统计分析。因果机制理念的支持者从一个基本的前提出发：没有因果机制，就没有成功的因果推断（见 Goertz and Mahoney，2012）。如果无法提供令人信服的案例研究来展示因果机制的作用，那么统计分析就很难让人信服。

本章的目的是探索大样本定性检验背后的逻辑。其核心主题是，大样本定性检验的逻辑与统计学中使用的跨案例流程不同。我的分析中体现了：如何使用统计来考察 2×2 表；通过使用或不使用 2×2 表的各个单元格，大样本定性检验如何进行个案内因果分析。

如果$(1，1)$单元格中只有 50 个样本或者更少，那么对其展开统计分析则是大样本定性检验的潜在目标。因此，政治学和社会学的主要领域都有待探索。与核武器扩散相关的文献通常涉及对数千个观察值的统计分析。例如，加茨克和乔（Gartzke and Jo，2009）在对 100 多万个观察值进行统计分析时，将核武器作为一个自变量。然而，根据因变量的不同，核扩散的案例最多只有几十个，因此，$(1，1)$单元格中的案例会更少。

可以看出来的是，大样本定性检验对民主和平论的相关文献产生了广泛影响。因果机制案例是那些民主国家和明显处于和平状态（即高质量的和平）的成对国家。如果将总体限定为毗邻国家，那么在$(1，1)$单元格中就没有这么多的成对国家。检验时，可以限定在诸如处于高质量民主状态下的毗邻国家。在 19 世纪和 20 世纪的大部分时间里，这项案例研究的工程并不庞大。然而，（至少据我所知）还没有民主和平理论的案例研究分析关注这组关系。

本章并不佯装已经覆盖了大样本定性检验中所涉及的全部议题。相反，我希望这些内容可以激发关于这种方法性质的方法学讨论。正如此处讨论的例子所说明的，从发表我所举例子的期刊和出版社来看，进行大样本定性检验的潜在收益是很可观的。

8

案例研究、范围和一般化

8.1 导言

本章概述了一种新的研究设计,即"中等数量范式"。这一范式侧重于基于案例内因果分析的一般化。大样本定性检验提出了关于一般化的问题。在所有相关案例中进行案例内因果推断的目标,表明了学者想要评估:假说或博弈论模型在多大程度上是可推广的,或是一般化的。本章将继续探讨上一章提出的核心问题,即如何使用案例研究来评估模型,并在外推(extrapolation)、一般化和范围方面进行了重新阐述。

案例数量从7—10个起步、可扩展到约50个的相关研究极少。绝大多数著作和论文检验的案例数量少于7—10个,或者超过50个,因而该范围内的中等数量区间未能真正成为案例研究和多元方法讨论的主题。除了拉金以及定性比较分析的相关研究之外,这类研究仍是一片空白。事实上,之所以进行定性比较分析,往往是因为案例数量对于统计分析来说太小,而对于比较案例研究来说又太大。中等数量的多元方法研究瞄准了这一特定区间。

有时候,如果有30—50个正面案例(Y=1)就很容易进行统计分析。出现这种情况有几个原因:首先,正如比较工业国家的文献所表明的那样,可以做时间序列分析,所以30年间的30个国家就有了900个观察值。同样,当所有国家的所有非战争年份都包括在数据集内时,50

场内战就有了数千个观察值,即 150 个国家乘以 50 年等于 7 500 个观察值。在采用统计方法研究冲突并发表在顶级期刊上的文献中,其分析样本量尚不足 $Y=1$ 案例数量 1% 的情况并不罕见。[1]

如果使用 $Y=1$ 的案例数量作为样本量,那么许多定量研究也包括在中等数量范式的应用区间之内。上一章讨论的许多例子表明,中等数量范式可以且应该与统计分析同时运用。

尽管在绝对意义上,中等数量区间不是很常见,但许多最有影响力的比较政治作品可以说都基于这一路径。许多经典作品都处在中等数量区间:斯考切波(Skocpol,1979)、唐宁(Downing,1992)、埃特曼(Ertman,1997)、埃斯平-安德森(Esping-Andersen,1990)以及鲁施迈耶、斯蒂芬斯(Rueschemeyer,Stephens and Stephens,1992)都处在这个区间。最近,列维斯基与威(Levitsky and Way,2010)和马奥尼(Mahoney,2010)这些有影响力的著作也采用了中等数量范式。

跨案例方法使用大样本来生成许多比较(如 $X=1$ 与 $X=0$ 的匹配比较)。相反,中等数量范式依赖于案例内的因果推断。从跨案例统计分析到个案内因果机制案例研究,经典的统计多元方法通常都是适用的。中等数量范式从案例内因果推断出发,进一步提出的问题是:如何进行更多的案例研究,以探索因果机制的一般化程度?

一般化与范围密切相关:广泛的范围意味着广泛的一般化。一般化也与外推有关。如果我们能成功地外推,那么因果机制将更具一般性。[2]

中等数量范式的一个核心问题是,案例研究如何与一般化相关联?同样的问题也适用于实验:对于在有限场所内,只有几十或几百人(通常是非常不具代表性的一组被试)参与的实验,我们如何对其进行一般化?

---

[1]　从统计角度来看,这显然是有问题的。

[2]　殷使用术语"分析性一般化"(analytic generalization)来指代案例研究的一般化:"分析性一般化是由精心提出的理论陈述、理论或理论命题组成的。一般化的形式可以是经验教训、所提假说或其他被认为适用于其他情况(不只是其他'相似案例')的原则。"(Yin,2012:epub 241)

对于从事政治学实验的学者来说，一般化并不是一个问题。在主要的方法论著作中，如邓宁（Dunning，2012）、德拉克曼等人（Druckman et al.，2011）、莫顿与威廉斯（Morton and Williams，2010）的作品中，一般化或外推的问题很少受到关注。在实验经济学中，情况并非如此（Fréchette and Schotter，2015；Guala，2005）。然而，正如对推广福利改革实验的争论所表明的，基于一些随机实验的大规模政策变动，涉及重要的政策和实践问题。

简而言之，本章有很大一部分致力于思考范围和一般化问题。中等数量范式的核心是使用补充案例和个案内因果推断（就像通过补充实验可以做到的那样）进行一般化。

8.2 概念化范围和构成总体

本书提出了一个鲜有人问的方法论问题，即案例研究如何与因果一般化融会在一起。这一问题在实验的方法论讨论中也很少见。例如在政策领域，通常的做法是通过一些实验、其他半随机化的设计进行一般化，比方说，如果在印度尼西亚起作用，那么我们就会外推并使其一般化到其他发展中国家。

重点强调范围和一般化是定性方法的特点之一（Ragin，2000；Goertz and Mahoney，2012）。社会科学与药物测试有一个共同之处：在实验测试组之外发生的事是完全未知的。例如，历史上大多数药物都是先在男性身上进行测试，然后将其推广至女性。这与在老鼠身上进行测试并外推到人类是相同的问题（有关这种外推的广泛讨论参阅 Steel，2008）。

将重点放在范围和总体构成上，可以引出本书最有用的实践建议之一：

> 指导方针：在选择案例研究时，必须列出要分析的可能案例的总体。

多年来,我多次使用这个指导方针,它几乎总是激起博士生们长时间深思熟虑的讨论。通过提供一份清单,研究人员被要求明确总体和范围限制。例如,作为传统比较案例研究的一个主要问题,采樱桃谬误(cherry-picking)*变得更加明显。

确定可能的案例总体,其指导方针实际上包括两点。第一是确定 $Y=1$ 的案例的总体。所有概念都应该被界定为连续的(例如,Goertz,2005;Goertz and Mahoney,2012),其边界是模糊的。假设因变量是内战的情况下,被广泛使用的乌普萨拉冲突数据计划(Uppsala Conflict Data Program,UCDP)数据集(Themner and Wallensteen,2013)有两个标准:战场上每年死亡 25 人和 1 000 人。这种因果机制适用于低水平内战、高水平内战,还是两者兼而有之?许多内战被界定为二分概念,但它们实际上是间断的,即大约一半的内战是反复性的。

指导方针的第二点是 $X=1$ 案例的总体。正如第 3 章所讨论的,案例的选择逻辑在很大程度上应该基于 X。$X=1$ 将面临与 $Y=1$ 时出现的同样的问题。几乎总是有一个处理很弱的灰色区域。许多关于方法的讨论都集中在采用二分处理和二分控制的实验上。然而,现实世界是连续变量中的一环。[1]

马奥尼和我(Goertz and Mahoney,2012:chapter 16)使用了生产石油的君主制国家的例子,将范围考虑与因果机制问题交织在一起。在考察人均 GDP 与民主之间的关系时,产油君主似乎是一个特例。将产油君主国视为范围条件并排除这类国家,可能会让实证分析大大简化。

许多研究的另一个核心范围问题是时间限制。这一点也需要明确。例如,国际关系通常始于 1648 年的《威斯特伐利亚和约》。然而很多人认为,随着冷战的结束,国际关系发生了根本性的变化。

例如,布瓦和斯托克斯(Boix and Stokes,2003)强烈批评了普沃斯基等人(Przeworski et al.,2000)将研究起始点设置为 1946 年,认为他

---

* 指只选取有利于自身论证的证据。——译者注

[1] 同样,药物研究实验必须包括药量,因为药物处方是连续的(即多少),而不是二分的。

们错过了早期民主化的重要案例。布瓦和斯托克斯重复了普沃斯基等人对 20 世纪 50 年代至 90 年代的分析，然后他们将这一结果与从 1800 年开始的更长时期的分析进行了对比，得出了截然不同的结果。不过，进行长时段研究的风险在于下面讨论的"子集"问题，并且可能会给数据集带来显著的异质性。理论和检验的时间范围问题，应该始终置于研究设计的考虑事项清单内。

构建范围意味着寻找因果机制起作用的案例[即单元格(1，1)]和那些本应起作用但实际上没有起作用的案例[即单元格(1，0)]。这就是产油君主国范围条件的要点，经济财富和民主之间的关系似乎不适用于这一组国家。另一个经典的例子是斯考切波的《国家与社会革命》将有殖民历史的国家排除在外。

在案例和因果机制之间反复确认，有助于对概念和基本因果机制的精炼。互联网数据集在概念上的异质性会产生问题。例如，相当一部分内战实际上是军事政变。如果因果机制符合通常的政府对抗叛军的情形，那么这些属于精英内部冲突的军事政变，就会因其与因果机制相关的概念原因而被移除。

一般化的目标往往与反例极少的目标有着直接冲突。这种权衡需要公开、透明。通常，定性学者(特别是定性比较分析学者)努力争取使得单元格(1，0)对应很少的案例。在定性比较分析中，充分性的标准通常相当高，一般要求 70%—80% 的案例能被成功检验(Schneider and Wagemann，2012)。这种情况就会强烈要求研究者排除反例，许多中等数量比较的经典研究也是这样做的。

分析因果机制一般性的一个关键步骤是，界定可能作为案例内因果推断的案例的总体。要做到这一点，就要进行理论化和探索范围。

8.3 一般化和范围的种类

考量一种理论的范围和一般化程度，始于质疑某个特定因果机制的一般化程度。例如,前面章节中提到了特拉亨伯格对观众成本的检验,他将样本总体限定为 12 场大国间的、民主国家参与的(其中至少一方为民主国家)非战争危机。如果在所有危机中都能发现观众成本,那么这个理论在其经验范围内就算得上一般化了。然而,我们能从民主大国外推到其他民主国家吗?我们可以将这一理论推广到危机的生成吗?

第一步是观察理论本身是否具有或明确、或隐含的范围限制。例如,第 6 章讨论了假定在博弈论模型中的范围作用。假定通常能将范围限制在能够满足核心因果机制假定的情况中。

特拉亨伯格(Trachtenberg, 2012)仅仅研究了非战争危机,因为此类危机在费伦的观众成本理论中扮演着核心角色:

> 最后,本文只考察那些没有在战争中结束的危机。这一考量的依据与费伦的理论中的基本要旨有关。费伦在其关于观众成本的论文和另一篇非常重要的文章《战争的理性主义解释》中提出,理性的国家本应该能够达成使其避免战争的协议,但有时会因为它们怀疑对方在虚张声势而未能达成。因此,任何允许它们可信地透露其实际偏好的东西,都可能指向明确的结果从而使它们能够避免战争,而在费伦看来,观众成本机制为此提供了一种有效的方式。这意味着,如果这一机制像费伦所说的那样重要,那么相比以战争方式结束的危机,我们更有可能看到其在和平结束的危机中起作用。(Trachtenberg, 2012:6)

可以说,特拉亨伯格的分析是在运用"检验范围"。虽然这一理论很可能包括如危机爆发等其他情况,但他的检验着眼于理论范围的核心部分。

检验范围和外推一直是案例研究文献中的核心方法。一个基本的直觉是,如果无法检验"最可能"案例的核心,那么人们就会假定或者外推出,其不太可能在更边缘的领域发挥作用。社会建构主义者在与现实主义者的早期辩论中使用了这一策略。他们辩称(例如,Katzenstein,

1996），如果社会建构主义能够解释战争和国家安全，那么它就是广泛适用的。因此，他们不是从价值观、意识形态和规范等明显相关的"容易案例"开始，而是从与建构主义相悖的情况开始。

因此，第一种范围是理论范围。博弈论模型的假定是否普遍成立？观众成本机制在什么情况下适用？可以将其扩展到非军事化的互动吗？因此，检验范围通常是理论范围的子集。

下一步则涉及在因果机制存在或应该存在的情况中，对明确对应 $X=1$ 的范围加以界定。如果现象 X 很普遍，那么就意味着存在更广的范围。例如，随着世界变得更加民主，民主和平的经验范围也在扩大。对此加以外推，如果世界只由民主国家组成，就不会再有国际战争了。

因此，另一种范围取决于 X 出现的经验频次：该因果机制是一种普遍现象吗？这可以称为研究项目的"经验范围"。

经验范围让我们探索机制产生结果的可靠性。越一般化的机制越可靠，也就通常能够产生结果。这涉及观察在 $X=1$ 一列中单元格(1, 1)案例的百分比，可以称之为一般化的可靠性维度。

思考一般化的另一种方式是通过 $Y=1$ 的案例。有人可能会说，一个完全一般化的因果机制可以解释所有 $Y=1$ 的案例。因此寻找 $Y=1$ 的案例是一种以结果为导向的一般化路径。在因果机制难以产生 Y 的情况下，从某种意义上说其一般性则可能是有限的。大多数 Y 可能是由其他因果机制产生的。正如上一章所讨论的，在向民主国家转型和从民主国家转型的过程中，分配性因果机制的一般性程度如何，是哈格德和考夫曼的兴趣所在。

范围的类型与一般化的形式会自行变动。有时某种现象很重要但较为罕见，比如拥有核武器。此外，明确说明检验范围与理论范围的关系是非常有用的，特别要说明检验范围作为子集的大小，以及检验范围对理论的重要性。

所有这些都表明，为多元方法研究列出一份可能的案例研究清单非常重要，也并非易事。研究三联体的范围和一般化这两个方面，有助于跨案例或者大样本统计分析。如果有一些案例（$Y=1$ 或 $X=1$）似乎不适合于因果机制案例研究,那么它们在统计分析中的有效性就会受到质疑。为了使研究三联体发挥作用,理论、案例内和跨案例分析之间必须保持一致性。

8.4 一般化和稳健性

对有效因果一般化的关注,导致了统计研究中对稳健性检验的高度重视。这类操作已经成为量化文章的一个常见的、标准的部分,通常会在网络上伴有细致的附录。然而,稳健性和一般化的问题并不局限于统计研究。

在统计学中,一个核心的潜在问题是,如果人们基于数据的各个子集分析了一个既定的统计模型,那么在这些子集上可以得到完全不同的参数估计。这些参数包括从正相关到负相关,或者从显著到不显著。

因此,统计多元方法实际上面临两个问题。第一个问题是样本内因果机制的检验与分析。当人们使用统计分析的样本进行案例研究时,是否会发现因果机制在起作用?第二个问题是,如果在不同子集中选择案例进行研究,案例研究的结果可能会有所不同。

例如,在国际关系研究中,研究者有时会估计不同历史时期(例如1946—1988 年与 1989 年至今)的统计模型。基于直觉,后冷战时期与冷战时期是完全不同的国际体系。[①]在比较政治学领域,当着眼于比较不同的地区时,这类情况也可能发生。然而,将所有时期和地区放在一起会产生"汇聚不同的观察值"(pooling disparate observations)的潜在问题(Bartels,1996)。

因此,如果样本内检验未能揭示因果机制,可能是因为案例所处的子集具有另外的因果关系。因此,统计多元方法的案例研究需要意识

---

① 同样常见的是时期(period)的虚拟变量,但这只是意味着每个时期的截距不同,而不是因果关系在根本上不同。

到统计分析的子集敏感性(subset sensitivity)。

一个经常被忽略的事实是,定性比较分析在这一方面非常特别。上述统计问题与统计数据集的子集相关。定性比较分析本身就是一种集合论方法,它完全关注集合关系。

假设人们通过跨案例分析发现,X 对于 Y 是必要的。如果我们观察一下总体 P 的各种可能的子集,这一假设意味着什么? 根据定义,如果 X 对于 Y 是必要的,那么当 $Y=1$ 时,我们就会知道此时 $X=1$,这说明 Y 是 X 的子集。所以,对于 P 的任何子集(例如,$Y=1$ 案例集的任何子集),必须满足 $X=1$。

> 如果在 P 的跨案例分析中,X 对于 Y 是必要的,那么在 P 的所有子集中,X 对于 Y 是必要的。①

因此,定性比较分析进行了稳健的总体内(within-P)的必要条件一般化。这与那些总体内稳健性较弱的统计方法形成鲜明对比。换言之,总体内稳健性在统计中是可能的:它取决于数据和统计模型。在定性比较分析中,总体内稳健性是方法论的自身特色。

同样的原理在充分条件下也是成立的。根据定义,如果 X 对于 Y 是充分的,那么当 $X=1$ 时,可知 $Y=1$;X 是 Y 的子集。如果我们知道在 P 中,每当发生 X 时,Y 就会发生,那么这就一定适用于 P 的任何子集。

定性比较分析自然会产生具有不同因果机制的子集。因此,虽然必要条件意味着总体 P 的同质性,但存在多条充分性路径也就意味着具有因果异质性。因为这些子集可以相交,所以给定案例可以处在多条路径上。

此外,在案例集中还有一个重要的子集尚未得到解释。定性比较分析的操作理念是缩小范围以更好地适应,因此会产生其充分性"未

---

① 出于讨论的目的,我忽略了缺少 X 的 $Y=1$ 的案例,这些案例可能在子集之间分布得相当不均匀。

知"的案例子集,而此种分析方法没有解释这些案例。

简而言之,定性比较分析假定充分条件具有因果异质性,即具有通向 Y 的多条路径。相反,统计分析关注的是平均处理效应,不同的因果效应在不同被试之间可能存在显著差异。虽然人们可以探索这种异质性(即具有异质性的处理效应),但它并不居于议程的首要位置。

定性比较分析不稳健的地方在于通向结果的路径数量。一些路径可能不存在于 P 的某些子集中,因此定性比较分析的等效性较为脆弱。我们所知道的是,P 的子集的等效性必然是 P 内路径的子集。换句话说,我们只能损失子集中的路径,而无法找到新的路径。[①]

用统计学术语来说,定性比较分析用于寻找"分离"(separation)。分离是统计方法的一个重大问题(扩展讨论见 Goertz, 2012)。从更宏大的角度来看,分离是好的,具有可取之处;分离意味着强因果效应。定性比较分析的情况也适用于统计学中的分离:其适用于 P 的所有子集。

统计多元方法研究的一个要点是,如果案例研究没有如预期般运行,我们应该将其视为子集问题或范围问题。

从实验中一般化

尽管将案例研究和实验结合在一起看起来可能有些奇怪,但实际上它们确实应该放在一起(Small, 2009;Yin, 2012)。它们的核心共同点是它们都强调内部效度的重要性,而这通常是以牺牲外部效度为代价的。两者在一般化问题上都比较薄弱,即案例研究或实验的一般化程度如何?

一般化经常作为外部效度主题之下的次级问题。作为方法论问题的外部效度和内部效度,因坎贝尔和斯坦利(Campbell and Stanley, 1963)的经典讨论而进入议程。在两者之间往往存在权衡,实验就是一个典型的例子:成功的实验具有很高的内部效度,但外部效度可能较低:

① 同样,这忽略了可能并非均匀地分布在子集之间的反例。

　　"外部效度"一词是在坎贝尔和斯坦利（Campbell and Stanley，1963）关于实验设计的具有里程碑意义的短篇著作中首次提出的。这本书最初是作为《教学研究手册》（*Handbook of Research on Teaching*）的一个章节。斯坦利是一位教育心理学家。他对外部效度的兴趣可能源于其对教育实验的思考，例如在高度特定的环境中，哪些教学方法能产生最好的学习效果。（Camerer，2015:253—254）

　　斯坦利对基于实验的教育政策的一般性很感兴趣。在其他类型的教育环境中，人们会取得同样的成功结果吗？

　　外部效度包含一系列方法论问题，与此处案例研究相关的是实验的一般性。①实验本身的一般性程度有多高？如果在不同的环境或背景下重复实验，会得到相同的结果吗？莫顿和威廉斯阐明了普遍的立场：

　　　　形成外部效度涉及什么类型的实证分析？简单地说，研究人员在新的总体上，或者使用新的实验环境、材料等，以重复实证结果。（Morton and Williams，2010:196）

　　就一般化而言，实验可能或多或少是稳健的，就范围而言自然也是如此。人们在新的总体上重复实验，以回答一般化的问题。

　　稳健性有两种含义：第一种是实验的"微小"（minor）变化产生了相同的结果：

　　　　然而，初步的回答如下：成功的重复有助于证明实验现象对实验环境或小或大的变化是稳健的。在一些方面，实验者谈论稳健性的方式与理论科学家一样，即当理论结果不依赖于情境的某些

---

　　①　关于外部效度的讨论通常更多集中于实验的现实程度——或者相反，集中于实验环境的人为程度。这就引出了另一个一般化或外推问题："解释许多实验室实验数据的一个关键假设是，在实验室中获得的观点可以外推到外面的世界，我们将这一原则称之为一般性。"（Levitt and List，2015:208）

细节或不依赖于用于推导它的假定时，它就是"稳健的"。针对具体的实验环境或理论模型的抽象初始条件的变动或替换，好的科学结果总会具有稳健性。(Guala，2005:15)

我将忽略这一类型的稳健性，而将重点放在第二种，即一般化意义上的稳健性。

卡梅勒指出，一般化并不是实验经济学家主要关心的问题："大多数实验经济学家的共识是，现实主义、一般性或外部效度不是特别重要。"(Camerer，2015:253)瓜拉发现哲学家也是如此：

> 着墨于外部效度是富有挑战性的。令人惊讶的是，科学哲学家对此几乎不置一喙。实验经济学家也倾向于忽视或淡化外部效度的相关性，他们通常会说外部效度并不是一个特别有用的概念，而且，过于担心它可能会转移人们对实验设计中更重要问题的注意力。(Guala，2005:142)

最知名的经济学实验(通常也是认知心理学实验)专注于检验理性选择或预期效用理论的预测。其中最著名的是卡尼曼和特沃斯基实验，卡尼曼因此获得了诺贝尔经济学奖，他与实验经济学的奠基者弗农·史密斯分享了这一奖项。

第6章讨论了案例研究和博弈论模型之间的关系，案例研究通常不支持博弈论模型。理性决策实验的检验也是如此：实验不支持标准预期效用模型的预测。经典的例子是偏好反转和决策制定中公平性伦理(fairness-ethics)的重要性(即正义和公平因素导致人们违反了经济模型关于金钱最大化的预测)。

最初的实验起到了理论证伪案例研究的作用。鉴于实验通常使用有限的人员(例如，心理学或经济学课程的学生)，许多人提出了一般化问题：

> 早年大多数经济学家对实验兼有怀疑和好奇的态度，每当我们向经济学家受众展示结果时，不得不为我们的方法辩护。我们

经常被问到,使用人口统计学意义上缺少代表性的被试库进行的实验,其得出的一般性结论是否有效(我们的大多数实验从英国大学生群体中招募被试者,这些被试者在年龄、教育程度和社会阶层方面显然不能代表普通英国人)?(Bardsley et al.,2010:Kindle location 2567—2570)

对于特别强调一般性的政治学家来说,使用学生参与者往往构成了实验研究的一个关键问题,而对一些审稿人而言,这是一个致命的问题。(Druckman and Kam,2011:41)

实验有时表明,学生和更真实的被试者之间的行为有很大的不同。例如,明茨、莱德和韦德兹在学生和军官中进行了一项关于反恐决策的实验。他们发现,学生和军官的行为在多个维度上存在差异。他们的结论是:"学生样本通常并不合适,因为从实证上讲,他们会导致被试总体结果的差异。"(Mintz,Redd and Vedlitz,2006:769)同样,鉴于经济学学生在该领域的特定训练,人们可能会认为他们在理性选择实验中的表现会与其他人不同。

正如巴德斯利等人讨论的那样,一些实验之所以在 20 年后成为经典,很大程度上是因为它们在不同的国家、不同的教育与财富水平、不同的文化与宗教等方面被广泛重复。

总而言之,实验和案例研究同样面临着一般化问题。当潜在相关的因果特征发生变化时,我们不知道因果机制的稳健性有多强。要知道这一点,唯一的办法就是在进行后续实验时,改变潜在的重要因素。要知道案例研究的一般性,唯一的方法就是在进一步的研究中改变潜在的影响因素 Z。

8.5　中等数量范式：案例研究与一般化

中等数量范式专注于进行 10 个以上案例的研究。在实际研究中,这是一个相当少见的区间。然而,这却是一个理想的研究领域。中等数量设计直接回答了定性案例研究几乎总被问到的问题:案例研究的一般性有多强?

在比较研究中,基本分析单元往往是国家。如果感兴趣的总体是原社会主义国家,可以令人信服地对原社会主义国家这一范围(大约有20个国家)进行案例研究。例如,马奥尼(Mahoney,2010)把研究范围限定在拉丁美洲中曾被西班牙殖民过的国家。因此,他可以对所有这些国家进行相当严格的案例研究。

一种路径是在某些范围条件内分析所有案例。例如,格日马拉-布斯(见第2章)把民主化的原社会主义国家作为她的研究范围。一般化问题之所以出现,是因为自然而然要面临的问题是,这一分析在多大程度上适用于其他类型的国家。对于马奥尼(Mahoney,2010)来说,面临的问题则是,同样的逻辑是否同时适用于葡萄牙和英国的殖民国家?

在这些中等数量分析中,子集的稳健性通常很高,因为所有个案都会得到详细的检验。但一般化仍然是一个悬而未决的问题。这是典型的取舍问题:高质量的个案内因果推断往往伴随着在一般化上的弱点。通过涵盖范围广泛的案例,例如拉丁美洲的西班牙语国家或原社会主义国家,这些理论比基于一两个案例的研究走得更远。

中等数量范式由两部分组成:(1)深入的因果机制案例研究和(2)一般化的案例研究。根据案例研究在整体研究设计中角色的不同,案例研究的基本原理、选择和案例内分析也有所不同。

因此,与许多案例研究设计不同,并不是所有的案例都以相同的分析深度进行处理。在许多实际研究中,多案例分析将每个案例分析视为相对平等的。如耶林(Gerring,2017)、乔治和贝内特(George and Bennett,2005)认为,方法论文献默认每个案例研究大致平等。

中等数量设计涉及相当多的不太深入的案例研究。一般来说,这意味着广泛使用二手资料来源,以及在案例内因果推断上的主张较弱:

中等数量设计包括几项因果机制单元格(1,1)对应案例的深入研究,以及其他较多一般化的案例研究。

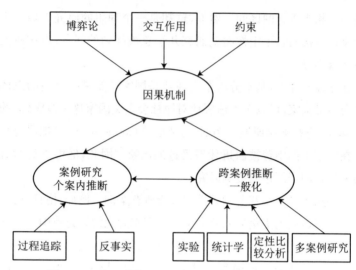

图 8.1　研究三联体：因果机制、跨案例推断和案例研究

因此在统计多元方法研究中，一般化案例研究充当了某种统计分析的角色。它们提供了一般化意义上的跨案例分析，而不是个案内因果推断。它们的相似之处还在于，它们不是深度的分析，而是相对浅显的分析。

图 8.1 所示的研究三联体说明，案例研究在中等数量范式中扮演了不同角色。图的左侧是深入的因果机制案例研究。右侧通常是跨案例（通常是统计）分析。然而，右侧也有"多案例研究"。之所以将跨案例分析放在这里，是因为它们扮演着不同于左侧因果机制案例研究的角色。它们解决了因果机制的一般化问题。因此，中等数量设计具有多元方法的性质。跨案例分析不是通过大样本统计分析进行跨案例推理，而是专门关注一般化问题。

就研究过程而言，因果机制案例通常居于首位。如果研究者找不到因果机制在起作用的好例子，那么追求一般化就没有什么意义了。

那么问题在于，在资源有限的情况下，对于这些其他案例，什么是最佳选择？这当然要视具体情况而定，但也可以提出一些通则。①

---

①　最好先假定因果机制不涉及必要条件，也不涉及某种（统计或集合论的）交互项，基本上就是第 3 章中给出的情况。

单元格(1，0)通常是因果机制案例研究之后的一个很好的起点，因为这是范围单元格。在理想情况下，该单元格中只会有极少的案例。如若这样，那么就应该对这些案例加以研究。

在中等数量研究中(我们将其定义为对10个以上的案例的研究)，我们往往会觉得案例没有很好地发挥作用。马奥尼(Mahoney，2010)探讨了拉丁美洲国家相对经济发展，在一段时间内展示出了令人难以置信的稳定性。阶段性的剧变打破了这种稳定，在剧变中，核心变成了外围，外围则成了核心。如秘鲁和玻利维亚这样的早期经过殖民化的富国变成了穷国；如阿根廷和智利这样的早期的穷国，则变成了富裕国家。这种模式相当普遍，但有几个国家不太符合这种模式。马奥尼发现石油可以解释委内瑞拉的例外表现："唯一明确的例外是石油对委内瑞拉的贡献，将这个国家的经济发展从地区中等水平提升到地区高水平。"(Mahoney，2010:227)

案例可能因特殊因素(idiosyncratic factors)而不符合理论。然而，特殊因素的概念与一般化有关：如果因果因素经常出现，它就不再是特殊的。因此，马奥尼必须判断石油是否足够重要，以将其纳入整个因果机制。如果因果机制变成有利可图的出口商品，"石油出口"就会变得不那么特殊："有利可图的出口商品很少在长期内改变任何事情。"(Mahoney，2010:227)

这种路径非常符合比较历史研究的实践。如果案例总体较小，那么潜在反例的重要性就会显著增加。人们需要确定这些反例是否真的是反例，还是存在某种测量误差。有时这些反例可以通过修改因果机制来解决。这通常意味着以抽象的方式改进，并注明可替代的因素。基本的因果机制保持不变，但可以修改细节以将一些功能等效的机制考虑进来。有时反例最好通过范围条件来处理。无论如何，单元格(1，0)对应的案例都值得包括在内，细节将根据单元格中的案例的本质和数量的不同而有所不同。

在第3章中，Z变量充当着重要的范围角色。一般化意味着选择Z取值显著不同的案例。这意味着实施了一个最大差异的系统设计。因此Z变化对我们是有帮助的。

什么样的因素才能产生好的一般化变量？在许多统计分析中，这些Z变量本身并不被关注。它们可以是国家的固定效应，可以是区域的虚拟变量，也可以是不同历史阶段的统计分析。这些Z变量被用于最相似的系统中，或被用于匹配的情境中。我们的目标（比方说匹配的目标）不是一般化，而是控制其他因果因素。

> 在中等数量范式中，一般化变量和范围变量（也就是 Z 变量）应该具有理论上的相关性。

当案例研究表明因果机制在某些情况下不起作用时，这一点就变得清晰起来。人们马上就会问其中的原因。如果一般化变量是国家名称，由于固定效应，人们就不得不问（比方说）法国为什么不同。普沃斯基和托恩（Przeworski and Teune，1970）在很久以前正是出于这个原因反对专有名称变量。如果一般化变量是理论变量，那么我们就可以开始理解因果机制在何时何地起作用了。

选择少数几个集中体现了因果机制的案例，核心原则之一是避免过度决定。更具体地说就是选择 $Z=0$ 的案例。一旦选择了 10 个以上的案例，社会科学数据的实际情况就会对案例产生影响。在定性比较分析领域，这一现象被称为有限多样性（limited diversity）（Ragin，2008），在统计分析中则属于共线性问题。这意味着，在探索单元格(1，1)对应的案例时，很可能会出现混杂原因的 $Z=1$ 案例。

学者们常常对所谓的"理论竞争"感兴趣，即 $X=1$ 且 $Z=1$ 的情况。对于给定案例同时适用两种因果机制的情况，虽然统计方法不能做出判断，但个案内因果推断或许能够评估这两种理论中谁更有用（Beach and Pedersen，2016）。我们可以借用过程追踪中流行的侦探比喻来思考这一问题。在第一眼看到谋杀案时，存在一些明显的潜在嫌疑凶手（X 和 Z）。但随着深入调查此案，使用环箍测试、冒烟枪检测和其他过程追踪测试的方法，这些嫌疑人中的一些人就会在嫌疑名单上被排除，或者加重嫌疑。

中等数量路径为配对比较提供了独特的视角。正如塔罗指出的（Tarrow，2010；也可参见 Slater and Ziblatt，2013），成对比较相当流行。本书认为，经典的成对比较［即单元格(1，1)与(0，0)配对］没有多大意义。由于因果推断研究是通过个案内过程跟踪和反事实来完成的,所以单元格(0,0)与(1,1)的跨案例比较没有理由存在。

另一种流行的范式(尤其在安全研究中),是一本有一个理论章节和五六个案例研究的著作。从中等数量范式的角度来看,这也不是最优的案例数量。作者通常在每个案例研究上平均发力。因此,它既不是一个非常深入的因果机制案例研究,也不能算作很好的一般化研究。中等数量方法的两个核心特征是高质量的因果机制分析和一般化的案例研究,因此五个或六个案例研究的书并不是我们的选择。

我的分析表明,配对比较和五六个均等的案例研究设计并不是最优的。配对比较模仿了统计学,因此如果可能的话,最好进行统计分析。我们应该将研究精力分配到细致的因果机制分析和一般化上,并为这些不同的目标选择案例研究,而不是五到六个均等的案例研究。

从一般化的角度考虑案例研究还提出了一种统计多元方法的变体,由此可以进行一些不太深入的案例研究,以准确地探索前面讨论的子集稳健性问题。因果机制单元格(1,1)对应案例被精心挑选来演示因果机制是如何工作的。当案例研究具有稳健性和一般化功能时,还需要考虑其他事项。

一般化在许多著名实验中非常关键。例如最具戏剧性的例子之一,就是著名的米尔格拉姆(Milgram,1974)实验中的一般化。米尔格拉姆试图解释在纳粹屠杀犹太人时普通德国人的服从现象。他在实验中将被试者置于这样一种情境中:一位权威人士要求他们对另一个人实施他们认为的真实电击。在实验之前,每一位被咨询过的精神科医生都预测,只有最糟糕、最罕见的精神病患者才会被施加最大程度的电击。米尔格拉姆(以及后来的其他实验,如著名的斯坦福实验等)发现,普通人在适当的环境中很可能做出极端行为。

8.6 一般化与 (1, 1) 案例的外推

最初的因果机制案例研究侧重于研究符合因果机制的案例,即处

于(1，1)一角的案例。因果机制的外推和一般化，则是在(1，1)角之外因果机制仍然起作用的程度。按照这样的框架，我们可以谈论 X 的一般化和 Y 的一般化。X 的取值从 1 向 0 移动，意味着该机制变得更加微弱。从 Y＝1 向 0 移动意味着结果会变得不那么显著。

对于这一点如何推动政治学的重要领域，民主和平文献可以很好地说明。我对民主和平使用了充分条件表述：两国均为民主国家，对于和平是充分的。①

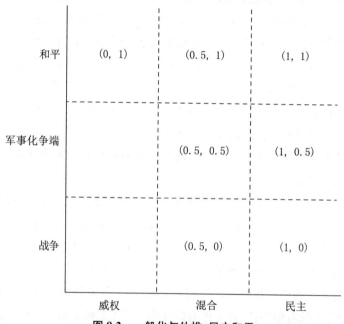

图8.2　一般化与外推：民主和平

如图 8.2 所示，靠近(1，1)角的区域是高质量的民主与明确无歧义的和平区域。这里的案例研究将涉及明显处于和平状态的二联体，例如西欧国家或美国-加拿大。

一般化的关键形式之一就是 Y 的一般化，对应图 8.2 中的单元格(1，0.5)。较低水平的 Y 是不太严重的军事化争端，这可能涉及严重

———————————

① 有关必要条件版本的讨论，请参见第 4 章。

的武力威胁或低水平的武力使用。如果民主和平是 Y 的一般化,那么这个单元格应该几乎没有对应的案例。

事实上,使用战争相关的军事化争端数据集发现,很大一部分关于民主和平的统计文献都集中在这一区域。这些争端的严重程度大多较低,例如只持续一两天且不涉及战斗伤亡。因此,(1,0.5)区域是民主和平"一般化区域"(generalization zone)的核心部分之一。

一般化与子集稳健性有关联(见上文)。标准的统计分析包括战争和非战争的军事化争端。如果仅对战争进行统计分析,很可能会出现数据分离的情况(例如表4.1)。一般化意义上的子集稳健性意味着观察较低水平冲突的 $Y=0.50$ 区域。因为几乎所有的统计研究都包括战争,所以很难说清民主和平是否 Y 的一般化。观察这些案例(无须统计分析)表明正是如此。大多数民主国家之间的非战争军事化争端都是相当低水平的(参见 Mitchell and Prins,1999)。①

另一种研究尚不透彻的一般化形式涉及考察较低质量的民主国家。如图8.2所示,这是 X 的一般化,因为它是沿着 X 轴移动的。如果在(0.5,1)区域有很多案例,那么就支持民主和平的一般化。(0.5,0.5)区间的案例表明,在民主国家之间发生不那么严重的争端时,民主和平才具有一定的有效性。最后,(0.5,1)区域具有许多案例,这意味着我们确实需要高质量的民主才能使民主和平生效。

曼斯菲尔德和斯奈德(Mansfield and Snyder,2005;在上一章中讨论过)关于民主化政权的战争倾向的辩论表明了 X 的一般化。这些国家大多数不是高质量的民主国家,因而处于0.5的混合区域。他们的观点是,在(0.5,0)单元格中应该有很多案例。因此虽然单元格(1,0)可能没有观察值,但一旦我们尝试将 X 一般化,因果机制就不再起作用。

有三个区域构成了民主和平的主要一般化区域。它们是与单元格

---

① 米切尔和普林斯提出了另一种分析民主和平的模式,那就是在图8.2的基础上增加一个时间上的第三维度。他们发现,"虽然在20世纪50年代,只有不到50%的民主国家间的争端没有伤亡,但在80年代有超过80%的争端、在90年代100%的争端都没有伤亡。民主国家间争端的平均持续时间通常也会随着时间的推移而减少"(Mitchell and Prins,1999:175)。

(1，1)相邻的单元格带。在这一区域进行案例研究，有助于确定民主和平在 X 和 Y 方向的一般化程度。

正如第 3 章所讨论的，(0，1)区域是等效性单元格，并且与民主和平的一般化并不真正相关。很少有人质疑还有其他通往和平的潜在途径。[①]

图 8.2 显示，一般化可能意味着将因果机制 X 或结果 Y 外推到附近区域。现有的统计分析无法具体告诉我们一般化区域的情况。统计分析通过图 8.2 的数据画了一条线。因此，标准的统计方法并没有具体探索一般化区域。

中等数量范式为民主和平辩论提供了一些有趣的启示。它使我们能够更清楚地阐述基本实证发现的一般化的构成要素。它还使得确定可能的案例研究成为可能，以更细致地探讨民主和平的一般化程度。

8.7　研究实践

在实践中，包括 10 个以上案例研究的情况相对较少。与此同时，许多比较历史和制度研究的经典著作属于这一范畴。由于中等数量设计并不是一种特定的方法论类型，我编制了一份其中包括 10 个以上案例研究的研究书目（可通过本书在普林斯顿大学出版社网站的网页获得）。该参考书目虽然尚不系统，但会随着我发现更多的例子而不断扩充（大约每年在网上更新一次）。

中等数量设计的一个显著特点是，它分为两种案例研究：一种是为了探索因果机制的深入案例研究，另一种是用于一般化的更浅显的案例研究。研究者通常特别关注异常案例，但往往不清楚这些案例是(1，0)还是(0，1)案例。另一种趋势是较少关注对照案例或负面案例［这些案例有时被称为"影子案例"(shadow cases)］。

---

①　这取决于人们如何定义和平。参见格尔茨、迪尔和巴拉斯（Goertz，Diehl and Balas，2016)关于民主是高质量和平的必要条件的论点。

中等数量研究是一本著作或者学位论文体例的研究设计。中等数量案例研究的文章倾向于隶属大样本定性检验的类别。通常情况下,研究结果是负面的,即案例研究并不支持重要的理论或假说。第3章列举了这样一种例子,即用两三个案例研究来展示和探索一种既定的因果机制。在我们2006—2015年的系统性期刊调查中,没有一篇文章使用了中等数量范式。

罗森在分析女性在议会中的代表性时,提供了两个深入的案例研究和18个简略的案例研究。她认为,"这些国别比较使我能够评估不同发展水平之间的差异,并从背景细节和具体的国家历史出发,评估统计分析所强调的制度机制是否如预期那样运作。我的研究设计的定性部分也提出了可以更加受普遍检验的新假说"(Rosen,2013:17)。

兰格采用了一种类似的设计:"具体地说,我采用了三层嵌套研究设计,包括对39个前殖民地的统计分析、对4个前殖民地的深入比较历史分析,以及对11个前殖民地的简短案例研究。分析的第一步提供了对一般因果过程的洞察,第二步强调了特定的因果机制,第三步检验了这些机制的一般性,从而为前英国殖民地之间的不平衡发展提供了系统性分析。"(Lange,2009:Kindle location 167—169)

这两个例子说明了中等范式和统计分析如何成为多元方法研究项目的一部分。在这两种情况下,深入的案例研究被用来分析因果机制,然后统计以及中等数量案例研究被用来探索一般化。

上一章中对大样本定性研究的讨论,集中于其在检验模式中的使用。然而,大样本定性研究可以以一种更积极的方式来处理一般化问题。例如,科普兰通过选择大国危机和战争来关注Y的一般化:"通过涵盖如此广泛的大国案例——包括那些并不支持我的观点的案例——该研究可以评估贸易预期理论相对于其竞争理论的整体解释能力,同时避免任何会使其价值受到质疑的选择偏见。"(Copeland,2015:2—3)通过这种Y一般化的方案,他可以评估各种因果机制的相对重要性,却限于他可以得到什么样的X的一般化。

中等数量的实践纲要可以在著作的后面几章找到。为了总结并解决一般化问题,作者做了一些相当简短的案例研究,以补充前面几章中更深入的案例研究。例如,使用前面章节中讨论过的一些研究。

我还初步观察了 10 个随机选取的案例中的暴力模式,这些后冷战时期的案例是使用代理人的反叛行为。这里使用的大样本分析完善了这项研究的理论生成,并检验了其跨国(或跨冲突)的效度。然而,尽管这些方法各有所长,但它们都提炼了全书中优先考虑的个人和群体层面的过程和机制。(Weinstein,2006:305;核心案例研究是乌干达、莫桑比克和秘鲁)

齐布拉特在他对联邦制起源的研究中,从意大利和德国推广至 17 个当代欧洲的案例,他说提出这一过程为他提供了一个机会,以检验在"更广泛和更多样化的案例集"中的因果逻辑(Ziblatt,2006:147)。

卡梅特在其著作的最后一个实质性章节中,除了调查黎巴嫩政党的核心案例,还调查了印度人民党(BJP)的案例,表明"这些论点的广泛逻辑适用于中东以外的地区"(Cammett,2014:207)。在具有强烈区域性视角的书籍中,这种最大差异系统的理念相当常见,需要证明来自其他地区的一些案例研究具有一般性。

关于女性政策问题的性别政治与国家研究网络(RNGS)项目,提供了一个大规模研究项目的极好范例,该项目结合了诸多案例研究(通常以单独的选集出版)以及定性比较分析形式的跨案例分析(McBride and Mazur,2010)。

中等数量设计表明,一般化和外推的案例研究是整个研究设计的核心。这种设计不但便于与统计分析并存,也可以是一种仅限多案例研究(multiple-case-study-only)的设计。

8.8　结论

本章重点介绍了案例研究与一般化(或外推)的方法论。高质量的案例内因果推断与实验具有相同的一般性问题。然而在实践中,这一问题对定性案例研究而言更为严重。实验研究者可以轻易地忽略一般性问题,而案例研究者就需要予以注意了。

我对普林斯顿、剑桥和康奈尔等主要大学出版社的书籍进行的(非系统性的)调查显示,案例研究学者清楚地意识到了一般化问题,并经常使用附加的案例研究来解决这个问题。对于思考和选择那些一般化案例研究而言,通常缺乏的是方法论框架。本章正是朝着提供这类框架的方向所迈出的一步。

案例研究和大多数比较案例研究的首要经典问题是一般化:案例研究是否可以推广到总体? 第二个经典问题是使用案例研究进行检验:案例研究在多大程度上构成了对某些假说或因果机制的检验?

中等数量范式为这两个问题提供了一种研究设计上的答案。与现有范式相比,此种范式不存在案例研究的跨案例因果推断。中等数量范式有一些显著的特点:

- 它要求人们认真思考因果机制的范围。
- 案例研究服务于不同的目的:(1)详细探索因果机制;(2)探索因果机制的一般性;(3)通过证伪案例探索范围。
- 所需的核心方法论技巧是案例内因果推理的技巧,如过程追踪、环箍测试和反事实。

研究三联体意味着将理论、因果机制分析和跨案例推断结合起来。通常,跨案例推断具有一般化或范围的维度。对所观测的数据进行统计分析,其目的是表明 X 在总体中都具有因果效应。方法论学家和其他学者需要予以更多研究,以明确解决一般化问题的路径,并澄清多案例研究在其中可以发挥的作用。

附录 A　多元方法研究和案例分析的统计路径

A.1　导言

本附录探讨了多元方法研究的统计和潜在结果路径。"统计"并不等同于"潜在结果"。统计学的潜在结果路径已成为政治学和社会学中因果推断文献的主流。然而，大部分多元方法研究将普通最小二乘法和 logit 等经典统计方法与案例研究相结合。一些非常有影响力的文章（如 Lieberman，2005；2015）明确将多元方法研究框定在标准的回归型分析中。尽管经典的一般线性模型和潜在结果之间存在差异，但我将它们统称为多元方法和比较案例分析研究的"统计路径"，并指出它们与本书所遵循的方法有何不同。

这里也考虑了小样本比较案例研究。近年来，有一系列文章从潜在结果路径质疑了比较案例研究中的案例选择问题（例如，Glynn and Ichino，2015；Nielsen，2016；Herron and Quinn，2016；Lyall，2014）；耶林的案例研究著作第二版（Gerring，2017）明确采用了潜在结果路径（第一版采用的是一般性的统计路径）。

一个鲜少被讨论的关键性问题是，仅服务于比较案例研究的小样本选择与结合了大样本统计分析或实验的案例研究之间是否有差异。非常清楚的一点是，致力于传统的统计路径的学者认为，同样的因果推断逻辑应该既适用于小样本案例研究，也适用于大样本统计分析与实验。当然，这也是金、基欧汉和维巴著作（King, Keohane and Verba，

1994)的主题,并影响了许多关于比较案例研究的定性文献。在定性方法的文献中,许多学者用统计方法来定义小样本方法论,例如:

> 比较(案例研究)方法目前可以被定义为:根据指导统计方法的相同逻辑来检验变量之间假定的实证关系的方法,但在选择案例时,要让自变量的变动程度最大化、控制变量的变动程度最小化。(Lijphart,1975:164;强调为原文所加)。

简而言之,我会认为同样的逻辑既适用于比较案例研究,也适用于多元方法探究。

对于比较案例研究和统计多元方法研究之间的潜在差异,予以强调是非常关键的,因为我的全部路径的基础就是,由跨案例分析和个案内因果推断所界定的多元方法研究。在比较案例研究的作品中,案例研究遵循的是统计路径的因果推断理念,这是基于统计路径来选择案例的来源。案例研究以近似大样本研究或实验的方式进行因果推断。这种方法与探究经常被称为比较案例研究,已经说明因果推断是跨案例的。因此,个案内因果推断的作用被大大削弱了。

前面几章几乎都使用了"多元案例研究"这一术语,正是因为多元的个案内分析是个中重点。因果推断并非来自案例间的比较,而是来自案例内部。这也许就是研究三联体不同于统计路径的根本原因。

撰写本附录的另一个原因是,我与那些倡导统计路径的学者理念不同。本附录概述了对统计路径的另一种看法。例如,下面我提供了一种比耶林的方法(Gerring,2006;2017)更符合潜在结果路径的替代路径选择技巧。这一技巧是建立在潜在结果路径核心的基本反事实之上的,而耶林的方法则基于相关模型估计。

简而言之,本附录从统计和潜在结果的视角考察了案例研究和多元方法研究。

A.2 多元方法探究的框架

尽管人们出于各种各样的原因[对测量的检查、"近似"式的随机化（"as if" randomization)等]开展案例研究,但统计分析的核心是对处理的因果效应或 X 因果效应的估计。在实验情境中,这就是平均处理效应（ATE）;在一般的线性模型中,这往往是基于观察数据的参数估计（β）。

在近期有关小样本比较案例研究中案例选择的各种研究中（引用见前文）,这始终是一个目标。例如,赫伦和奎因写道,"我们在本文中考虑的具体研究目标是对原因的效应进行推断。所谓推断,是指利用特定数量案例的数据提出关于更大范围案例集合的主张"（Herron and Quinn, 2016:460)。在多元方法的情境中,人们会很自然地将平均处理效应或 β 与案例研究联系起来。

· · ·

一个广为流传的观念是,案例研究应该具有总体或因果效应的代表性（representative)。案例研究应该探究因果效应的典型案例,这里的"典型"是"代表性"的同义词。

耶林明确指出了代表性案例在案例研究中非常关键,他将其作为确定案例研究目标的核心要点:

> 选择案例时,人们的目标是选择能代表更大总体的案例。如第 3 章所述,这是案例选择的核心["总括"（omnibus)]目标。如果被选定的一个或多个案例代表了总体（无论以何种方式与现有的假说相关）,那么就越过了外部效度的第一个障碍。（Gerring, 2017:220)

理解总体是研究的目标。根据这个目标,人们会选择一个代表该因果效应的案例。耶林（Gerring, 2017:table 3.1)以"一般化"为标准,将代表性作为案例研究的总括目标。[①]

赫伦和奎因（Herron and Quinn，2016）利用耶林的论述界定了"典型"或"代表性"案例研究：

> 耶林（Gerring，2017：91，94）写道："为了使一个受关注的案例能够提供对更广泛现象的深入理解，它必须代表更广泛的案例集合。正是在这种背景下，人们才可能谈到案例选择的典型案例路径。鉴于对现象的一般性理解，典型案例代表了被认为具有代表性的值的集合。"他继续写道："当一个案例处于回归线附近时，其典型性将略低于0。当一个案例远离回归线时，其典型性将远低于0。典型案例的残差较小。"

如果考察基于统计逻辑的关于多元方法或案例研究的方法论研究，它们常常将代表性作为核心标准：

> 然而，我们又一次遇到了代表性问题。如果从一个数量较大的案例集合中选择几个案例，为什么选择这个而非另一个？如果不对"好案例"的选择做出解释，为什么读者不应该怀疑这个选择呢？如果给出一个像是方便抽样（convenience sampling）这样随意的解释，难道我们还不需要担心代表性的问题吗？（Fearon and Laitin，2008：762—763）
>
> 单纯从统计抽样的角度来看，集中关注那些无法代表总体的案例，通常会导致资源的巨大浪费。尽管这些案例可能对探索性地分析且/或理论构建有用，但从定义来看，它们能提供的在总体层面的平均因果效应的信息量是有限的。（Herron and Quinn，2016：488）

---

① 在他的核心表5.3中，耶林列出了各种选择案例的方式，对每一种方式的评估都基于其对总体的代表性程度。一般来说，那些代表性程度较低的案例选择方式只能与其他案例研究结合使用。在第二版（Gerring，2017）中，耶林在讨论个体案例的研究设计时，已经删掉了所有关于代表性的提法。

获得外部效度的第二个原则是捕捉代表性的变化。当样本的变化大体反映了某些更广泛和明确定义的案例总体的变化时，这类实证作品最有可能产生……具有外部效度的结论。(Slater and Ziblatt，2013：1311—1312)

伊丽莎白·伍德的著作《萨尔瓦多的叛乱集体行动和内战》(*Insurgent Collective Action and Civil War in El Salvador*，2003)根据四重标准选择了五个考察实地……综合来看，对于在萨尔瓦多争议地带更广泛的参与和暴力模式，这些地区似乎的确提供了代表性实例。(Lyall，2014：190)

这些方法论著作揭示了一个非常普遍的理论基础(参见 Weller and Barnes，2014：80—81)。如果我们考察案例选择的合理性，往往依赖于案例具有代表性这一论点。

代表性或典型性有两个维度，这两个维度需要分开讨论。一个是单变量意义上的代表性，即仅对 X 或 Y 而言。第二个是因果效应意义上的代表性：X 对 Y 因果效应的代表性案例。

事实证明，要对"代表性"进行操作可能会有很多问题。克鲁斯卡尔和莫斯特勒(这两位都是当时著名的统计学家)在一系列可读性很强的文章(Kruskal and Mosteller，1979a；1979b；1979c；1980)中，对代表性的定义及其被赋予的含义进行了广泛分析。

单变量意义上的"代表性"或"典型性"常常被解读为均值(mean)或平均观察值(average observation)，即 $\overline{X}$。从统计角度来看，对正常状态提出假定可能是相当正常的(双关语)，即在单变量意义上，X 的钟形分布是对"代表性"的默认解释。

然而，平均值并不总能很好地解释代表性。民主数据阐明了使用平均值的一个潜在问题。这些数据呈现明显的双峰分布(直方图和讨论参见 Goertz，2008)，绝大多数案例要么是明显的民主，要么是明显的专制。因此在这种情况下，平均值无法代表总体情况。平均值具有典型性或代表性这一观点背后隐藏的假定是，数据相对对称(即没有严重偏态)且呈现单峰分布。如果这些标准成立，平均值不是一个糟糕的选择,但很大一部分社会科学数据并不符合这些要求。

另一个流行的选项是中位数,它比较适用于偏态数据或有一些大的异常值的数据。对于二分或类型数据来说,最流行的选择是众数(即最常见的值)。[1]

耶林(Gerring,2017)赞同这种关于构成代表性或典型性的观点。他将"描述性"案例研究(即非因果性案例研究)纳入他的类型学。他的方法阐明了如何解释单变量意义上的代表性或典型性。他的表 4.1 将"典型性"定义为变量 D 的平均值、中位数或众数。他注意到,"描述性案例直接并明确地以代表性为目标……被选择的案例由于代表了更大群体的常见特征,可以被描述为典型案例。典型案例旨在代表一种分布的中心趋势"(Gerring,2017:56)。

"代表性"的第二种意义是代表 X 对 Y 的因果效应,即 β。以一个简单的情形为例,在普通最小二乘法中,因果效应(即 β)对所有案例而言都是恒定的。因此,任何处于线内的案例都可以被视为具备因果效应的代表性。许多多元方法文献对线内和线外做了区分。在线内的案例是理论发挥作用的地方。因此因果效应的代表性案例是一个在线案例。

将代表性的两种意义结合起来,为连续 X 和 Y 案例的案例研究提供了指导方针:

通过选取($\overline{X}$,$\overline{Y}$)的一个案例,探讨因果效应的代表性案例。

如图 A.1 所示,($\overline{X}$,$\overline{Y}$)在因果效应的意义上具有代表性,在单变量意义上也具有代表性。[2]这与实验强调的平均处理效应相吻合。

当提出案例选择的问题时,在脑海里建立一个基本的二元散点图是很有用的,即图 A.1,以及相应的 2×2 表,即表 A.1。接下来我们可以在图或表中确定各种案例选项。2×2 表直接地展示了这一点,据

---

[1]　需要提出疑问的是,就概念 X 和 Y 而言,$\overline{X}$ 或 $\overline{Y}$ 可能是什么样的案例? 根据定义,平均值或平均案例在概念连续的中间,它们位于灰色区域(Goertz,2005)。一般来说,代表性案例和优质案例是不同的,就类似于优秀学生与平均水平的学生相比较。

[2]　根据统计模型和估计工具,($\overline{X}$,$\overline{Y}$)可能不会落在估计线上。

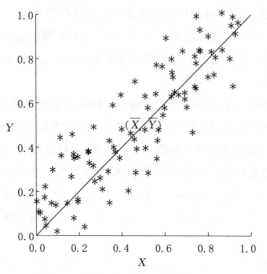

图 A.1　案例研究选择：连续的 X 和 Y

此,(1，0)意味着选择 X＝1 和 Y＝0 的案例。

在 2×2 表中,两类代表性案例是什么？

对于二分变量而言,代表性最常用的定义是众数。例如,在 logit 分析中(详见下文),二分控制变量被设置为众数,连续变量则通常被设置为平均值。

如果我们遵循图 A.1 的逻辑,我们本该在线内单元格(0，0)和(1，1)之间做出选择。这里我们假定 X 和 Y 之间存在正相关关系,如图 A.1 所示。那么线外案例可以在单元格(0，1)和(1，0)中被找到。在 2×2 表(即表 A.1)中,具备因果效应代表性的案例研究将来自(1，1)或(0，0)单元格。赫伦和奎因(Herron and Quinn，2016:470)以这种方式对"典型案例"选择进行了解读。

表 A.1　X—Y 构型

	X＝0	X＝1
Y＝1	(0，1)	(1，1)
Y＝0	(0，0)	(1，0)

对于潜在结果路径的基本反事实,是探索这些问题的另一种方法。随机试验是模型,我们探求的是处理(即 X)对结果 Y 的因果效应。在理想状态下,我们期待观察处理对个体 i 产生的效应相对于个体 i 未被处理时的状态。基本反事实是,个体 i 在没有处理的状态下本该发生什么。遵循这一逻辑,我们将一个 $X=0$ 的案例与一个 $X=1$ 的案例进行比较。那么问题来了:Y 的值应该是多少?

如果 X 具有研究人员正在寻找的因果效应,那么当 $X=1$ 时,$Y=1$。相反,当 $X=0$ 时,人们可能更期待看到 $Y=0$。这一对取值可以说明 X 对 Y 的因果效应,并导致 $(0, 0)$ 和 $(1, 1)$ 单元格作为包含线内案例的单元格。

$(1, 1)$ 案例和 $(0, 0)$ 案例是对称的,没有特定理由更偏好哪一个单元格。在连续的普通最小二乘法案例中,所有线内案例具有相同的因果效应。简而言之,所有线内案例均满足代表性因果效应的标准,这一点是适用的。

将代表性的单变量和因果效应意义结合起来,通常会在 $(0, 0)$ 单元格内选择案例研究。在比较政治和国际关系的大多数情境中,$(0, 0)$ 单元格中的观察远多于 $(1, 1)$ 单元格。$(0, 0)$ 单元格成了代表 X 和 Y 的 $(\overline{X}, \overline{Y})$ 的二分版本。

遵循多元方法研究的统计路径与本书所提出的方向完全相反。当多元方法研究意味着关于因果机制的个案内因果推断时,$(0, 0)$ 单元格便几乎没有意义。[1]

A.3　X 和 Y 的变化

在金、基欧汉和维巴的著作发表后,定性研究者开始特别注意基于因变量选择案例的问题。对于许多研究者来说,Y 的变化成为案例选

---

[1]　除了在本附录中为负 β 的必要条件。

择的关键因素。在上面的引文中（在本附录的导言中），利普哈特强调了 X 变化的重要性。在超过 5 个案例的比较案例研究中，将 X 和 Y 的变化视为案例选择的理由相当常见。例如，"在本文中，我们说明了为什么小国在比较政治中很重要。我们的依据是方法论上的，为了满足案例选择的标准惯例，即代表性与变化（Gerring，2007），我们认为比较政治学者需要更注意小国"（Veenendaal and Corbett，2015：528）。温斯坦在其内战研究中提出了相同的论点："根据约翰·斯图尔特·密尔（John Stuart Mill）的差异法，所选案例将叛乱集团的行为差异最大化，但这些案例选自展现出相似的一般性特征的内战样本。"（Weinstein，2006：54）库普乾选择了大约 20 个案例，认为"本书所探讨的稳定和平成功与失败的实例，代表了更广泛案例的不同子集"（Kupchan，2010：9）。

关于比较案例研究和多元方法研究的案例选择的争论，大多以表 A.1 这样的 2×2 表为框架。如果遵循此类表格的统计分析逻辑，那么超过 4 个案例的案例研究就应该对每个单元格展开案例研究。

每个单元格对于 X^2 之类的 2×2 关联度测量（measures of association）都是至关重要的。从所有四个单元格中选择案例，自然会匹配使用所有四个单元格信息的 2×2 表的关联度测量。

在关于定性比较分析的讨论中，我们可以看出从每个单元格选择的重要性。例如潘恩提出，"认识到所有四个单元格都很重要，这就提出了一个关键问题，也就是如何组合单元和信息以做出合理的推断"（Paine，2016：794）。威佛芬等人（Weiffen et al.，2011）提供了一个 2×2 表的实例，包含了每个单元格的案例研究（见其表 2）；兰格（Lange，2009）在 2×2 表中的每个单元格选择了一个案例。

我们综合考虑这些因素，认为当开展四个或更多的案例研究时，案例选择应基于以下规则：

从 2×2 表的每个单元格中至少选择一个案例。

通过从表 A.1 的全部四个单元格中选择案例，我们将在研究中加入在线外的案例。在图 A.1 中，这些是残差较大的案例。这样做的目标通常是寻找遗漏的变量。如果所有残差偏大的案例呈现出一些共性,那么就可以在统计模型中引入一个新的变量,这些离线案例即可以转换为在线案例。

与(0,0)和(1,1)线内单元格一样,在线外的单元格(1,0)和(0,1)也是对称的:从统计学的角度看,两者并无实际区别。这两个单元格的案例都是证伪案例或统计模型失灵的案例。

统计模型认为,线外和线内是对称的,即(0,0)和(1,1)是相同的线内案例,而(1,0)和(0,1)是相同的线外案例。正如前几章(特别是第3章)所详细讨论的那样,我的方法认为这些案例之间有很大差异,且不是对称的。例如,(1,0)案例是证伪范围中的案例,而(0,1)案例是等效性案例。这是本书所提出的方法与统计路径的一个主要区别。

A.4 潜在结果与配对比较

潜在结果路径及其所关联的反事实,形成了对比式、配对式的比较(comparative, paired comparisons)。潜在结果路径的基础在于反事实,即受试者 X_i 并未接受处理,而是接受控制处理时会发生什么。这意味着比较 $X=1$ 与 $X=0$ 的结果。

如果处理效应显著,那么在大多数时候反事实会产生(0,0)。因此,与潜在结果路径无关的是,学者长期以来偏好于对涉及(0,0)和(1,1)两种案例的配对比较,这一点就不足为奇了。这些配对说明了,如果处理的效应良好会发生什么。所以,期刊上发表的文章中的配对比较通常是支持作者假说的案例,也就不奇怪了。

配对比较是潜在结果路径的核心。基本思路是系统地比较 $X=1$ 和 $X=0$ 这一对案例。正如韦勒和巴纳斯注意到的,"(在我们的路径中)最重要的区别是我们对'比较'的强调。具体来说,要理解因果机制,需要利用关键变量值和案例间关系的信息,根据预期关系和案例特征的变化来选择案例"(Weller and Barnes,2014:67)。莱尔在他关于过程追踪的讨论中也提出了同样的观点："为了让自己的推论更可靠，在处理和结果之间不存在假定关系的控制观察中，个案内过程追踪应该与跨案例过程追踪相配对。"（Lyall，2014：92）

A.5　匹配：混杂因素和最相似系统

通常情况下可能的配对比较可以列出一长串清单，即 $X=1$ 和 $X=0$ 观察值所有可能的组合。我们要想从这一长串配对比较中进行选择，就需要基于某种理念：学者应该选择哪一对 $X=1$ 和 $X=0$？选择的原因是什么？匹配的程序为这一问题提供了部分答案：需要选择所有混杂因素 Z 最接近的配对（例如，Weller and Barnes，2014：chapter 6；Nielsen，2016；Herron and Quinn，2016；Gerring，2017）。严格的匹配标准将大大缩短配对比较的列表。

匹配很自然地符合最相似系统逻辑。耶林（Gerring，2017）基本上将它们等同起来：相对于定性案例研究者多年来使用的最相似设计，匹配是一种更严格、更明确的处理方式。近5—10年，匹配无疑是统计方法学家中最热门的话题之一。采用统计方法进行案例分析，能够让匹配逻辑在选择配对进行比较时具有很强的说服力。

在统计匹配的文献中，是否应该选择 $Z=1$ 或 $Z=0$ 的配对的讨论尚未成型。因此，它在案例研究和多元方法文献中很少出现也就不足为奇了（例如，Weller and Barnes，2014）。匹配逻辑没有明确地倾向于是选择 $Z=1$ 还是 $Z=0$ 的匹配方式。最关键的是，对于两个案例来说，Z 是一样的。

因此，与前几章讨论的各种过度决定规则相比，匹配呈现出了一种不同的逻辑。对于过度决定来说，Z 值很重要，但对匹配而言就不重要了。

匹配减少了可能的案例研究总量，但通常需要额外的标准来获得可控数量的配对比较。相比其他案例配对，人们是否对匹配变量上的

某些案例配对更感兴趣？就最简单的两对案例而言,人们有三个选项:
(1)选择两对 $Z=1$ 的案例;(2)选择两对 $Z=0$ 的案例;(3)选择一对
$Z=1$ 的案例和一对 $Z=0$ 的案例。

相对于选项(3),选项(1)和选项(2)说明了匹配如何与范围相关。
Z 取其他值的处理效应隐含在选项(1)和选项(2)中,我们对其一无所
知。选项(3)中 Z 的值不同,因此我们可以看出在不同情况下处理的
效应。

一个很可能出现的情况是,$Z=0$ 比 $Z=1$ 更常见。这是因为许多
社会科学数据是偏态的(skewed),且高度共线[即定性比较分析所称
的"有限多样性"(limited diversity)]。因此,选择 $Z=0$ 可能更能代表
数据集的总体情况(也就是利用众数来阐释代表性)。

表 A.2 Z 变量:Z=1 或 Z=0 上的匹配

配对	国　家	X-处理	Z-国内冲突
1	喀麦隆	1	0
1	加　蓬	0	0
2	肯尼亚	1	0
2	科特迪瓦	0	0
3	马拉维	1	0
3	赞比亚	0	0
4	坦桑尼亚	1	0
4	几内亚比绍	0	0

注:因变量是"反对派侵扰";处理是"多元的选举规则"。
资料来源:基于 Glynn and Ichino,2015。

格林和一野(Glynn and Ichino,2015)在比较案例研究的背景下说
明了在 Z 上匹配的范围议题。他们共有 8 个案例(即表 A.2 中的四
对)。他们的第一个匹配变量是转型前是否存在国内冲突。这是一个
混杂因素,因为前战斗人员可以随时被动员起来攻击反对者。要注意
的是,在这一特定的数据集中,$Z=0$ 对于所有匹配的配对(即它们都是
没有国内冲突的案例)而言是众数(没有内战比有内战的情况常见得
多),因此对总体来说更具有代表性。

在格林和一野的研究中，Z 起到了范围变量作用。由于所有的配对都是"无国内冲突"，我们无法了解当存在国内冲突时，处理是否会产生效应。在 $Z=1$（即内战）的平行表中，完全有可能产生不同的结果。

选项（3）在操作中（即一对 $Z=1$ 和一对 $Z=0$）会形成一套差异系统设计。由于 Z 对不同的配对取值不同，所以我们探索处理效应的变化范围。

在多元方法研究和案例研究的统计路径下，变量 Z 自然而然成为匹配变量。通常情况下，潜在结果路径自身并不关心匹配变量的值。然而，潜在结果路径无法阻止最大差异系统设计也将 Z 作为范围变量使用。

A.6 案例的最终选择

耶林、利伯曼（E. Lieberman）以及韦勒（N. Weller）、巴纳斯（J. Barnes）在研究中对案例选择的建议，只是缩小了可能的案例研究清单。例如，可能仍会有很多线内案例，或有很多经匹配的配对。因此，需要额外的指导方针和过程来进行最终的案例选择。

从或长或短的、可能的案例研究或配对比较中，统计逻辑自然会建议随机地选择案例。费伦和莱廷（Fearon and Laitin，2008）就案例研究的随机选择提出了最有力的论点。特别是，他们认为，这样可以避免作者"特意挑选"对自己有利的案例。

学者也可能强调随机选择如何均等地产生代表性案例（Frankfort-Nachmias，Nachmias and DeWaard，2014）。赫伦和奎因（Herron and Quinn，2016）在他们的模拟中发现，案例研究的随机选择能够很好地捕捉平均处理效应，众数也是因果代表性的一个好的选择："最后，如果只能选择少量案例（比如说少于 3 个）来进行案例分析，那么从 2×2（X，Y）表的最大单元格（众数）中随机选择案例这种很简单的方法，与其他更复杂的案例选择策略相比，具有极大的竞争力。"

在统计框架中,随机选择会最终决定开展什么案例研究。以上所有的理念(如匹配),都有产生也许数量很大的一组案例的可能性。因此,研究人员几乎总要面对最后一组案例进行研究。随机选择总是可以产生最终的选择①。

A.7 路径案例的方法论

在耶林(Gerring,2007;2017)的界定中,路径案例研究是与因果机制分析联系最紧密的案例研究类型。在真正的统计多元方法研究中,这是最为常见的案例研究类型。事实上,这是韦勒和巴纳斯(Weller and Barnes,2014)用了一整本书论述的类型(对于耶林提出的其他案例研究类型,尚无著作性质甚至是文章性质的论述)。

耶林对路径案例研究设计做了如下定义:

> 路径案例是指 X 对 Y 的影响符合理论预期且效应最强的案例,而背景条件(Z)保持稳定或施加"保守的"偏见。这也可以被称为符合案例或典型案例,因为它符合或代表了一项被关注的因果关系。然而,理想的路径案例不仅仅是符合预期的模式……在 X 和 Y 的关系已经得到确立的情况下(这也许是研究者或其他人的案例分析结果),路径案例通常格外关注因果机制(M)。(Gerring and Cojocaru,2016:405)

总之,路径案例的目标是探索因果机制。

耶林(Gerring,2007;2017)提供了一种选择路径案例的方法论,韦勒和巴纳斯在 2014 年的研究中也使用了这一方法:

---

① 这忽略了进行某一案例研究时的实际问题(如缺乏资料来源、语言问题)。整个研究过程中的假定是,每一个观察值都是一项可能的案例研究。

1. 估计一个包括全部混杂因素 Z 的统计模型。

2. 估计一个包括 X 和全部混杂因素 Z 的完整统计模型。

3. 路径案例是指观察值 i 的纯混杂因素模型残差与其完整模型残差之间的绝对差值较大的案例。

其中的逻辑是："我们要找到一个案例，根据所评估的理论各项（terms），在这个案例中加入 X 可将案例推向回归线，即'有助于'解释该案例。"（Gerring, 2017:110）

这就是遗漏变量和异常值的逻辑。如果只看混杂因素，那么理论或假说就意味着存在一个遗漏变量 X。这个遗漏变量可以解释一些在线外的、残差较大的案例。如果我们再加入 X，发现此时观察值 i 的残差非常小，那么 i 就是耶林定义的路径案例。本质上，路径案例中包含的 X 使案例从线外转为线内。

我提出了另一种确定路径案例的方法论。其流程直接依赖于个案层次的潜在结果逻辑。它也避免了估计两个模型的问题。因此，这一程序（1）更遵循潜在结果逻辑；（2）实际使用中的问题较少，因为只需估计一个模型，而不是像耶林的流程需要估计两个模型。①

潜在结果路径从个案的反事实开始：如果观察值 i 没有接受处理会发生什么？当前的很多方法论研究，要么选择一个混杂因素都非常接近处理案例，但未受到处理的已有案例，要么创建一个反事实的比较案例："在这一设计中，比较分析单元的目的是在事件未发生或者干预未被审查的情况下，重现感兴趣的案例反事实。"（Abadie et al., 2015:496）阿巴迪等人想要一个反事实案例以评价德国统一对德国经济增长的影响。为此，他们建立了一个统计模型，并使用了与德国"相似"国家

---

① 特奥雷尔批判耶林公式的理由与本书第 3 章的内容相近："相反，还需要（在耶林的标准中）加入另一个标准，即相关案例实际上曾经出现过解释的结果。例如，在一个从未经历民主化的案例中，追踪造成民主化的机制其实没有什么意义。令人遗憾的是，耶林和西莱特忘记了如何选择一个好的路径案例这一关键内容。虽然可以设想出纳入这第三种考量的其他方法，但我建议对耶林的标准做出适当修正。"（更多细节见 Teorell, 2010:184—185）

的数据,即匹配国家的数据,但这些数据缺少像"德国统一"这样的处理。

最好以非线性模型中(如 logit 模型)X 对 Y 影响的标准程序来阐明我的建议。这些程序(详见 Goertz and Mahoney,2012:chapter 9)依赖于一个常用的反事实,其中 X 可能从其最小值移动到最大值,而所有混杂因素都以中位数、平均数或众数(取决于特定混杂因素的性质)计算。如此的话,X 的效应就是这个常用反事实中 Y 发生概率的变化。其基本思路是将这种普遍的反事实转化为一项个体观察值的反事实。

鉴于我们已经估计了一个模型,我们可以根据这个基本逻辑开展个案反事实研究。基本的程序是(假定 X 的因果效应为正向):

 1. 我们让对每一个观察值 i 从 X_i 的实际最小值到 X 的最小值产生反事实的变化;
 2. 所有混杂因素都按照观察值 i 的实际值计算;
 3. 路径案例是指在 X_i 反事实变化的基础上,Y_i 的反事实变化概率最大的那些观察值 i。

这是一般性的程序。其基本要求是有一个数学模型作为反事实的基础。[①]这一数学模型通过插入 X_i 的反事实值,并将其与模型所预测的观察值 i 的 X 实际值进行对比,进而生成反事实。

耶林的方案需要估计两个模型,分别是引入 X 和无 X 的模型。鉴于社会科学数据的性质(比如说会有显著的共线性),一旦引入 X,对某些 Z 变量的参数估计值很可能会变化。因此,残差还取决于对 Z 变量新的参数估计值。这也可能是残差减小的原因。在我的流程中只有完整的模型,因此这个问题不存在。

在大多数情况下,生成路径案例的是 X 极端大的值(即接近 X 最大值的值)。鉴于参数估计值 β 对所有观察值 i 都相同,概率的变化将

---

 ①   例如,对于博弈论模型可以使用相同的基本思路。

由 X_i 反事实变化的幅度所驱动。较大的反事实变化将出现在接近 X 最大值的 X_i 中。[①]

反事实情况中 Y 发生概率的差异，当然取决于 Z 变量的参数以及观察值 i 的 Z 值。一个有趣的情况是，如果 Z 变量自身预测 Y 发生的可能性很大（即接近 1.0），那么 X 的反事实变化不可能显著增加 Y 发生的概率。前面章节的观点会将此视作一个过度决定的问题。尽管这一点仍有待探讨，但路径案例似乎很可能在 X 变量上的值很高，在 Z 变量上的值很低。

简言之，我的流程将基本反事实置于潜在结果路径的核心，以此界定路径案例，而不是像耶林那样比较模型与残差。

有趣的是，这个路径程序强调了 X 极端值的重要性，这与第 3 章的分析一致。另外，路径案例可能是那些符合"避免过度决定的指导方针"的案例。这一路径程序在一些重要方面与第 3 章所述的方法论一致。

A.8 研究实践

将方法论理论与实践操作联系起来总是有益的。统计方法的教科书和标准提出，引用方法论文献可以为研究实践提供依据。而在多元方法研究中，没有引用相关方法论文献的情况并不少见。许多统计多元方法的学者没有接受过定性或多元方法研究的系统性训练。统计多元方法很少被纳入统计方法课程或学习流程。这种方法是定

[①] 特奥雷尔对耶林的程序进行修正，他发现："图 3.1 也强调了我提出的路径标准的一些其他特征。第一，大多数路径案例都是相当极端的异常值，这意味着即使考虑到经济危机的程度（即残差很大），民主水平的变化中有很大一部分是无法解释的。正如附录 D 中所论述的，对于这一特定决定因素的机制，我认为没有理由剥夺它们作为评估的路径案例资格。第二，根据耶林的说法，大多数路径案例的民主水平没有什么变化（Gerring, 2006）。例如，根据它们的标准，最准确的路径案例是 1975 年的加蓬，该案例位于图中最左边的回归线上（未标注）。然而，1975 年的加蓬在民主水平上没有什么变化，因此无法为经济绩效和民主化之间的潜在关联机制提供有力证据。"（Teorell, 2010: 72）

性方法暑期项目的一个中心专题,例如雪城大学的 IQMR;但它很少成为统计方法项目中的专题,例如 ICPSR(政治与社会科学校际数据库联盟)。

绝大多数期刊和著作中的多元方法研究都是统计多元方法,即统计分析加案例研究。案例研究在论文中通常非常简略。相反,在著作中案例研究的内容可能非常庞杂。近年来,一两章统计内容后跟着五六个案例研究的著作相当常见。

实验多元方法研究在政治学和经济学中十分罕见(据我所知)。出现这种情况似乎是研究亚文化的规范和信念所致。多元方法的实验研究在心理学和社会学的研究中很常见,这两个学科的实验研究传统要悠久得多。例如在实验结束后,向实验对象做汇报通常并不困难。

一些证据表明,经济学家以及追随他们的政治学家并不认为这种实验多元方法很有用。例如,邓宁(Dunning,2012)没有把关于向实验对象说明或访谈的内容作为实验研究的核心。一批著名的实验经济学家(Bardsley et al.,2010)认为,个人关于其决策过程的自述并不可靠。当然,就像对待传记一样,我们必须以怀疑的态度对待自述内容。然而,经济学家从外部用自己的(或许是有偏见的)信念来进行推断,很难说这样做是否没有严重问题。无论如何,从我的阅读经验来看,实验多元方法工作在社会学、心理学和教育学中蓬勃发展,但在经济学和政治学中却成就甚微。

我通过调查期刊和著作,发现实际利用统计模型和统计结果来选择案例的情况相当少见,在我们对主流国际关系和比较政治期刊进行的系统性调查中,10 年内只有两篇文章使用了这种案例选择方法,这种案例选择路径在著作中同样罕见。在统计分析的著作中,案例分析实际上是必备的,但使用统计分析来选择案例研究却非常少见。

罗尔芬证实了这一结论,他查看了所有引用利伯曼(Lieberman,2005)关于"巢式分析"(nested analysis)的期刊论文,利伯曼的这篇文章被广泛阅读和引用,并用于研究生课程,其重点是使用估计回归模型来选择案例研究。罗尔芬发现,只有少量的文献真正使用了回归分析来挑选案例研究,耶林(Gerring,2017)仅列出了几个"算法"(algorithmic)案例选择的例子，这些例子通常意味着使用了统计模型。

以下是我发现的直接使用统计分析进行案例选择的论文和著作列表：

Agrawal, A. and A. Chhatre. 2011. "Strengthening Causal Inference through Qualitative Analysis of Regression Residuals: Explaining Forest Governance in the Indian Himalaya." *Environment and Planning A* 43:328—346.

Back, H. and P. Dumont. 2007. "Combining Large-N and Small-N Strategies: The Way forward in Coalition Research." *West European Politics* 30:467—501.

Back, H., H. Meier, and T. Persson. 2009. "Party Size and Portfolio Payoffs: The Proportional Allocation of Ministerial Posts in Coalition Governments." *Journal of Legislative Studies* 15:10—34.

Bush, S. 2011. "International Politics and the Spread of Quotas for Women in Legislatures." *International Organization* 65:103—137.

Dafoe, A. and N. Kelsey. 2014. "Observing the Capitalist Peace: Examining Market-mediated Signaling and Other Mechanisms." *Journal of Peace Research* 51:619—633.

Fearon, J. and D. Laitin. 2005. *Civil War Narratives*. Manuscript. Stanford University.

Fink, S. 2008. "Politics as Usual or Bringing Religion Back in? The Influence of Parities, Institutions, Economic Interests, and Religion on Embryo Research Laws." *Comparative Political Studies* 41:1631—1656.

Kim, D. 2013. "International Nongovernmental Organizations and the Global Diffusion of National Human Rights Institutions." *International Organization* 67:505—539.

Lange，M. 2009. *Lineages of Despotism and Development：British Colonialism and State Power*. Chicago：University of Chicago Press.

Luetgert，B. and T. Dannwolf. 2009. "Mixing Methods：A Nested Analysis of EU Member State Transposition Patterns." *European Union Politics* 10：307—334.

Madrigal，R.，et al. 2011. "Determinants of Performance of Community-based Drinking Water Organizations." *World Development* 39：1663—1675.

McGuire，J. 2010. *Wealth，Health，and Democracy in East Asia and Latin America*. Cambridge：Cambridge University Press.

Pearce，L. 2002. "Integrating Survey and Ethnographic Methods for Systematic Anomalous Case Analysis." *Sociological Methodology* 32：103—132.

Rosen，J. 2013. "Explaining Women's Parliamentary Representation：Political Institutions，Development Thresholds，and Gender Equality in National Politics." PhD Dissertation，Northwestern University.

Sambanis，N. 2004. "Using Case Studies to Expand Economic Models of Civil War." *Perspectives on Politics* 2：259—280.

Teorell，J. 2010. *Determinants of Democratization：Explaining Regime Change in the World，1972—2006*. Cambridge：Cambridge University Press.

布什(Bush，2011)将量化模型与案例研究的选择相结合，这提供了一个多元方法研究的实例。她的研究考察了世界各国(发达的民主国家除外)在立法机构采用性别配额的原因，认为采用配额这一行为源自"两条因果路径：直接路径是冲突后的和平行动；间接路径是鼓励那些依赖外国援助的国家通过采用配额，来传递其对民主制度承诺的信号"(Bush, 2011, 103)。对事件的历史分析表明,开放联合国维和行动、依赖援助的以及设置国际选举监督员,影响了这些国家配额制度的建立。她对阿富汗进行了深度案例研究,这是一个线内(1, 1)案例:"案例研究可以通过过程追踪来检验稳健性。对于我的理论来说,由于初步的大样本分析产生了满意的结果,因此我选择了阿富汗这个被统计模型完美预测的国家作为案例研究对象。2004 年 1 月 4 日,阿富汗通过了性别配额制,将其作为新宪法的一部分。美国入侵后,随着《波恩协定》(Bonn Agreement)的签署,2001 年 12 月 5 日制宪进程开始,该协定要求'建立一个广泛的、关怀妇女的、多民族的、并具有充分代表性的政府'。"(Bush, 2011, 126)

阿富汗是一个线内案例,但它是代表性案例还是(1, 1)这样的极值案例?无须数据就可以知道,阿富汗必然是一个外援的极端案例,也是"冲突后和平行动"的极端案例。

这样一来,没有使用匹配这类更为复杂的操作,也就不足为奇了。韦勒和巴纳斯(Weller and Barnes, 2014)在他们的方法著作中用了一整章着重介绍匹配,专门观察具有可靠的大样本统计结果的案例研究。他们利用罗斯关于石油依赖国的研究(Ross, 2004; 2012)做了一个匹配的细致实例。韦勒和巴纳斯在他们的表 6.1 中给出了 46 对匹配(Y＝1 案例的总数)。然而,到底应当探索匹配的哪些方面?探索范围如何?目前还缺乏具体的指导方针。

这一切表明,统计多元方法探究中的案例选择仍然依赖于大众智慧和传统实践。当然,我也许忽略了未出版的著作特别是博士学位论文,但基于主流期刊的文献和大学出版社的著作,将案例研究的选择和统计分析结合起来显然不是常态。

如果有两个案例研究且没有统计分析,那么将(1, 1)和(0, 0)配对则非常常见。正如塔罗(Tarrow, 2010; 另见 Slater and Ziblatt, 2013)所注意到的,配对比较在比较案例研究中非常流行。

一旦对 4 个以上案例开展研究,对于非(1, 1)进行案例研究的概率则会大大提升,但与比较历史研究这类研究相比,统计多元方法的案例研究仍相对较少。

总之,本附录中所介绍的多元方法研究的统计路径,在研究实践中几乎没有得到响应。如果一项研究包括了统计分析和案例研究,那么第 3 章所介绍的方法论逻辑就比较有助于总结近 10 年的研究路径,尽管该逻辑远非完美。

重视统计多元方法探究,即统计分析加上案例研究,至少在政治学中的实践模式是相当清晰的:

- 学者鲜少使用统计分析来选择案例。
- 在 Z 变量上不存在匹配的变量,关于相似系统的非正式讨论并不少见。
- 大多数学者选择极端的 $(1, 1)$ 案例。
- 研究者几乎从不选择 $(\overline{X}, \overline{Y})$ 意义上的代表性案例。
- 研究者鲜少选择 $(0, 0)$ 案例。
- 随机选择案例的情形很少见。

A.9 统计多元方法问题

很少有人真正使用统计模型(如 logit 模型)来选择案例。在本节中,我概述了使用估计统计模型来选择案例研究所涉及的一些问题。

我们一般会假定案例研究应该来自统计分析所用的数据集。[①]然而,情况未必如此。统计学常常会建议将模型与部分数据拟合,然后用其他部分的数据确认模型。这一建议也适用于多元方法研究。我们可以从用于拟合统计模型的数据之外来选择案例研究。在实践中,大多数学者会使用全部数据来估计统计模型,但样本以外的案例研究仍值得思考。例如,约翰逊(Johnson,2014)在她对政府间组织的统计多元

---

① 例如,"多元方法文献广泛讨论的第二个问题是,相较于探索研究对象的因果效应,回归型研究必须在与案例研究相同总量的一组案例上展开"(Seawright,2016:195)。

方法分析中，选择了样本以外的案例研究。

另一个明显的问题是：要使用哪一种模型？标准文献通常会呈现五六种甚至更多的统计模型。那么该使用哪一种模型用于选择案例研究？在某些情况下，有一种模型是核心，其他则是核心模型的变体。目前仅有少数几项研究使用了估计统计模型来进行多元方法研究，有时还不清楚究竟使用了哪一种模型。例如，布什表示，阿富汗"被统计模型完美预测"。在她的表 3 中有五种模型。模型 4 是"完整模型"，因此非常可能就是所使用的模型。但模型 5 的确包含了一个额外的变量。

"模型"和居于研究核心的一两个 X 变量之间的潜在紧张关系，是最为重要的问题之一。布什的理论部分有三个假说，但她的统计模型有九个实质变量。很可能阿富汗之所以很好地匹配了统计模型，更多是因为其他六个变量，而不是她所感兴趣的三个变量。

当研究者囊括了很多（往往是数百个）"赘余"（nuisance）变量时，这个问题就很容易复杂化。例如，固定效应在跨国研究中很常见。在冲突研究中，构建和平年份的样条（peace-year spines）是非常标准的做法（Beck, Katz and Tucker, 1998）。在一项包括和平年份样条（本质上是滞后的因变量）的民主和平分析中，样条变量可能涵盖了所解释的方差，就像所有的实质性变量组合在一起一样。

简而言之，决定案例是否是线内案例的变量有三类：（1）检验中的实质性变量；（2）混杂因素和控制变量；（3）赘余变量，例如固定效应和滞后的因变量。

也可以只用感兴趣的实质性变量进行统计分析。那么，线内案例确实是由核心自变量所决定的。如果只有核心变量的分析在实质上与完整模型大致对应，或许也可以避免完整模型及其潜在的诸多变量问题。

总之，使用估计模型来选择案例研究涉及许多相当重要的决策。理想状态下，学者们应该把这些决策全部呈现出来，对其进行讨论并说明其合理性。

A.10　结论

对定性方法的讨论大多集中于比较案例研究。例如,亚历山大·乔治用他的聚焦式案例比较法(focused case comparisons)定义了标准(George and Bennett,2005)。金、基欧汉和维巴的著名观点是,定性方法应该遵循统计分析的逻辑。

因此,只要是仅进行案例研究,那么就多少模仿了比较研究的统计逻辑。近年来,关于小样本案例选择的统计学文献(见上文)一般遵循潜在结果的框架。这往往会导致 $X=0$ 和 $X=1$ 案例的成对比较和匹配,这正是大样本统计方法的逻辑。

在统计多元方法的背景下,较为强调案例研究所产生的问题越来越多。假定正在进行可以比较的统计分析,那么进行比较案例研究的价值或意义是什么? 比较案例研究在统计多元方法研究中作用的模糊性,或许解释了路径(即因果机制)案例研究在应用性研究中的普及。

本书为多元方法研究提供了不同的路径。研究三联体包括了跨案例分析,因此案例研究对其他领域也有价值,尤其是对个案内因果推断和探索因果机制而言。

参考文献

Abadie, A., et al. 2015. "Comparative Politics and the Synthetic Control Method." *American Journal of Political Science* 59:495—510.

Acemoglu, D., and J. Robinson. 2006. *Economic Origins of Dictatorship and Democracy*. Cambridge: Cambridge University Press.

Agrawal, A., and A. Chhatre. 2011. "Strengthening Causal Inference through Qualitative Analysis of Regression Residuals: Explaining Forest Governance in the Indian Himalaya." *Environment and Planning A* 43:328—346.

Aktürk, S. 2011. "Regimes of Ethnicity: Comparative Analysis of Germany, the Soviet Union/Post-Soviet Russia, and Turkey." *World Politics* 63:115—164.

Alford, R. 1998. *The Craft of Inquiry: Theories, Methods, Evidence*. Oxford: Oxford University Press.

Angrist, J., and J.-S. Pischke. 2015. *Mastering Metrics*. Princeton: Princeton University Press.

Ansell, B. 2010. *From the Ballot to the Blackboard: The Redistributive Political Economy of Education*. Cambridge: Cambridge University Press.

Ansell, B., and D. Samuels. 2014. *Inequality and Democratization: An Elite-competition Approach*. Cambridge: Cambridge University Press.

Babbie, E. 2001. *The Practice of Social Research*, 9th edition. Belmont: Wadsworth.

Back, H., and P. Dumont. 2007. "Combining Large-N and Small-N Strategies: The Way Forward in Coalition Research." *West European Politics* 30:467—501.

Back, H., H. Meier, and T. Persson. 2009. "Party Size and Portfolio Payoffs: The Proportional Allocation of Ministerial Posts in Coalition Governments." *Journal of Legislative Studies* 15:10—34.

Bara, C. 2014. "Incentives and Opportunities: A Complexity-oriented Explanation of Violent Ethnic Conflict." *Journal of Peace Research* 51:696—710.

Bardsley, N., R. Cubitt, G. Loomes, P. Moffatt, C. Starmer, and R. Sugden. 2010. *Experimental Economics: Rethinking the Rules*, Princeton: Princeton University Press.

Bartels, L. 1996. "Pooling Disparate Observations." *American Journal of Political Science* 40:905—942.

Bates, R., et al. (eds.). 1998. *Analytic Narratives*. Princeton: Princeton University Press.

Beach, D., and R. Pedersen. 2012. *Process-tracing Methods: Foundations and Guidelines*. Ann Arbor: University of Michigan Press.

———. 2016. *Causal Case Studies: Foundations and Guidelines for Comparing, Matching and Tracing*. Ann Arbor: University of Michigan Press.

Beach, D., and I. Rohlfing. 2015. "Integrating Cross-case Analyses and Process Tracing in Set-theoretic Research: Strategies and Parameters of Debate." *Sociological Methods & Research*. DOI:10.1177/0049124115613780.

Beck, N. 2010. "Causal process Observation: Oxymoron or (Fine) Old Wine." *Political Analysis* 18:499—505.

Beck, N., J. Katz, and R. Tucker. 1998. "Taking Time Seriously: Time-series-cross-section Analysis with a Binary Dependent Variable." *American Journal of Political Science* 42:1260—1288.

Bennett, A., and J. Checkel (eds.). 2014. *Process Tracing in the Social Sciences: From Metaphor to Analytic Tool*. Cambridge: Cambridge University Press.

——. 2014. "Process Tracing: From Philosophical Roots to Best Practices." In A. Bennett and J. Checkel (eds.), *Process Tracing in the Social Sciences: From Metaphor to Analytic Tool*. Cambridge: Cambridge University Press.

Blatter, J., and M. Haverland. 2012. *Designing Case Studies: Explanatory Approaches in Small-N Research*. London: Palgrave.

Boix, C. 2003. *Democracy and Redistribution*. New York: Cambridge University Press.

Boix, C., and S. Stokes. 2003. "Endogenous Democratization." *World Politics* 55:517—549.

Brady, H. 2004. "Data-set Observations Versus Causal-process Observations: The 2000 US Presidential Election." In H. Brady and D. Collier (eds.), *Rethinking Social Inquiry: Diverse Tools, Shared Standards*. New York: Rowman & Littlefield.

Brady, H., and D. Collier (eds.). 2010. *Rethinking Social Inquiry: Diverse*

Tools, *Shared Standards*, 2nd edition. New York: Rowman &. Littlefield.

Brambor, T., W. Clark, and M. Golder. 2006. "Understanding Interaction Models: Improving Empirical Analyses." *Political Analysis* 14:63—82.

Braumoeller, B. 2004. "Hypothesis Testing and Multiplicative Interaction Terms." *International Organization* 58:807—820.

Braumoeller, B., and G. Goertz. 2000. "The Methodology of Necessary Conditions." *American Journal of Political Science* 44:844—858.

Brehm, J., and S. Gates. 1977. *Working*, *Shirking*, *and Sabotage*: *Bureaucratic Response to a Democratic Public*. Ann Arbor: University of Michigan Press.

Bueno de Mesquita, B. 1981. *The War Trap*. New Haven: Yale University Press.

——. 1990. "Pride of Place: The Origins of German Hegemony." *World Politics* 43:28—52.

——. 2000. "Popes, Kings, and Endogenous Institutions: The Concordat of Worms and the Origins of Sovereignty." *International Studies Review* 2:93—114.

——. 2007. "Leopold II and the Selectorate: An Account in Contrast to a Racial Explanation." *Historical Social Research* [*Historische Sozialforschung*] 32:203—221.

——. 2009. *The Predictioneer's Game*. New York: Random House.

——. 2013. *Principles of International Politics*: *War*, *Peace*, *and World Order*, 5th edition. Newbury Park: Sage Publications.

Bueno de Mesquita, B., and Y. Feng. 1997. "Forecasting China's Political and Economic Future." *Problems of Post-Communism* 44:14—27.

Bueno de Mesquita, B., and D. Lalman. 1992. *War and Reason*: *Domestic and International Imperatives*. New Haven: Yale University Press.

Bueno de Mesquita, B., R. McDermott, and E. Cope. 2001. "The Expected Prospects for Peace in Northern Ireland." *International Interactions* 27:129—168.

Bueno de Mesquita, B., and A. Smith. 2011. *The Dictator's Handbook*. New York: PublicAffairs.

Bueno de Mesquita, B., A. Smith, R. Siverson, and J. Morrow. 2003. *The Logic of Political Survival*. Cambridge: MIT Press.

Bueno de Mesquita, B., et al. 1985. *Forecasting Political Events*: *The Future of Hong Kong*. New Haven: Yale University Press.

Bush, S. 2011. "International Politics and the Spread of Quotas for Women in

Legislatures." *International Organization* 65:103—137.

Camerer, C. 2015. "The Promise and Success of Labfield Generalizability in Experimental Economics: A Critical Reply to Levitt and List." In G. Fréchette and A. Schotter (eds.), *Handbook of Experimental Economic Methodology*. Oxford: Oxford University Press.

Cammett, M. 2014. *Compassionate Communalism: Welfare and Sectarianism in Lebanon*. Ithaca: Cornell University Press.

Campbell, D., and J. Stanley. 1963. *Experimental and Quasiexperimental Designs for Research*. Chicago: Rand McNally.

Caren, N., and A. Panofsky. 2005. "A Technique for Adding Temporality to Qualitative Comparative Analysis." *Sociological Methods & Research* 34: 147—172.

Carrubba, C., and M. Gabel. 2014. *International Courts and the Performance of International Agreements: A General Theory with Evidence from the European Union*. Cambridge: Cambridge University Press.

Cheibub, J., J. Gandhi, and J. Vreeland. 2010. "Democracy and Dictatorship Revisited." *Public Choice* 143:67—101.

Cioffi-Revilla, C., and H. Starr. 2003. "Opportunity, Willingness, and Political Uncertainty: Theoretical Foundations of Politics." In G. Goertz and H. Starr (eds.), *Necessary Conditions: Theory, Methodology, and Applications*. New York: Rowman & Littlefield.

Clarke, K., and D. Primo. 2012. *A Model Discipline: Political Science and the Logic of Representations*. Oxford: Oxford University Press.

Coleman, J. 1990. *Foundations of Social Theory*. Cambridge: Harvard University Press.

Colgan, J. 2013. *Petro-aggression: When Oil Causes War*. Cambridge: Cambridge University Press.

Collier, D. 2011. "Understanding Process Tracing." *PS: Political Science & Politics* 44:823—830.

Copeland, D. 2015. *Economic Interdependence and War*. Princeton: Princeton University Press.

Craver, C. F. (2007). *Explaining the Brain: What a Science of the Mind-brain Could Be*. New York: Oxford.

Cusack, T., T. Iversen, and D. Soskice. 2007. "Economic Interests and the Origins of Electoral Systems." *American Political Science Review* 101:373—391.

Dafoe, A., and N. Kelsey. 2014. "Observing the Capitalist Peace: Examining

Market-mediated Signaling and Other Mechanisms." *Journal of Peace Research* 51:619—633.

Demeulenaere, P. 2011. Introduction. In P. Demeulenaere (ed.),*Analytical Sociology and Social Mechanisms*. Cambridge: Cambridge University Press.

Díez, J. 2013. "Explaining Policy Outcomes: The Adoption of Same-sex Unions in Buenos Aires and Mexico City." *Comparative Political Studies* 46:212—235.

Dion, D. 1998. "Evidence and Inference in the Comparative Case Study." *Comparative Politics* 30:127—145.

Downing, B. 1992. *The Military Revolution and Political Change: Origins of Democracy and Autocracy in Early Modern Europe*. Princeton: Princeton University Press.

Druckman, J., and C. Kam. 2011. "Students as Experimental Participants: A Defense of the Narrow Data Base." In J. Druckman et al. (eds.)*Cambridge Handbook of Experimental Political Science*. Cambridge: Cambridge University Press.

Druckman, J., et al. (eds.), 2011. *Cambridge Handbook of Experimental Political Science*. Cambridge: Cambridge University Press.

Dunning, T. 2012. *Natural Experiments in the Social Sciences*. Cambridge: Cambridge University Press.

Elman, C. 2005. "Explanatory Typologies in Qualitative Studies of International Politics." *International Organization* 59:293—326.

Elster, J. 1989 *Nuts and Bolts for the Social Sciences*. Cambridge: Cambridge University Press.

Ertman, T. 1997. *Birth of the Leviathan: Building States and Regimes in Medieval and Early Modern Europe*. Cambridge: Cambridge University Press.

Esping-Andersen, G. 1990. *The Three Worlds of Welfare Capitalism*. Cambridge: Polity Press.

Falleti, T. 2005. "A Sequential Theory of Decentralization: Latin American Cases in Comparative Perspective." *American Political Science Review* 99: 327—346.

Favretto, K. 2009. "Should Peacemakers Take Sides? Major Power Mediation, Coercion, and Bias." *American Political Science Review* 103:248—263.

Fearon, J. 1991. "Counterfactuals and Hypothesis Testing in Political Science." *World Politics* 43:169—195.

——. 1992. "Threats to Use Force: Costly Signals and Bargaining in International Crises." PhD dissertation. University of California, Berkeley.

——. 1994. "Domestic Political Audiences and the Escalation of International Disputes." *American Political Science Review* 88:577—592.

——. 1995. "Rationalist Explanations for War." *International Organization* 49: 379—414.

Fearon, J., and D. Laitin. 2005. "Civil War Narratives." Manuscript. Stanford University.

——. 2008. "Integrating Qualitative and Quantitative Methods." In J. Box-Steffensmeier, H. Brady, and D. Collier (eds.), *The Oxford Handbook of Political Methodology*. Oxford: Oxford University Press.

Fink, S. 2008. "Politics as Usual or Bringing Religion Back in? The Influence of Parities, Institutions, Economic Interests, and Religion on Embryo Research Laws." *Comparative Political Studies* 41:1631—1656.

Fortna, V. 2009. "Where Have All the Victories Gone? Peacekeeping and War Outcomes." Paper presented at the annual meetings of the International Studies Association.

Frankfort-Nachmias, C., D. Nachmias, and J. DeWaard. 2014. *Research Methods in the Social Sciences*, 8th edition. New York: Worth Publishers.

Fréchette, G., and A. Schotter (eds.). 2015. *Handbook of Experimental Economic Methodology*. Oxford: Oxford University Press.

Freedman, D. 1991. "Statistical Models and Shoe Leather." *Sociological Methodology* 21:291—313.

Friedman, M. 1953. *Essay in Positive Economics*. Chicago: University of Chicago Press.

Fuhrmann, M. 2012. *Atomic Assistance: How "Atoms for Peace" Programs Cause Nuclear Insecurity*. Ithaca: Cornell University Press.

Gartzke, E., and D.-J. Jo. 2009. "Bargaining, Nuclear Proliferation, and Interstate Disputes." *Journal of Conflict Resolution* 53:209—233.

Geddes, B. 1990. "How the Cases You Choose Affect the Answers You Get: Selection Bias in Comparative Politics." In J. Stimson (ed.), *Political Analysis*, vol. 2. Ann Arbor: University of Michigan Press.

——. 2003. *Paradigms and Sand Castles: Theory Building and Research Design in Comparative Politics*. Ann Arbor: University of Michigan Press.

Geertz, C. 1973. *On the Interpretation of Cultures*. New York: Basic Books.

George, A., and A. Bennett. 2005. *Case Studies and Theory Development*. Cambridge: MIT Press.

Gerring, J. 2006. *Case Study Research: Principles and Practices*. Cambridge:

Cambridge University Press.

——. 2008. "The Mechanismic Worldview: Thinking inside the Box." *British Journal of Political Science* 38:161—179.

——. 2010. "Causal Mechanisms, Yes, but..." *Comparative Political Studies* 43:1499—1526.

——. 2012. *Social Science Methodology: A Unified Framework*, 2nd edition. Cambridge: Cambridge University Press.

——. 2017. *Case Study Research: Principles and Practices*, 2nd edition. Cambridge: Cambridge University Press.

Gerring, J., and L. Cojocaru. 2016. "Selecting Cases for Intensive Analysis: A Diversity of Goals and Methods." *Sociological Methods & Research* 45:392—423.

Glennan, S. 1996. "Mechanisms and the Nature of Causation." *Erkenntnis*, 44:49—71.

——. 2002. "Rethinking Mechanistic Explanation." *Philosophy of Science* 69:342—353.

——. 2010. "Ephemeral Mechanisms and Historical Explanation." *Erkenntnis* 72:251—266.

Glynn, A., and N. Ichino. 2015. "Using Qualitative Information to Improve Causal Inference." *American Journal of Political Science* 59:1055—1071.

Goemans, H., and W. Spaniel, W. 2016. "Multi-method Research: The Case for Formal Theory." *Security Studies* 25:25—33.

Goertz, G. 1994. *Contexts of International Politics*. Cambridge: Cambridge University Press.

——. 2003. *International Norms and Decision Making: A Punctuated Equilibrium Model*. New York: Rowman & Littlefield.

——. 2005. *Social Science Concepts: A User's Guide*. Princeton: Princeton University Press.

——. 2008. "A Checklist for Constructing, Evaluating, and Using Concepts or Quantitative Measures." In J. Box-Steffensmeier, H. Brady, and D. Collier (eds.), *The Oxford Handbook of Political Methodology*. Oxford: Oxford University Press.

——. 2012. "Descriptive-causal Generalizations: Empirical Laws in the Social Sciences?" In H. Kincaid (ed.), *The Oxford Handbook of Philosophy of Social Science*. Oxford: Oxford University Press.

Goertz, G., P. Diehl, and A. Balas. 2016. *The Puzzle of Peace: The Evolution of Peace in the International System*. Oxford: Oxford University Press.

Goertz, G., T. Hak, and J. Dul. 2013. "Ceilings and Floors: Where Are There No Observations?" *Sociological Methods & Research* 42:3—40.

Goertz, G., and J. Levy (eds.). 2007. *Explaining War and Peace: Case Studies and Necessary Condition Counterfactuals*. London: Routledge.

Goertz, G., and J. Mahoney. 2005. "Two-level Theories and Fuzzy Set Analysis." *Sociological Methods & Research* 33:497—538.

——. 2012. *A Tale of Two Cultures: Qualitative and Quantitative Research in the Social Sciences*. Princeton: Princeton University Press.

Goertz, G., and A. Mazur (eds.). 2008. *Politics, Gender, and Concepts: Theory and Methodology*. Cambridge: Cambridge University Press.

Goodwin, J. 2001. *No other Way out: States and Revolutionary Movements, 1945—1991*. Cambridge: Cambridge University Press.

Granato, J., and F. Scioli. 2004. "Puzzles, Proverbs, and Omega Matrices: The Scientific and Social Significance of Empirical Implications of Theoretical Models (EITM)." *Perspectives on Politics* 2:313—324.

Granato, J., et al. 2010. "A Framework for Unifying Formal and Empirical Analysis." *American Journal of Political Science* 54:783—797.

Grzymała-Busse, A. 2007. *Rebuilding Leviathan: Party Competition and State Exploitation in Post-Communist Democracies*. Cambridge: Cambridge University Press.

Guala, F. 2005. *The Methodology of Experimental Economics*. Cambridge: Cambridge University Press.

Haggard, S., and R. Kaufman. 2012. "Inequality and Regime Change: Democratic Transitions and the Stability of Democratic Rule." *American Political Science Review* 106:1—22.

——. 2016. *Dictators and Democrats: Masses, Elites, and Regime Change*. Princeton: Princeton University Press.

Haggard, S., et al. 2013. "Inequality and Regime Change: The Role of Distributive Conflict." *Comparative Democratization: APSA newsletter* 11:1, 4—7.

Harding, D., and K. Seefeldt. 2013. "Mixed Methods and Causal Analysis. In S. Morgan (ed.), *Handbook of Causal Analysis for Social Research*." New York: Springer.

Harvey, F. 2011. *Explaining the Iraq War: Counterfactual Theory, Logic and Evidence*. Cambridge: Cambridge University Press.

Hedström, P., and R. Swedberg (eds.). 1998. *Social Mechanisms: An Analyt-*

ical Approach to Social Theory. Cambridge： Cambridge University Press.

Helfer, L., and E. Voeten. 2014. "International Courts as Agents of Legal Change：Evidence from LGBT Rights in Europe." *International Organization* 68：77—110.

Hempel, S. 2007. *The Strange Case of the Broad Street Pump： John Snow and the Mystery of Cholera*. Berkeley： University of California Press.

Hensel, P., G. Goertz, and P. Diehl. 2000. "The Democratic Peace and Rivalries." *Journal of Politics* 62：1173—1188.

Herron, M., and K. Quinn. 2016. "A Careful Look at Modern Qualitative Case Selection Methods." *Sociological Methods & Research* 45：458—492.

Holland, P. 1986. "Statistics and Causal Inference (with discussion)." *Journal of the American Statistical Association* 81：945—960.

Imai, K., et al. 2011. "Unpacking the Black Box of Causality." *American Political Science Review* 105：765—789.

Iversen, T. 2005. *Capitalism, Democracy, and Welfare*. Cambridge： Cambridge University Press.

Johns, L. 2007. "A Servant of Two Masters： Communication and the Selection of International Bureaucrats." *International Organization* 61：245—272.

——. 2012. "Courts as Coordinators： Endogenous Enforcement and Jurisdiction in International Adjudication." *Journal of Conflict Resolution* 56：257—289.

Johnson, J. 2013. "Models among the Political Theorists." *American Journal of Political Science* 58：547—560.

Johnson, T. 2014. *Organizational Progeny： Why Governments Are Losing Control over the Proliferating Structures of Global Governance*. Oxford： Oxford University Press.

Katzenstein, P. (ed.). 1996. *The Culture of National Security： Norms, Identity, and World Politics*. New York： Columbia University Press.

Kiewiet, D., and M. McCubbins. 1991. *The Logic of Delegation： Congressional Parties and the Appropriations Process*. Chicago： University of Chicago Press.

Kim, D. 2013. "International Nongovernmental Organizations and the Global Diffusion of National Human Rights Institutions." *International Organization* 67：505—539.

King, G., R. Keohane, and S. Verba. 1994. *Designing Social Inquiry： Scientific Inference in Qualitative Research*. Princeton： Princeton University Press.

Kingdon, J. 1995. *Agendas, Alternatives, and Public Policies*, 2nd edition.

Boston: Little, Brown.

Koromenos, B., C. Lipson, and D. Snidal. 2001. "The Rational Design of International Institutions." *International Organization* 55:761—779.

Kreuzer, M. 2010. "Historical Knowledge and Quantitative Analysis: The Case of the Origins of Proportional Representation." *American Political Science Review* 104:369—392.

Krook, M. 2010. "Women's Representation in Parliament: A Qualitative Comparative Analysis." *Political Studies* 58:886—908.

Kruskal, W., and F. Mosteller. 1979a. "Representative Sampling I: Non-scientific Literature." *International Statistical Review* 47:13—24.

——. 1979b. "Representative Sampling II: Scientific Literature Excluding Statistics." *International Statistical Review* 47:117—127.

——. 1979c. "Representative Sampling III: Current Statistical Literature." *International Statistical Review* 47:245—265.

——. 1980. "Representative Sampling IV: The History of the Concept in Statistics, 1895—1939." *International Statistical Review* 48:169—195.

Kupchan, C. 2010. *How Enemies Become Friends: The Sources of Stable Peace*. Princeton: Princeton University Press.

Kurizaki, S., and T. Whang. 2015. "Detecting Audience Costs in International Disputes." *International Organization* 69:949—980.

Kydd, A. 2006. "When Can Mediators Build Trust?" *American Political Science Review* 100:449—462.

——. 2007. *Trust and Mistrust in International Relations*. Princeton: Princeton University Press.

Lake, D. 2010. "Two Cheers for Bargaining Theory: Assessing Rationalist Explanations of the Iraq War." *International Security* 35:7—52.

Lange, M. 2009. *Lineages of Despotism and Development: British Colonialism and State Power*. Chicago: University of Chicago Press.

Lazarsfeld, P., and A. Barton. 1951. "Qualitative Measurement in the Social Sciences: Classification, Typologies, and Indices." In D. Lerner and H. Lasswell (eds.), *The Policy Sciences: Recent Developments in Scope and Method*. Stanford: Stanford University Press.

Levitsky, S., and L. Way. 2010. *Competitive Authoritarianism: Hybrid Regimes after the Cold War*. Cambridge: Cambridge University Press.

Levitt, S., and J. List. 2015. "What Do Laboratory Experiments Measuring Social Preferences Reveal about the Real World?" In G. Fréchette and A. Schotter (eds.), *Handbook of Experimental Economic Methodology*. Oxford: Oxford University Press.

Levy, J. 2008. "Counterfactuals and Case Studies." In J. Box-Steffensmeier, H. Brady, and D. Collier (eds.), *The Oxford Handbook of Political Methodology*. Oxford: Oxford University Press.

——. 2012. "Coercive Threats, Audience Costs, and Case Studies." *Security Studies* 21:383—390.

Levy, J., and W. Thompson. 2005. "Hegemonic Threats and Great Power Balancing in Europe, 1495—1999." *Security Studies* 14:1—30.

——. 2010. "Balancing at Sea: Do States Ally against the Leading Global Power?" *International Security* 35:7—43.

Levy, J., et al. 2015. "Backing out or Backing in? Commitment and Consistency in Audience Costs Theory." *American Journal of Political Science* 59:988—1001.

Lieberman, E. 2005. "Nested Analysis as a Mixed-method Strategy for Comparative Research." *American Political Science Review* 99:435—452.

——. 2015. "Nested Analysis: Toward the Integration of Comparativehistorical Analysis with other Social Science Methods." In J. Mahoney and K. Thelen (eds.), *Advances in Comparative-historical Analysis*. Cambridge: Cambridge University Press.

Lijphart, A. 1969. "Consociational Democracy." *World Politics* 21:207—225.

——. 1975. "The Comparable-case Strategy in Comparative Research." *Comparative Political Studies* 8:158—177.

Lipset, S. M., M. A. Trow, and J. S. Coleman. 1956. *Union Democracy: The Internal Politics of the International Typographical Union*. Free Press.

Little, D. 1991. *Varieties of Social Explanation: An Introduction to the Philosophy of Social Science*. Boulder: Westview Press.

Lorentzen, P., M. T. Fravel, and J. Paine. 2016. "Qualitative Investigation of Theoretical Models: The Value of Process Tracing." *Journal of Theoretical Politics*. DOI:10.1177/0951629816664420.

Luebbert, G. 1991. *Liberalism, Fascism, or Social Democracy: Social Classes and the Political Origins of Regimes in Interwar Europe*. Oxford: Oxford University Press.

Luetgert, B., and T. Dannwolf. 2009. "Mixing Methods: A Nested Analysis of EU Member State Transposition Patterns." *European Union Politics* 10:307—334.

Lyall, J. 2014. "Process Tracing, Causal Inference, and Civil War." In A. Bennett and J. Checkel (eds.), *Process Tracing in the Social Sciences: From Metaphor to Analytic Tool*. Cambridge: Cambridge University Press.

Machamer, P., et al. 2000. "Thinking about Mechanisms." *Philosophy of Science* 67:1—25.

Madrigal, R., et al. 2011. "Determinants of Performance of Communitybased Drinking Water Organizations." *World Development* 39:1663—1675.

Mahoney, J. 2003. "Strategies of Causal Assessment in Comparativehistorical Analysis." In J. Mahoney and D. Rueschemeyer (eds.), *Comparative Historical Analysis in the Social Sciences*. Cambridge: Cambridge University Press.

——. 2008. "Toward a Unified Theory of Causality." *Comparative Political Studies* 41:412—436.

——. 2010. *Colonialism and Postcolonial Development: Spanish America in Comparative Perspective*. Cambridge: Cambridge University Press.

——. 2012. "The Logic of Process Tracing Tests in the Social Sciences." *Sociological Methods & Research* 41:570—597.

Mahoney, J., and G. Goertz. 2004. "The Possibility Principle: Choosing Negative Cases in Comparative Research." *American Political Science Review* 98:653—669.

Mahoney, J., E. Kimball, and K. Koivu. 2009. "The Causal Logic of Historical Explanation." *Comparative Political Studies* 42:114—146.

Mansfield, E., and J. Snyder. 2005. *Electing to Fight: Why. Emerging Democracies Go to War*. Cambridge: MIT Press.

Marchi, S. de. 2005. *Computational Modeling and Mathematical Modeling in the Sciences*. Cambridge: Cambridge University Press.

McAdam, D., and H. Boudet. 2012. *Putting Social Movements in Their Place: Explaining Opposition to Energy Projects in the United States, 2000—2005*. Cambridge: Cambridge University Press.

McBride, D., and A. Mazur. 2010. *The Politics of State Feminism*. Philadelphia: Temple University Press.

McGuire, J. 2010. *Wealth, Health, and Democracy in East Asia and Latin America*. Cambridge: Cambridge University Press.

Mello, P. 2012. "Parliamentary Peace or Partisan Politics? Democracies' Participation in the Iraq War." *Journal of International Relations and Development* 15:420—453.

——. 2014. *Democratic Participation in Armed Conflict*. London: Palgrave.

Milgram, S. 1974. *Obedience: An Experimental View*. New York: Harper & Row.

Milner, H. 1997. *Interests, Institutions, and Information: Domestic Politics and International Relations*. Princeton: Princeton University Press.

Mintz, A., S. B. Redd, and A. Vedlitz. 2006. "Can We Generalize from Student Experiments to the Real World in Political Science, Military Affairs, and International Relations?" *Journal of Conflict Resolution* 50:757—776.

Mitchell, S., and B. Prins. 1999. "Beyond Territorial Contiguity: Issues at Stake in the Democratic Militarized Interstate Disputes." *International Studies Quarterly* 43:169—183.

Møller, J., and S.-E. Skaaning. 2015. "Explanatory Typologies as a Nested Strategy of Inquiry: Combining Cross-case and Within-case Analyses." *Sociological Methods & Research*. DOI:10.1177/0049124115613778.

Moore, B. 1966. *The Social Origins of Dictatorship and Democracy: Lord and Peasant in the Making of the Modern World*. Boston: Beacon Press.

Morgan, S., and C. Winship. 2015. *Counterfactuals and Causal Inference: Methods and Principles for Social Research*, 2nd edition. Cambridge: Cambridge University Press.

Morton, R. 1999. *Methods and Models: A Guide to the Empirical Analysis of Formal Models in Political Science*. Cambridge: Cambridge University Press.

Morton, R., and K. Williams. 2010. *Experimental Political Science and the Study of Causality: From Nature to the Lab*. Cambridge: Cambridge University Press.

Most, B., and H. Starr. 1989. *Inquiry, Logic, and International Politics*. Columbia: University of South Carolina Press.

Nalepa, M. 2010. "Captured Commitments: An Analytic Narrative of Transitions with Transitional Justice. " *World Politics* 62:341—380.

Narang, V., and R. Nelson. 2009. "Who Are These Belligerent Democratizers? Reassessing the Impact of Democratization on War." *International Organization* 63:357—379.

Nash, J. 1950. "The Bargaining Problem." *Econometrica* 18:155—162.

Nielsen, R. 2016. "Case Selection via Matching." *Sociological Methods & Research* 45:569—597.

Norris, P. 2012. *Making Democratic Governance Work*. Cambridge: Cambridge University Press.

North, D. 1990. *Institutions, Institutional Change and Economic Performance*, Cambridge: Cambridge University Press.

North, D., et al. (eds.). 2013. *In the Shadow of Violence: Political Science,*

Economics, *and the Problems of Development*. Cambridge: Cambridge University Press.

Ornston, D. 2013. "Creative Corporatism: The Politics of Hightechnology Competition in Nordic Europe." *Comparative Political Studies* 46:702—729.

Pahre, R. 2005. "Formal Theory and Case Study Methods in EU Studies." *European Union Politics* 6:113—146.

Paine, J. 2016. "Still Searching for the Value-added: Persistent Concerns about Set-theoretic Comparative Methods." *Comparative Political Studies*. 49: 793—800.

Pearce, L. 2002. "Integrating Survey and Ethnographic Methods for Systematic Anomalous Case Analysis." *Sociological Methodology* 32:103—132.

Pearl, J. 2009. *Causality: Models, Reasoning, and Inference*, 2nd edition. Cambridge: Cambridge University Press.

Pearl, J., et al. 2016. *Causal Inference in Statistics: A Primer*. New York: John Wiley & Sons.

Pevehouse, J. 2005. *Democracy from above: Regional Organizations and Democratization*. Cambridge: Cambridge University Press.

Pierson, P. 2004. *Politics in Time: History, Institutions, and Social Analysis*. Princeton: Princeton University Press.

Przeworski, A., and H. Teune. 1970. *The Logic of Comparative Social Inquiry*. New York: John Wiley & Sons.

Przeworski, A., et al. 2000. *Democracy and Development: Political Institutions and Well-being in the World, 1950—1990*. Cambridge: Cambridge University Press.

Ragin, C. 1987. *The Comparative Method: Moving beyond Qualitative and Quantitative Strategies*. Berkeley: University of California Press.

——. 2000. *Fuzzy-set Social Science*. Chicago: University of Chicago Press.

——. 2008. *Redesigning Social Inquiry: Fuzzy Sets and Beyond*. Chicago: University of Chicago Press.

Ragin, C., and G. Schneider. 2012. "Comparative Political Analysis: Six case-oriented Strategies." In E. Amenta et al. (eds.), *The Wiley—Blackwell Companion to Political Sociology*. New York: John Wiley & Sons.

Ragin, C., and S. Strand, 2008. "Using Qualitative Comparative Analysis to Study Causal Order: Comment on Caren and Panofsky (2005)." *Sociological Methods & Research* 36:431—441.

Ray, J. 1993. "Wars between Democracies: Rare or Nonexistent?" *International*

Interactions 18:251—276.

Rodrik, D. (ed.). 2003. *In Search of Prosperity: Analytic Narratives on Economic Growth*. Princeton: Princeton University Press.

Rohlfing, I., and C. Schneider. 2013. "Combining QCA with Process Tracing in Analyses of Necessity." *Political Research Quarterly* 66:220—235.

Rommetvedt, H., et al. 2013. "Coping with Corporatism in Decline and the Revival of Parliament: Interest Group Lobbyism in Denmark and Norway, 1980—2005." *Comparative Political Studies* 46:457—486.

Rosen, J. 2013. "Explaining Women's Parliamentary Representation: Political Institutions, Development Thresholds, and Gender Equality in National Politics." PhD Dissertation, Northwestern University.

Ross, M. 2004. "How Does Natural Resource Wealth Influence Civil War? Evidence from Thirteen Cases." *International Organization* 58:35—67.

——. 2012. *The Oil Curse: How Petroleum Wealth Shapes the Development of Nations*. Princeton: Princeton University Press.

Roth, L. 2006. *Selling Women Short: Gender Inequality on Wall Street*. Princeton: Princeton University Press.

Rudra, N. 2011. "Openness and the Politics of Potable Water." *Comparative Political Studies* 44:771—803.

Rueschemeyer, D., E. Stephens, and J. Stephens. 1992. *Capitalist Development and Democracy*. Chicago: University of Chicago Press.

Russett, B. 1995. "The Democratic Peace: 'And yet It Moves.'" *International Security* 19:164—175.

Salmon, W. 1998. *Causality and Explanation*. Oxford: Oxford University Press.

Sambanis, N. 2004. "Using Case Studies to Expand Economic Models of Civil War." *Perspectives on Politics* 2:259—280.

Samford, S. 2010. "Averting 'Disruption and Reversal': Reassessing the Logic of Rapid Trade Reform in Latin America." *Politics and Society* 38:373—407.

Schelling, T. 1978. *Micromotives and Macrobehavior*. New York: W. W. Norton.

Schneider, C., and I. Rohlfing. 2013. "Combining QCA and Process Tracing in Set-theoretic Multi-method Research." *Sociological Methods & Research* 42:559—597.

——. 2016. "Case Studies Nested in Fuzzy-set QCA on Sufficiency: Formalizing Case Selection and Causal Inference." *Sociological Methods & Research* 45:526—568.

Schneider, C., and C. Wagemann. 2006. "Reducing Complexity in Qualitative

Comparative Analysis (QCA): Remote and Proximate Factors and the Consolidation of Democracy." *European Journal of Political Research* 45:751—786.

———. 2012. *Set-theoretic Methods for the Social Sciences: A Guide to Qualitative Comparative Analysis*. Cambridge: Cambridge University Press.

Schultz, K. 2001. "Looking for Audience Costs." *Journal of Conflict Resolution* 45:32—60.

———. 2012. "Why We Needed Audience Costs and What We Need Now." *Security Studies* 21:369—375.

Seawright, J. 2016. *Multi-method Social Science: Combining Qualitative and Quantitative Tools*. Cambridge: Cambridge University Press.

Sekhon, J. 2004. "Quality Meets Quantity: Case Studies, Conditional Probability, and Counterfactuals." *Perspectives on Politics* 2:281—293.

Shepsle, K. 1995. "Statistical Political Philosophy and Positive Political Theory." *Critical Review* 9:213—222.

Sherif, M., et al. 1988 (1961). *The Robbers Cave Experiment: Intergroup Conflict and Cooperation*. Middletown: Wesleyan University Press.

Simmons, B., and Z. Elkins. 2004. "The Globalization of Liberalization: Policy Diffusion in the International Political Economy." *American Political Science Review* 98:171—190.

Singer, J., and M. Small. 1974. "Foreign Policy Indicators: Predictors of War in History and in the State of the World Message." *Policy Sciences* 5:271—296.

Skocpol, T. 1979. *States and Social Revolutions: A Comparative Analysis of France, Russia and China*. Cambridge: Cambridge University Press.

Slantchev, B. 2012. "Audience Cost Theory and Its Audiences." *Security Studies* 21:376—382.

Slater, D. 2010. *Ordering Power: Contentious Politics and Authoritarian Leviathans in Southeast Asia*. Cambridge: Cambridge University Press.

Slater, D., and D. Ziblatt. 2013. "The Enduring Indispensability of the Controlled Comparison." *Comparative Political Studies* 46:1301—1327.

Slater, D., et al. 2014. "Economic Origins of Democratic Breakdowns? The Redistributive Model and the Postcolonial State." *Perspectives on Politics* 12:353—274.

Small, M. 2009. "How Many Cases Do I Need? On Science and the Logic of Case Selection in Field-based Research." *Ethnography* 10:5—38.

Snyder, J., and E. Borghard. 2011. "The Cost of Empty Threats: A Penny, Not a Pound." *American Political Science Review* 105:437—455.

Soifer, H. 2012. "The Causal Logic of Critical Junctures." *Comparative Politi-*

cal Studies 45:1572—1597.

——. 2015. *State Building in Latin America*. Cambridge: Cambridge University Press.

Starr, H. 1978. "'Opportunity' and 'Willingness' as Ordering Concepts in the Study of War." *International Interactions* 4:363—387.

Steel, D. 2008. *Across the Boundaries: Extrapolation in Biology and the Social Sciences*. Oxford: Oxford University Press.

Stokke, O. 2012. *Disaggregating International Regimes*. Cambridge: MIT Press.

Sugden, R. 2009. "Credible Worlds, Capacities and Mechanisms." *Erkenntnis* 70:3—27.

Tannenwald, N. 1999. "The Nuclear Taboo: The United States and the Normative Basis of Nuclear Non-use." *International Organization* 53:433—468.

——. 2005. "Stigmatizing the Bomb: Origins of the Nuclear Taboo." *International Security* 29:5—49.

Tarrow, S. 2010. "The Strategy of Paired Comparison: Toward a Theory of Practice." *Comparative Political Studies* 43:230—259.

Teorell, J. 2010. *Determinants of Democratization: Explaining Regime Change in the World, 1972—2006*. Cambridge: Cambridge University Press.

Themner, L., and P. Wallensteen. 2013. "Armed Conflict, 1946—2012." *Journal of Peace Research* 50:509—521.

Thiem, A., M. Baumgartner, and D. Bol. 2016. "Still Lost in Translation: A Correction of Three Misunderstandings between Configurational Comparativists and Regressional Analysts." *Comparative Political Studies* 49:742—774.

Toft, M. 2003. *The Geography of Ethnic Violence: Identity, Interests, and Territory*. Princeton: Princeton University Press.

——. 2009. *Securing the Peace: The Durable Settlement of Civil Wars*. Princeton: Princeton University Press.

——. 2010. "Ending Civil Wars: A Case for Rebel Victory?" *International Security* 34:7—36.

Tomz, M. 2007. "Domestic Audience Costs in International Relations: An Experimental Approach." *International Organization* 61:821—840.

Trachtenberg, M. 2012. "Audience Costs: An Historical Analysis." *Security Studies* 21:3—42.

Tsai, L. 2007. *Accountability without Democracy: Solidary Groups and Public goods Provision in Rural China*. Cambridge: Cambridge University Press.

Tsebelis, G. 1999. "Veto Players and Law Production in Parliamentary Democracies: An Empirical Analysis." *American Political Science Review* 93:591—608.

——. 2002. *Veto Players: How Political Institutions Work*. Princeton: Princeton University Press.

Veenendaal, W., and J. Corbett. 2015. "Why Small States Offer Important Answers to Large Questions." *Comparative Political Studies* 48:527—549.

Vinten-Johansen, P., et al. 2003. *Cholera, Chloroform, and the Science of Medicine: A Life of John Snow*. Oxford: Oxford University Press.

Waldner, D. 2012. "Process Tracing and Causal Mechanisms." In H. Kincaid (ed.), *The Oxford Handbook of Philosophy of Social Science*. Oxford: Oxford University Press.

——. 2015. "What Makes Process Tracing Good? Causal Mechanisms, Causal Inference, and the Completeness Standard in Comparative Politics." In A. Bennett and J. Checkel (eds.), *Process Tracing in the Social Sciences: From Metaphor to Analytic Tool*. Cambridge: Cambridge University Press.

Wallensteen, P. 2015. *Quality Peace: Peacebuilding, Victory and World Order*. Oxford: Oxford University Press.

Walsh, D. 2012. "Does the Quality of Democracy Matter for Women's Rights? Just Debate and Democratic Transition in Chile and South Africa." *Comparative Political Studies* 45:1323—1350.

Waltz, K. 1979. *Theory of International Relations*. Boston: Addison- Wesley.

Weiffen, B., et al. 2011. "Democracy, Regional Security Institutions, Rivalry Mitigation: Evidence from Europe, South America, and Asia." *Security Studies* 20:378—415.

Weinstein, J. 2006. *Inside Rebellion: The Politics of Insurgent Violence*. Cambridge: Cambridge University Press.

Weller, N., and J. Barnes. 2014. *Finding Pathways: Case Selection for Studying Causal Mechanisms in Mixed-methods Research*. Cambridge: Cambridge University Press.

Wood, E. 2000. *Forging Democracy from Below: Insurgent Transitions in South Africa and El Salvador*. Cambridge: Cambridge University Press.

——. 2003. *Insurgent Collective Action and Civil War in El Salvador*. Cambridge: Cambridge University Press.

Yin, R. 2012. *Case Study Research: Design and Methods*, 5th edition. Newbury Park: Sage Publications.

Ziblatt，D. 2006. *Structuring the State：The Formation of Italy and Germany and the Puzzle of Federalism.* Princeton：Princeton University Press.

——. 2009. "Shaping Democratic Practice and the Causes of Electoral Fraud：The Case of Nineteenth Century Germany." *American Political Science Review* 103：1—21.

Zorn，C. 2005. "A Solution to Separation in Binary Response Models." *Political Analysis* 13：157—170.

译后记

加里·格尔茨是政治科学与国际关系学界最着力探讨方法论问题的学者之一。在其从业的近四十年间,他的近半数论著都立足于概念测量、因果机制、反事实推理等方法论前沿问题。近年来也已有多本重要著作被引入中文学界,成为社会科学研究者的案头必备书。在此推出其最新著作《多元方法研究、因果机制与案例研究:一种集成式方法》的中文版,以飨读者。

本书提倡一种个案研究、跨案例研究和其他方法相结合的集成式研究路径。如果说格尔茨在《两种传承》(*A Tale of Two Cultures*)中强调定性与定量方法的结合,那么本书主推的"第三维度"就是对于因果机制的高度重视。作者认为,因果机制推断是开展社会科学研究的核心,其所称的"集成",就是发掘各类研究方法在探究因果机制上的共性与互补之处。从本书的章节安排可以看出,作者极为重视案例研究方法的角色,认为由单案例提出、跨案例来佐证因果机制堪称高质量研究的元叙事,进而,他对案例选择、变量测量与机制设置等给出了详尽的原理阐述和直观图解。值得一提的是,上述指南既融合了作者的多年研究心得,也基于他对海量文献的细致审读,而针对不符合其研究思路的代表性论著,书中不乏委婉揶揄之处。相信读者在阅读本书时,不仅会对格尔茨严谨深奥的论断印象深刻,也一定会为其幽默风趣而会心一笑。

格尔茨兼具数理分析和定性研究的深厚基础,且研究视野极为宽阔、旁征博引,这在保证其论著专业性和准确性的同时,也对译者提出了巨大挑战。在很大程度上,苦心翻译的时光也是克服这些挑战的过程,就书内多处词汇语句的译法反复商讨争论,可以说成了两名译者日常交流的"主基调"。其间当然离不开诸多师友的帮助。特别感谢中国农业大学的方鹿敏老师,她领衔提供了本书数个章节的最初译文,与我们一起敲定了书稿中多个重要、复杂词汇的译法。两名译者在博士期间的共同导师尹继武教授曾译介过格尔茨的另一部方法论著作《概念界定》,在他的指导帮助下,译者们对本书主旨的把握和专业水平的提升是同步推进的。其他学界同仁也对译稿提供了宝贵建议,在此一并致谢。

王亚丽编辑、唐彬源编辑与格致出版社的各位领导同事是本翻译项目的发起者和把关者。借用作者的术语来说,他们对书稿的细致审读校订、对出版流程的努力推动以及对译者的热情鼓励,是本书顺利付梓的最大"成因"(contributing factors)。

本书的一切不当、不确之处均归责于译者,敬请读者谅解和批评指正。

朱晨歌、李宏洲

2025 年 4 月

北京市东城区张自忠路 3 号

北京市朝阳区惠新东街 10 号

图书在版编目(CIP)数据

多元方法研究、因果机制和案例研究 ：一种集成式
方法 /（美）加里·格尔茨著 ；朱晨歌，李宏洲译.
上海 ：格致出版社 ：上海人民出版社，2025. --（格致
方法）. -- ISBN 978-7-5432-3666-0

Ⅰ. C3

中国国家版本馆 CIP 数据核字第 2025UT0161 号

责任编辑 王亚丽
装帧设计 路 静

格致方法·社会科学研究方法译丛

多元方法研究、因果机制和案例研究：一种集成式方法

[美]加里·格尔茨 著

朱晨歌 李宏洲 译

出 版	格致出版社	
	上海人民出版社	
	（201101 上海市闵行区号景路 159 弄 C 座）	
发 行	上海人民出版社发行中心	
印 刷	浙江临安曙光印务有限公司	
开 本	635×965 1/16	
印 张	17.25	
插 页	2	
字 数	243,000	
版 次	2025 年 5 月第 1 版	
印 次	2025 年 5 月第 1 次印刷	

ISBN 978 - 7 - 5432 - 3666 - 0/C·334

定 价 82.00 元

格致方法·社会科学研究方法译丛